人工智能助推教师专业发展的机制与策略

朱 珂 著

科 学 出 版 社
北 京

内 容 简 介

本书梳理了教师专业发展的历史演变，从哲学角度对人工智能与教师专业发展的本质进行了探讨与分析，阐述了人工智能时代教师专业发展的内涵要素、创新机制与优化策略等内容。同时，从应用的视角探讨了人工智能助推教师专业发展的典型应用案例，以期为相关研究者和从业者开展人工智能助推教师专业发展研究提供理论和实践指导，为助推智能时代教师专业发展提供路径遵循。

本书可供从事基础教育的广大中小学一线教师、高等院校教师、教育管理人员以及教育和相关专业本科生、研究生参考使用。

图书在版编目（CIP）数据

人工智能助推教师专业发展的机制与策略 / 朱珂著. —北京：科学出版社，2023.6

ISBN 978-7-03-075769-2

Ⅰ. ①人… Ⅱ. ①朱… Ⅲ. ①人工智能－应用－师资培养－研究 Ⅳ. ①G451.2-39

中国国家版本馆 CIP 数据核字（2023）第 103592 号

责任编辑：邓 娴 / 责任校对：姜丽策
责任印制：张 伟 / 封面设计：有道文化

科学出版社 出版
北京东黄城根北街 16 号
邮政编码：100717
http://www.sciencep.com
北京凌奇印刷有限责任公司印刷
科学出版社发行 各地新华书店经销
*
2023 年 6 月第 一 版 开本：720 × 1000 1/16
2025 年 4 月第三次印刷 印张：15
字数：300 000

定价：160.00 元

（如有印装质量问题，我社负责调换）

前　言

人工智能（artificial intelligence）的快速发展正推动着教育领域的深刻变革。教师作为教育的第一资源，是建设高质量教育体系、实施高质量教育的根本力量，促进教师专业发展是落实《中共中央 国务院关于全面深化新时代教师队伍建设改革的意见》的重要举措。因此，借助人工智能技术构建教师队伍建设的新路径，已经成为我国各级各类教育组织追求教师卓越发展的共同着力点。本书旨在向读者介绍人工智能助推教师专业发展的机制和策略，希望通过这些分析和梳理，让读者对于人工智能时代的教师专业发展有一个比较全面的认识和了解。

本书共包含 5 章。第 1 章介绍了教师专业发展的历史演变，旨在让读者了解教师专业发展的演变过程；第 2 章至第 4 章侧重在文献综述的基础上对人工智能时代教师专业发展的内涵要素、创新机制和优化策略等内容进行系统的梳理；第 5 章为应用案例，旨在向读者介绍人工智能技术在教育教学中的具体应用。

本书的潜在读者群体既包括教育技术学、现代教育技术和学科教学等领域的科学研究人员，又包括各类教育从业人员，希望本书能使更多学者关注人工智能助推教师专业发展的研究领域，将自身的教学实践和已有的科学研究相结合，探索新的教育实践之路。

本书是河南师范大学教育信息技术学院研究团队长期从事人工智能助推教师专业发展教育理论与实践的积累成果，也是研究团队中教师、硕士研究生从事项目研究的工作总结。其中，陈加慧硕士、刘玉莹硕士、刘琰硕士从事国内外教师专业发展的研究，张斌辉硕士、杨优硕士从事人工智能助推教师专业发展的机制研究，炕留一博士、丁庭印硕士、张晨雨硕士从事人工智能助推教师专业发展的优化策略研究，孙昕硕士、闻昕硕士从事人工智能助推教师专业发展的教学案例收集与开发。团队成员的研究成果为本书的撰写提供了丰富资源。

本书的撰写参考了大量文献资料，文献已罗列于参考文献之中。在应用案例部分，由于条件和水平有限，本书借鉴、参考了国际范围内较为经典、极具启发价值的应用案例，在此向勇于探索的人工智能教育实践者们表示由衷的谢意。感谢科学出版社邓娴编辑等的悉心指导和反复校对。

本书仅是从文献综述和基础应用角度对人工智能助推教师专业发展的机制与策略进行探讨，加之本人水平有限，书中不足之处恳请读者不吝赐教。

本书得到了全国教育科学规划国家一般课题“人工智能助推教师专业发展的机制与策略研究”（项目编号：BGA190050）、河南省高校科技创新团队支持计划“教育大数据分析与应用”（项目编号：22IRTSTHN031）、河南省高等学校哲学社会科学应用研究重大项目“技术赋能视阈下河南促进教师专业发展的行动路径与实施策略研究”（项目编号：2023-YYZD-12）资助。

朱 珂

2022年8月

目　录

第 1 章　教师专业发展的历史演变

如果从现代教学组织形式——班级授课制的建立，教师开始成为专门职业算起，教师专业发展（teacher professional development）已经有三百多年的历史。目前，教师专业发展已经成为促进教师成长和提高教师素养的有效策略。本章在介绍教师专业发展研究过程的基础上，阐述国内外教师专业发展的典型观点，剖析人工智能时代教师专业发展的现状，阐释人工智能时代教师专业发展的机遇与挑战。

1.1　教师专业发展的历史进程

关于教师发展（teacher development）和教师专业发展的内涵阐释，参照全国科学技术名词审定委员会公布的教育学名词，教师发展是指教师生命潜能和价值的有目的、有方向、有策略的延伸和扩展；教师专业发展是指教师在整个专业生涯中，依托专业组织，经过终身专业训练，习得教育专业伦理和技能，逐步提高从教素质的专业成长过程[1]。

1.1.1　教师职业的产生和发展

教师职业与人类社会相伴而生，是人类社会职业活动中的一项重要内容。在人类诞生之初，教育活动就已经存在，如《周易・系辞》载："包牺氏没，神农氏作，斫木为耜，揉木为耒，耒耨之利，以教天下，盖取诸《益》。"①可见，在人类早期社会就已有教师存在。学校形成后，在漫长的一段时间里，教师职业并不是作为一种专职在社会中独立存在，而是由官吏或其他职业兼任，且缺乏专业

① 周易[M]. 冯国超译注. 北京：华夏出版社，2021.

的教育机构对教师进行培养[2]。

随着教育理论体系的不断完善和教学经验的逐步积累，教师职业逐渐体现职业化特点。概括起来，教师作为一个具有悠久历史的社会职业，发展历程可划分为非专门化、专门化和职业化三大发展阶段。

1. 教师非专门化阶段：从萌芽到兼职，教师职业的产生

在原始社会，教师的职业从萌芽到兼职，至此发展至教师的非专门化阶段。此时，教育活动以口头语言和实践行动来传授个体的经验为主。在不同的部落和氏族中，具备丰富经验的老人在实际生产、生活中对小辈进行各种教育活动。他们不是专业教师，但是在传授知识经验的过程中发挥了教师的作用。正因为在当时这并不是作为一种独立的教育活动，这些教育工作者只被视为教师的雏形，所以，教师职业萌芽阶段的典型特征是长者为师、能者为师。

进入奴隶社会后，奴隶主垄断了学校教育资源，一部分官员开始专门负责教育，这些教师是统治阶级的附庸，由统治阶级发放俸禄，不依靠教学谋生。

随着生产力进一步发展、土地私有化，私人讲学之风逐渐兴起。春秋战国时期，百家争鸣，各种学派兴起。例如，孔夫子主张“有教无类”，想拜他为师的人只要行束脩之礼，就可以成为他的学生。他兴办私学，广收弟子，由此，第一次正式出现了以教为业并以此谋生的教师职业。

从奴隶社会到封建社会，社会教育的规模及发展水平提升缓慢。当时从事教师职业的人数非常有限，教师的专业水平也较低，教师依据自身条件决定教什么、何时教、怎么教。因此，教师的教学水平直接决定了教学质量。

2. 教师专门化阶段：从兼职到独立，教师教育的开始

随着社会的发展，教师的职业从兼职转向独立，至此发展至教师专门化阶段。一是社会发展的影响，二是独立教师教育在社会的发展中应运而生。随着生产力的提高和社会的不断发展，对教育的需求和教育者的需求越来越大。随着工业革命的到来，人们对劳动力的要求不断提高，社会对教育质量的要求也日益提升，从而促进了教师职业的快速发展。

随着班级授课制的实施和义务教育的普及，具有稳定构成和专业技能的教师群体变得不可或缺。人们开始意识到没有经过专业训练、未掌握教学技能的教师不能完全胜任工作要求。由此，设立专业教师培训机构来培养专业教师显得迫切且必要。

18 世纪中后期，一些国家开始实施普及初等义务教育的政策。教师在整个教育系统中的地位越来越重要，对教师的专业化要求也越来越高。教师必须接受专门的职业训练才能专业化，只有具备专业的素养才能胜任工作。同时，现代教育

理论不断完善以及教师的教育理论逐渐形成系统，为教师的职业教育提供理论和实践依据。教育行业开始与其他行业区别开来，形成了自身的特色。

师范教育作为培养教师的职业教育，是现代社会的产物，其诞生和转换象征着教师的职业化的开始，显示着教师职业的“解冻”，体现着教师职业的专业化。

3. 教师职业化阶段：从独立到专业，教师教育的发展

经过教师非专门化阶段和教师专门化阶段，教师专业发展逐步进化到教师职业化阶段。在 1955 年世界教师专业组织大会上设立的教师专业发展主题论坛，促进了教师专业组织的形成和发展。20 世纪 60 年代，世界面临教师数量极度不足的情况，为了满足教师“数量”的迫切需求，各国采取了各种应急措施。但是，由于他们对教师“数量”的迫切需求，教师的“教学质量”却没有受到足够的重视。60 年代中期以后，这种问题逐渐开始被业界关注。教师教育在许多方面都面临巨大压力，社会对教师的专业素养也有进一步的要求。

1966 年，联合国教育、科学及文化组织（简称联合国教科文组织）与国际劳工组织在《关于教师地位的建议》中首次以官方文件的形式对教师专业化做出了明确的说明，提出“应把教育工作视为专门的职业，这种职业要求教师经过严格的、持续的学习，获得并保持专门的知识和特别的技术”，强调了教师的专业性质。人们日益认识到教学是一门专业化的工作，对教师资格要求有了进一步的提高[3]。

1.1.2　教师专业发展观

职业化是不断探索的过程，没有单一的成功之路，更没有保障机构以及稳定的参考标准，只有不断改进才能适应社会变革的需要[3]。由此，专业化和教师专业化的观念逐渐诞生。教师专业发展根植于学校的变革之中，也是教育改革的一部分，是所有学校改进和变革的核心内容。参照已有研究，教师专业发展与教育改革、学校变革之间的关系[4]如图 1-1 所示。

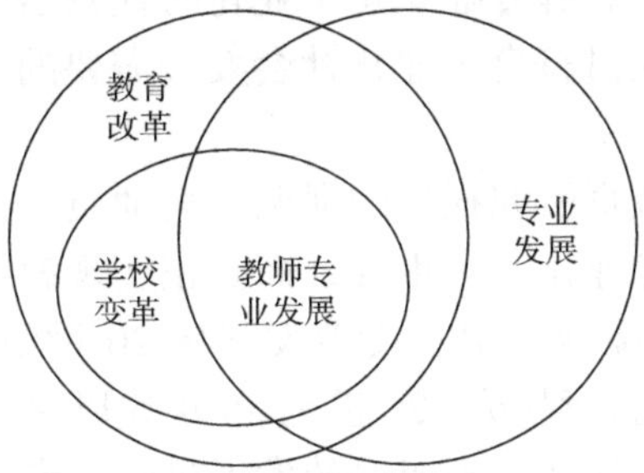

图 1-1　教师专业发展与教育改革、学校变革之间的关系

1. 专业化和教师专业化的内涵

1）专业化的内涵

《人民日报》撰文指出：专业化是社会发展的必然要求，是社会进步的标志，是提高社会治理水平的必然要求[5]。专业化是一个社会学概念，是指一个普通的职业群体在一定时期内，逐渐符合专业标准、成为专门职业并获得相应的专业地位的过程[3]。

2）教师专业化的内涵

教师专业化的内涵历来受到不同层面的关注。1993 年，《中华人民共和国教师法》第三条中明确规定：教师是履行教育教学职责的专业人员。

1955 年世界教师专业组织大会提出了“教师专业化”的概念，并受到了教育相关人员的关注。从专业角度来看，“教师专业化”既有教育专业性，又有学科专业性；从培养制度来看，国家有专门的教师培训系统和制度；从管理角度来看，国家有教师资格认证制度和管理制度。“教师专业化”是发展的概念，其内容紧随时代的发展而变化。

专业化以细致的社会分工为基础，目的是提高专业人员的理论水平和实践能力，提高专业人员的经济待遇、社会地位和职业声誉。教师的专业化面临着复杂的教育问题，教师用专业的方法为教育行业提供专业化的服务。教师的专业化主要涉及两个方面：一是教师专业精神、专业伦理、专业知识、专业能力等内在专业素质与能力，主要包括学科专业、学习专业和教育专业；二是提高教师专业资格、专业权力、专业自主、专业地位及专业声望等外在社会地位，实质是教师职业的专业。从不同学科的角度来看，教师的专业发展具有特殊意义。例如，从教育学的角度看教师的专业发展，重点在于提高教师的内部专业水平[3]。从社会学的角度看教师专业的发展，主要是指教师群体外部职业的提高程度。个人教师的专业发展，或者团体教师的专业发展，必须作为系统工程来考虑。首先，确立专业观念，培养良好的教师道德，丰富专业知识，提高专业能力；其次，调整时空结构，促进教师职业发展。教师专业化是工业化时代发展的必然要求，其目的就是通过专业化的教师培养大量符合工业化社会发展需要的人才。这也就形成了现代教育体系。

联合国在近年来的教育研究报告中强调，教师质量是影响教育改革的重要因素之一。因此，教师的专业化非常重要，而真正实现教师专业化是受保罗兰格提出的“终身教育”概念的影响。教师专业发展从 20 世纪 60 年代开始，此后十几年，欧美一些学者展开了持续研究。20 世纪 80 年代以后，开始在世界范围内流行。教师的专业发展是指教师从新人到成熟的发展过程。专业化包括专业知识、专业技术及专业态度、感情和价值观。美国得克萨斯大学的赫尔勒是第一位提出教师专业发展阶段理论的学者，她的理论称为“关注阶段理论”，具体划分为教学前关注、生存关注、教学情景关注、学生关注四个阶段。除了富勒的教师专业发展四阶段论，还有伯顿的生存阶段理论以及菲斯乐、斯德非等的理论。国内的学者对发展阶段的划分也观点不一，有二、三、四、五阶段论等，其中比较著名的是叶澜教授从自我更新的角度提出的发展阶段论，分为“非关注”、“虚拟关注”、“生存关注”、“任务关注”和“自我更新关注”[6]。

2. 从“教师专业化”到“教师专业发展”

广义上来说，“教师专业化”“教师专业发展”这两个概念是相通的，两者都是指提高教师专业性的过程。但是，从狭义的观点来看，它们之间存在着一些不同：“教师专业化”是从社会学的角度来考虑的，主要集中在促进教师群体的外在专业性上。“教师专业发展”主要是指个体教师，注重教师的内在专业化[7]。这两个不同的思考角度是在寻求教师专业培养的过程中逐渐明确的。最初，主要的研究是以提高教师教育活动的专业水平为重点，采用了群体化战略。之后，人们逐渐改变了研究的重点：教师的个人专业化（被动专业化和主动专业化）[8]。

1）教师专业化

在教师专业化的初期进程中，有以下两个基本目标取向：从制度层面来讲，如何构建双重学科的专业发展制度，如何把已有的理论系统落实为实践的原则；从专业组织层面来讲，如何建立一个同质的、具有权威性的专业组织，如何争取更大的专业自治权。两者构成了教师专业发展的两个目标：一是不断改善专业发展制度，促进教师专业能力发展的“专业发展”目标；二是不断整合专业组织，争取更大的专业权力的“组织发展”目标。

已有研究证明上述两个方面都是互补的。职业中包含两个基本特征：一是职业像行会一样，成员自愿加入协会，自愿受到协会的制约，即自我规制和自我纪律性；二是职业是以科学原则为基础的，也就是说，这个职业掌握了一系列专业知识理论体系。除了学习训练之外，还需要经过不断的研究与实践。科学性为行会的存在提供合理性，行会通过控制就业权力来保证科学知识的社会功能权威性[9]。但是，在教师专业化这两个教育取向中，却出现了“盲目追求公共教育教师地位的专门化，怠慢在职教师课堂教育实践的专门化”的问题。

2）教师专业发展

教师专业发展有两种类型的理解，即“教师专业”的发展与教师的“专业发展”，前者是教师职业的历史演变和教师教育形态的演变，后者则重在突出将教师从非专业转变为专业的过程。两种不同的理解反映了思维和研究的两个不同视角：第一个重点是以促进教师的成长和专业成熟为目的，是注重外在的、制度和系统的研究。第二个重点是教师的专业素质和专业意识集中在理论和具体研究上，对文化的内部结构和完善进行理论和具体研究。从研究的观点和现有的研究成果来看，大部分集中在后者。也就是说，教师的专业培养这一概念是作为提高教师的专业品质和专业性来被中国的学术界所理解的。

我国学者对教师专业发展的概念研究有代表性的见解。例如，叶澜和白益民认为教师的专业成长或教师内在专业结构不断更新、演进和丰富的过程就是教师专业发展[10]。朱新卓教授提出教师以包括知识、技能和情义等专业素质的提高与完善为基础的专业成长与成熟的过程，由非专业人员转向专业人员的过程就是教师专业发展[11]。朱玉东教授强调教师在专业素质方面不断成长并追求成熟的过程，教师专业信念、专业知识、专业能力、专业情意等不断更新、演进和完善的过程，就是教师专业发展[12]。刘万海则认为以教师专业自觉意识为动力，以教师教育为主要辅助途径，教师的专业知能素质和信念系统不断完善、提升的动态发展过程即教师专业发展[13]。综合学者们对于教师专业发展的界定，可总体概括如下：教师是专业人员，应具备相关的专业特性；教师是发展中的人，应注重专业成长、教育教学的一体化；教师是学习者，应注重自身的学习，尤其是研究性学习。只有这样，教师在专业发展过程中才能逐渐由不成熟走向成熟[14]。

1.1.3 人工智能时代教师专业发展的本真意蕴

人工智能时代，教师专业发展将何去何从？相关研究者多从实践层面，探讨教师如何运用人工智能的技术更好地实现教学效果。但是，相关研究者的目光常常聚焦于实践层面的应用，忽视了对指导实践的内在“规定性”的追问，由此，导致人工智能助推教师专业发展的相关培训落入技能操作培训的窠臼。要突破人工智能助推教师专业发展的实践层面的瓶颈，还要追问人工智能的本质和教师专业发展的本质，探索其本真的意蕴，才能将人工智能与教师发展真正地融合起来。

1. 词源学的追问

现象学是一门追问本质的学问，基于现象学的态度，人工智能既然要助推教师专业发展，那么人工智能是什么？教师专业发展又是什么？人工智能要助推教师发展什么？这些术语的本质内涵都是要厘清的。

1）何为“人工智能”？

首先我们要明确，这里的智能要与人的智慧相区分，智能只是代替了人的一部分智慧，但是不能完全取代人的智慧，因为智能是缺少意识、理性、自由的。人工智能其实是来源于人的智慧，反作用于人的时候就表现出了人的智慧，我们称之为智能。但是，当其独立运行的时候，它又脱离了人的智慧，对其进行操控的并不是人，而是技术，由此，人工智能来源于人的智慧，但是被技术所规定，由此，人工智能与教师专业发展的关系，便可以过渡到技术与教师专业发展之间的关系。

2）何为“教师”？

教的原初意义是“导致，让”，古代表示用体罚手段训导孩子作算术，后来演化为启蒙、开化、引导。说文解字的释意为“上所施下所效也”，在上的操作，在下的效仿。所谓师，韩愈在《师说》中表述“古之学者必有师，师者，所以传道授业解惑也”，是传道、授业、解惑的那个人。由此，教师的原初意义就承载了启蒙、启发、引导的作用，而这种启蒙、启发、引导对于教师自己而言，是主动的，发自内心地想要去引导学习者。在教学中传授“道”，“道”就是通过引导，启蒙学习者的理性，让学习者在自知自识的学习中面向未来发展的可能性。对于学习者而言，在教师的引导下，自己的心智能被引导出来，进而按照自己的能力成长，并在成长的过程中提升自身的德育、智育、体育、美育、劳育。

3）何为“技术”？

技术：skill 来源于古斯堪的纳维亚语 skil（优秀、精明、学问），不是指体力上的技能，而是脑力上的技能，直到 13 世纪，skill 的现代意义才出现。术：甲骨文，中间是一只手，两侧是运动线，会意“术”是一种手的技巧。说文解字，“邑中道也”，指的是道路，引申为方法。世界知识产权组织在 1977 年版的《供发展中国家使用的许可证贸易手册》中对技术进行了定义，认为所有能带来经济效益的科学知识都是技术。由此可知，技术是解决问题的方法及方法原理，是指人们利用现有事物形成新事物，或是改变现有事物功能、性能的方法。

4）何为“专业”？

专，即单纯、独一、集中在一件事上；业，使从事于，以为职业。由此可知，专业即专门从事某种学业或职业，或者专门的学问。专业作为教师的规定，就是使得教师之间相互区分的一种内在性的规定。

2. 人工智能技术助推教师专业发展的目的——解蔽

人工智能技术与教师的协同发展让教育如其所是地显现，让教育敞开其状态，技术的解蔽性让教育成为可能。当人工智能技术与教师发生了照面，其关联性和意义便得以展开，即教育的意义在此过程中得以显现，而教育面向的是人，因此，人工智能助推教师专业发展的目的是解蔽面向的对象，即学习者。

在西方技术的发展史中，不同时期的技术具有不同的目的性。在古希腊时期，人们认为万物不是靠人的直观而存在的，而是万物的自行涌现，人与自然相融通。到了中世纪，人们认为自然与人都是上帝创造的，世间万物都是上帝给予的。到了近代，技术便具有了设定性，是人的理性设定好的方法和步骤。海德格尔说：

“在现代技术中起支配作用的解蔽乃是一种促逼，这种促逼向自然提出蛮横要求，要求自然提供本身能够被开采和贮藏的能量。”[15]自然不再以自然的状态呈现，而是被推到了非自然的状态，树木被改造成了纸张和筷子。人不再是自然的人，技术促逼下的“技术人”如试管婴儿。置身现代，技术具有了构架性，技术控制了人及万物。人和其他“存在者”一样，都受到了技术的架构，被强制性地带上了一条解蔽之路，但这样的解蔽同时也遮蔽了存在者的其他可能性，人和万物都沦为了技术的控制物。

然而，人工智能助推教师专业发展还要回归教育的本性，即解蔽。通过人工智能技术与教师的融通，在教育中去解蔽面临困惑的学习者，让学习者学习的本性得以自然而然地敞开。

3. 人工智能技术与教师解蔽何以可能?

技术现象学家唐·伊德将人、技术、世界之间的关系划分为四种：第一，具身关系；第二，解释关系；第三，他异性关系；第四，背景关系。人工智能技术解蔽教育得以可能，就是在人工智能与教师发生照面的关联中，解蔽人、技术、教育三者之间的关系，让真言、真知、真理如其所是地显现出来。

1）具身关系

技术是人身体的延展，人与技术相融合，技术具有某种透明性（如戴眼镜的人看世界，知觉的是眼镜背后的世界而非眼镜本身），技术直接参与人的知觉活动形成人的真知，这种真知又形成了各种真理语言的表达，如声波的语言、身体的语言、眼神的语言等诸多真言，让真理显现。教育中对于真知的传授就是通过真言的表达将知识进行区分或划分，呈现给学生，引导学生将知识转化为真知。

2）解释关系

手机上呈现的是图片，若想切实观看到远方真实的世界（真理），则需要使用技术，技术成为世界（真理）的解蔽者。技术具有一定程度的不透明性，此时既是人认识世界（真理）的直观对象，又是认识世界的技术化的技术。例如，我们通过温度计可以知道外面的温度，此时我们没有直接知觉到世界，而是通过技术作解释学的转换，进而形成了对世界的认识。

3）他异性关系

技术作为独立的个体，位于人与世界之间，是人知觉的对象和认知的目标。例如，远处的风景很难观探，但手机无疑是一个便捷的技术工具。人们使用一项新的技术的时候，技术作为不可忽视的对象，成为人学习的目标。

4）背景关系

技术成为“缺席者”，从前景转换到了背景，只需人进行简单的开关操作即可，如生活中常见的空调，在使用的过程中人们并不会感觉到它的存在，它只是作为一种背景技术而存在。

由此，人工智能技术在助推教师专业发展的过程中，最终的一项就是助推教师与人工智能技术的融通。当人工智能技术的发展充斥着教师对现有教学方式及手段的理解时，人工智能技术的发展必然与教师的关系处在不同的层次中，而最终达到的状态为人工智能技术与教师融为一体，即技术已经成为一种背景，成为教师的“在手”之物，教师意识不到人工智能技术的存在，教师的意识直接指向的是学习者，这样的状态才是人工智能技术助推教师专业发展的真正意义。

4. 人工智能助推教师专业发展指向人的生成

教育是发生在现实世界的，而不是技术的世界，现实世界是感性的，感性的世界中，让学生成为学生就是让学生与自身相区分、让学生成为自由的人、让学生克服有限达到无限。技术的目的是让学生区分清是什么和不是什么，也就是存在和虚无。学生的规定正是通过学生与自身的区分（给予性与现实性）来实现的，这种区分不是世界性和历史性的，而是语言性的。技术是让教育中的学生成为自由的人，其自由的原始本质应该归于“存在”之境，技术就是要为学生创设这样的情境，让学生进入存在的学习之境，让其成其所是（例如，鲁滨孙在荒岛的求生，就是让其在自然的环境之下成其所是）。技术让教育得以显现和生成，教育是一个从无到有的过程，是一个创造情境的过程，教师和技术都不能代替学生的成长，学生只有学了才能成长，才能拥有克服有限性达到无限性的可能。

5. 人工智能技术助推教师专业发展什么?

1）专业上发展“真知”

在人工智能时代，教师职业的专业知识是一个教师成为专业教师的内在规定，但如果一个教师仅仅将专业知识的提升作为自身发展的必然，就未免失之狭隘。专业知识只是一个教师发展中的基础性的奠基之一，因为教师不是知识的“搬运工”，更不是三尺讲台上的“教书匠”，教师做的是育人工作，由此，教师在人工智能技术时代，显得弥足珍贵的东西是“真知”，“真知”就是在丰厚专业基础知识的基础上，具备启蒙学习者理性的内在敏感性和实践智慧。教师与学习者发生照面的那一刻，就已经与学习者发生了关联，而教师就是要用自身的敏感性，感知学习者以及学习者与知识之间的关联，进而引导学习者用自身的理性之光照亮周围的黑暗，让每一个学习者在学习中成为自己，并作为自己，这就是在人工智能时代要助推教师专业发展的“真知”。

2）观念上发展“我能”

人工智能技术助推教师专业发展的过程，就是要唤醒每一位教师这种内在的意愿，因为人工智能技术是不断迭代更新的，如果人工智能技术助推教师专业发展旨在促使教师学习当下的智能技术，最终必然会导致教师在发展过程中对学习新技术的倦怠感，由此，人工智能技术助推教师专业发展真正要助推的是教师观念的转变，即通过人工智能技术召唤教师对人工智能技术的那份喜爱和孜孜以求的内在的意愿。即使人工智能技术更新了，但是教师依然如王国维所描述的那种状态一样，不停地追寻自己所喜爱的“伊人”。

3）实践上发展“真人”

人工智能助推教师发展的最终目的就是育人，教师专业发展的最终目的也是要落实在人的培养上。由此，无论人工智能技术助推教师怎样发展，一个本质性不能改变的东西就是人的培养。那么，作为人工智能时代的教师，到底要培养什么样的人？这个问题反过来又规定了教师专业发展到底要发展什么的问题。中国现代的社会，是一个西方理性思潮和中国古代自然性相互交融的时代，由此，在这种思潮的影响下，我国提出了“德、智、体、美、劳”五育并举的育人理念，而这个理念背后隐含的是对“真、善、美”的内在的追求，这种追求就是培养“真人”的内在追求，由此，人工智能助推教师专业发展的内在规定性就是要培养“真人”。

1.2　国内外教师专业发展的研究观点

国内外对教师专业发展相关的研究肇始较早，与教师专业发展相关的概念较多，包括以下方面：教师专业化、教师发展、教师培训、专业成长。梳理国内外关于教师专业发展的演变，有助于厘清教育专业发展研究的关注焦点之变。国内外出台的关于教师专业发展的典型政策文件如图 1-2 所示。

教师专业发展的研究始于 20 世纪 60 年代的美国。此后，世界各国均迅速投身于教育事业的发展，而中国也在 20 世纪 90 年代开始，逐渐聚焦于教师专业发展这一主题。基于对教师专业发展研究的关注以及对教师需求的扩大，世界各国采取了相应的措施。虽然伴随着措施的实施和涌入的新力量缓解了师资的缺乏，但也暴露出了一些问题，如教师的素质良莠不齐、教师专业能力不高。到了 20 世纪 80 年代，世界教育的发展规模已经较为平稳，训练新师资素质、提高新教育质量已经成为世界教育发展的重要问题。1983 年美国政府发布了《国家处在危机中：教育改革势在必行》，该报告认为美国新教师存在一些问题，如师资培训结构内容不够合理、专业素质较差、薪资待遇低、专业权力小等，因此又相继于 1986年颁布《准备就绪的国家：21 世纪的教师》、1987 年出台《明日之教师》等文件，这些政策不但制定和修改了所有的教育专业标准，而且更加明确地将教改的主要

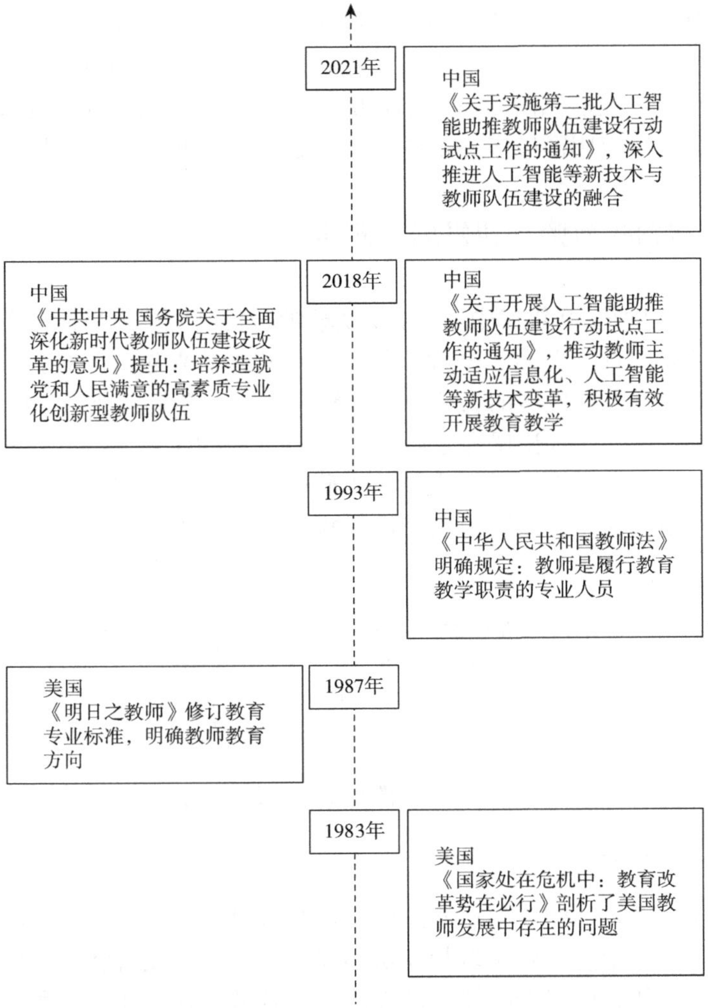

图 1-2　国内外关于教师专业发展的典型政策文件

目标指向了教师教育。随后，很多国家如英国、日本、澳大利亚等也陆续颁布了教育改革文件并且制定了本国的教师专业标准，自此全球化的教师专业发展运动正式拉开帷幕，教师专业发展的研究成为当今教育研究的热点和重点问题。1993年，《中华人民共和国教师法》第三条中明确规定：教师是履行教育教学职责的专业人员。2018 年 1 月，中共中央、国务院印发的《关于全面深化新时代教师队伍建设改革的意见》是中华人民共和国成立以来党中央出台的第一个专门面向教师队伍建设的里程碑式政策文件，对培养和造就党和人民满意的高素质专业化创新型教师队伍提出了明确的目的要求。对于教育专业发展的内涵从未停止过探讨和研究，不同的教育家甚至同一位教育家在不同历史时期和不同的发展阶段都会对概念有不同的界定。教师专业发展是一个动态的、连续的过程，而其中的研究也是一种不断发展、创新、充实的过程。在国内外教师专业发展研究中，美国富勒的教师专业发展四阶段论、伯顿的生存阶段理论以及叶澜的教师专业发展五阶段论被学者们应用得最多，是各类教师专业发展研究的主流理论基础。

1.2.1 富勒的教师专业发展四阶段论

Fuller 于 20 世纪 50 年代中后期，发现教师对自己职前发展阶段关心的内容存在着很明确的阶段性。此后，一种新的研究范畴逐渐兴起，即对教育专业发展趋势的探究。对教育专业发展的大部分集中研究成果，都是出现在 20 世纪 60 年代末富勒的教育“关注”理论研究之后[16]。1969 年 Fuller 和 Bown 在科学研究中汇报了两项自己的研究，并对其他人的深入研究做了总结，根据这个研究结果，给出了教师成长中教师“关注”的四个阶段模型[17]，如图 1-3 所示。

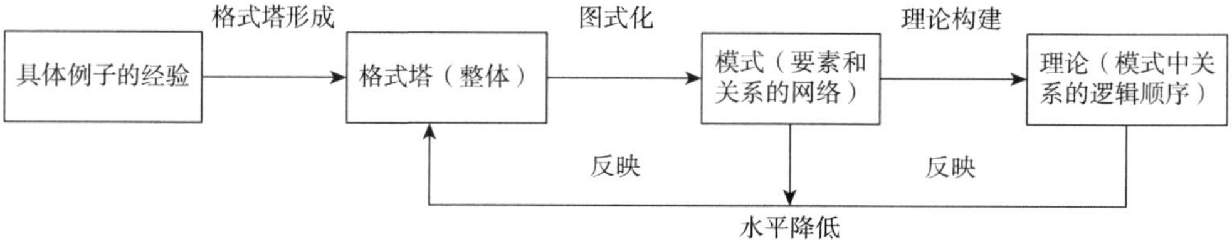

图 1-3 四个阶段模型及其伴随的学习过程

1. 任教之前阶段：无关注阶段

这一阶段处于教师的职前培养阶段。在此阶段教师们还未真正经历过教学，他们的身份仍旧是学生，对于教师身份还仅限于想象，没有教学经验的积累和支撑，所以他们在任教前只会关注自己发展。尽管教师在工作前阶段主要关注中心仍是作为学生的自己，但对任教的教师自身却始终保持着审查与评判的心态。在观察初期，他们非但不会对教师表示同情之意，甚至还会存在敌意。

2. 早期求生阶段：关注自我阶段

初任教的实习教师往往会有很多的担忧和疑虑，他们会担忧自己对课堂的控制情况、学生对教师的喜爱程度以及他人对自己教学的评价。在此阶段，教师重点关心的是其自身的生存问题或胜任能力，即能否和怎样在新的教学环境中适应下来。所以在此时，教师们最关心的是对班级的经营管理水平、对课程的熟练掌握，还有上级的检查评估、对学校领导和同事的理解与接受等。

3. 关注教学情境阶段

教师重点关注在目前的课程情境下，怎样顺利地完成课堂教学任务，并且持续提升教学技巧。在此阶段，教师仍关注前一时期的各种问题，同样也会注意课堂上的各种要求及环境因素。此阶段会对教师的授课能力及技术做出要求，所以教师较多重视课堂所需要的学识、才能及技艺，并且尽其所能地将其学习运用在课堂情境当中。

4. 关注学生阶段

教师开始把学生发展当成关注的核心，特别重视学生的学业、社交和情感需要，以及怎样利用教学手段更好地影响学生的成绩与表现。尽管很多教师在实践教学阶段中能表现出对学生的学习能力、品德及情感需要的重视，但并没有切实地适应或解决学生的心理需求，教师总是要等待自己能适应教学的角色压力与负担以后，才可以切实地照顾好学生。

Fuller 和 Bown 以学校教师所处的社会关注水平来评价教育健康发展的成熟度，从而开创了教育专业发展研究理论中一项具有鲜明特点的研究范式[17]。Fuller 等所开创的“注意力”研究框架虽然围绕着教师专业发展的本身开展，但单纯由注意力深入研究是不够充分的。恰如费斯勒所言，该理论探究“并未囊括教师蓬勃发展的方方面面，而单纯从教师所关心的事情在教师蓬勃发展各个阶段的更迭这一侧面来探寻教师的专业发展”。实际上，教师在专业蓬勃发展中的诸多问题都值得深入探讨。

1.2.2　伯顿的生存阶段理论

在 20 世纪 70 年代末、80 年代初期，美国俄亥俄州立大学的研究者伯顿、纽曼、皮特森、弗劳拉等对美国教育发展过程开展了系列研究。美国俄亥俄州立大学的研究者们在展开教育研究的基础上，吸收并汇总了大量先前的成果，构建了教育生涯阶段循环发展的理论构架。在上述一系列研究中，较为突出的是 Burden 的综合研究。Burden 通过长期的一线教学调研，提出了教师发展的三阶段理论[18]，如表 1-1 所示。

表 1-1　教师发展的三阶段理论

职业特点	求生存阶段（第一年）	调整阶段（第二至第四年）	成熟阶段（第五年及以后）
教学活动知识	有限的知识	增加计划和组织的知识	良好的教学活动能力
教学环境知识	有限的知识	增加儿童、学校课程和教学方法的知识	熟悉教学环境

续表

职业特点	求生存阶段（第一年）	调整阶段（第二至第四年）	成熟阶段（第五年及以后）
改变教学形象	符合所感知的教学形象	逐渐抛弃了他们对教学的印象	
专业的洞察力和理解力	有限的洞察力和理解力	理解力和洞察力逐渐增强	
课程和教学方法	学科中心的课程方法	过渡时期发现学生是人	学生中心的课程方法
专业的自信、安全、成熟	不明确的、困惑的	逐渐对课程内容和教学技巧更有信心	自信和安全
愿意尝试新的教学方法	不愿意尝试	愿意尝试新的教学方法	不断尝试新的教学方法

1. 求生存阶段

在此阶段的教师，由于刚刚踏入一个全新环境，再加上缺乏实践教育经历，往往对教学与环境都只有非常有限的认识。此阶段的教师往往重点关注班级经营、课程教学、优化课堂技巧、教材的运用，以及如何迅速地掌握教学的具体内容，完善教学过程与单元规划并组织好教学资源，进行课堂教学管理工作。此阶段的教师已开始注重理解学生并与之交流、沟通。不过，此时的教师仍没有足够自信，不愿冒险尝试全新的教学创新方式。

2. 调整阶段

在职业生涯的第二至第四年间，教师的专业知识逐渐完备，教学过程的一般技能与知识已初步掌握。教师开始尝试深入探究教学表象背后的规律，尝试使用不同的教学方法，以满足学生们各种不同的需要。此阶段的教师显得比较开明，他们自我暗示比以往教师更有能力解决学生们的不同需要。

3. 成熟阶段

当进入五年及以上的教学阶段以后，教师的经历相对充实，教学过程驾轻就熟，对课堂环境开始全面地认识和掌握。这一阶段教师能够专注地解决教学过程中出现的各种问题，不断尝试新的教学方法。与此同时，同侪互助成为专业成长的主要形式。

伯顿的生存阶段理论因其来自大量一线教师调研数据分析而令人瞩目。

1.2.3 叶澜的教师专业发展五阶段论

叶澜教授曾开创和组织了“新教育基础”理论，其出版的专著有《“新教育基础”论》《教育概述》《教育研究方法论初探》《新编教育学教程》等。叶澜教授曾指出，高等教育教师专业蓬勃发展过程中会显示出特定的发展阶段性特点，这已被诸多实证研究证实。教师专业蓬勃发展阶段的特点，也是人们对每一阶段特点的具体描述。每个发展阶段都有特定的发展核心、主题和问题，而每个阶段核心问题的解决与否、解决程度如何，对后一个阶段发展有着很重要的影响，这就确定了教师专业未来发展的重要走向和途径。

1. “非关注”阶段

“非关注”阶段是指进入正式任教之前的阶段。在这一阶段所探讨的“专业发展”的问题主要是对有意向从事教育事业者来说的，他只有从教的潜在机会，而且还基本谈不上任何的专业发展前景问题，更别说专业发展问题。但是，这一阶段只是教师进入正规师范教育之前的初级阶段，这一阶段的经历对今后教师的专业发展产生的深远影响不能忽略。由这一阶段而产生的对“前科学”的教育教学认识、观点，甚至一直迁延至教师的正式任教阶段[19]。

2. “虚拟关注”阶段

这一阶段教师专业发展表现的重点是师范类教学阶段师范类学生的发展情况。这一阶段专业发展的主体——师范类学生身份使他们至多只是“准教师”。该阶段也是学校教师集中开展教育教学理论知识和教育专业技能自学与培训的重要阶段，这一阶段的学校教师们初步有了对自身学科发展反思的萌芽，这就为真正走向教学任职阶段奠定了良好的理论基础。但与此同时，在这期间他们周围的一切安排都是把他们当作师范类学生来看待的，即使在实习期间，他们也是“实习”教师，这使得师范类学生所接触的中小学实际生活和教师生活带有某种虚拟性，所以这一阶段又叫作“虚拟关注”阶段。

3. “生存关注”阶段

这一阶段既是学校教育事业发展的初始阶段，也是学校教师专业发展的一个重要阶段。教师们不仅需要经历从教育专业领域的学习者到真正教育者角色之间的过渡期，而且面临着所学理论与具体教育实际之间的“磨合期”。这一阶段的新手教师更多的是注重自身的生活适应，重视别人对自己的评价，会不自觉地将大部分的工作时间都放到与同伴、学员之间的人际关系管理上。新教师也通常处在这一阶段。

4. “任务关注”阶段

在具备了初次任职的经验以后，决定留任的青年教师们逐步进入“任务关注”阶段。该时期是教师专业结构在诸方面平衡、不断发展的新时期。这一阶段的教师们由于对基本“生存”专业知识、操作技能的了解，信心日渐增加，由关注自我的生活到更多地关心教学工作，由关心“我能行吗”转向关心“我怎样才能行”方面。另外，这一阶段的教师自身专业发展意识相对于上一阶段教师来讲，是逐渐上升的。教师们对专业发展意识的重视，多是因为进修或者是发展专业的需要，是希望更出色地完成教育任务，从而达到更高的职业阶梯以及获得更高的外在评估。

5. “自我更新关注”阶段

处于该阶段的教师已拥有了一定的教育教学经历，其专业发展的力量传递到了专业发展自身，不再受外界评价及职位晋升的影响，直接以专业发展为导向。同时，教师们已经能够自觉遵循教育发展的常规路径以及适应自身目前的发展现状，有意识地自主规划教学，以寻求最高程度的自主发展。这也就是教师的日常学术生涯的基本内容，另外，作为一个学术生存方，他们也要经常保持着专业发展中的“自我更新”观念。

1.3 人工智能时代教师专业发展的现状

以人工智能为代表的新兴技术是驱动教育改革的核心力量。通过智能技术构建教师队伍建设的新路径，已成为我国各级教育部门、各类教育组织追求教师卓越发展的共同着力点。剖析人工智能时代教师专业发展的现状，体现了“尽早谋划、尽快推动”的战略引领理念，为明确人工智能时代教师专业发展的机制指明了方向。

1.3.1 人工智能时代教育发展的变革

人工智能在对人们的日常生活与工作产生重要影响的同时，也在快速地融入教学中。新一轮信息技术改革教学将以人工智能技术为支撑，促进学校素质教育模式的根本性转变，推动课堂教学质量的全面提高。目前，人工智能技术已经可以在学业指导、课程评估和课堂环境优化等各个方面全方位地提高教师教与学的工作效率，提升学生的学习效果，将个性化教学变为现实。人工智能技术正在推动着教学的全面革新，并成为我国教育发展的巨大驱动力。

2017 年《地平线报告》指出，人工智能将在未来五年对基础教育发展产生重大影响。人工智能在教与学、教育管理、教育服务过程中的融合应用，将促进教育信息化走向全新的发展阶段。我国相继制定了有关“人工智能+教育”的政策，为人工智能在教育中的有效应用提供了制度保障。2018 年，第五届“大数据时代的未来教育”论坛发布的《人工智能+教育蓝皮书》指出，人工智能将会带来教师智力劳动的解放，教师能够有更多的时间和精力关心学生心灵、精神和幸福。教育部发布的《教育信息化 2.0 行动计划》中提出：“以人工智能、大数据、物联网等新兴技术为基础，依托各类智能设备及网络，积极开展智慧教育创新研究和示范，推动新技术支持下教育的模式变革和生态重构。”国务院发布的《新一代人工智能发展规划》中提出：“利用智能技术加快推动人才培养模式、教学方法改革，构建包含智能学习、交互式学习的新型教育体系。”我国教育界应该紧跟世界人工智能的发展趋势，积极促进自身教育改革与创新，逐步建立实现个性化教学和终身化发展的现代教学体制，促进教育教学从低水平、粗放式向高质量、精准型的转化。

现代教育集中体现了工业时代的流水线作业和批量生产特点：学校按年级分班，采用统一的课本，按照标准化的教学过程来实施教育，并定时实施考核，达到标准的学生可以进入更高年级，并由此反复、循环不止。这些标准化教育模式，为人工智能进入教育领域创造了必要条件。人工智能走进教育领域的第一步，就是从替代教师烦琐机械的教学工作入手，把教师从重复性的劳动中解放出来，让教师去完成更有价值的工作，进而提高教学效率。

1. 人工智能促进教与学方式变革

从早期的知识推理机、程序化教学、专家系统，到今天的教育机器人、智能导师系统，人工智能在教育中的意义主要表现在替代教师的部分重复性劳动方面。一是进行学情分析。运用人工智能技术对学生学习活动数据进行深入挖掘，有助于教师精准掌握学生个体的认知特征以及班级群体的共性问题。目前国内外开发的认知诊断模型共有 70 多种，常见的有线性逻辑斯蒂克特质模型（linear logistic latent trait model，LLTM）、多成分潜在特质模型（multicomponent latent trait model，MLTM）、规则空间模型（rule space model，RSM）等，可以正确把握学生的认知结构以及对知识的掌握程度[20]。二是替代重复性教学。虽然课堂活动在总体上具有一定的创造性，但不可避免也会存在一些流程化、重复性强的教学环节，如词汇拼读、课文阅读、试题讲解、口语训练等。这部分环节也可交由教学机器人或智能教学助理来担任，使教师们有更多精力去从事创造性的教学。三是自动推送学习资源。通过建立庞大、细粒度的数字资源库，对所学知识内容进行特征标注，并针对学习者的目标、能力、个性特征等因素制订个性化的推送方案，达到学习者与学习资料的双向匹配，从而更好地满足学习者需求。四是自动出题和批改。通过构建学科知识图谱，自动生成适应于各种学生的试卷与作业，并进行自动批改，大大地减少了教师的工作压力。

例如，智能评卷技术已经广泛应用于普通话水平测验和中高考英语听说试卷之中，能够对写作、翻译等主观题进行自动评价[21]。

2. 人工智能促进教育评价方式变革

评价并非只为了证明事实，更多是为了提升自我。评价的意义总是包含在过程当中，如学习者不断付出的努力、学校不断改进的过程、教育中各个利益主体的关系变化等，才是人们需要评价的重点。遗憾的是，现有教育评价过于注重结果，忽视了学生成长与教育发展的过程。在人工智能技术的支撑下，教育评价从“结果视角”逐步转向“过程视角”，由人才筛选、优胜劣汰为主转向促进教学、推动发展为主，并通过伴随式的数据收集与智能化的统计分析，为教育的持续性发展提供动力。一是学习分析。通过自适应测验捕获学生解决问题的完整过程，在大数据基础上建立学习分析模型，开展针对性的学习问题诊断和学科能力测评[22]。例如，可汗学院提供可视化的学习分析报告，帮助教师准确把握学生的学习进展和知识掌握程度，并以此为依据调整教学策略。二是大规模的课堂观察分析。利用智能技术对非结构化的课堂行为数据进行分析，包括教师提问的类型、学生回答方式、师生对话深度等，全方位透视学校的课程实施水平[23]。三是区域教育质量监测。通过全样本、全过程、多模态的教育数据采集，汇聚形成区域教育大数据，包括学生学习数据、学校运行数据、教育资源配置情况、普职学校规模结构等，帮助管理者获得超越个体与局部的洞察力，助力区域教育质量的提升。

3. 人工智能促进教学管理创新发展

人工智能也可以优化教师管理过程，改变学校大包大揽的管理模式，从而增加教育资源与教育服务的有效供给。一是运用人工智能识别教育领域的冗余管理。通过削减不必要的中间环节和重复劳动，优化学校公文流转、档案管理、人员考核、校务管理等活动流程，促进学校管理工作智能化、自动化，提升学校管理效率。例如，高校可通过脸部识别技术对特殊人员自动预警，并通过行为识别技术及时发现学生在人群密集处发生的意外情况，从而降低学校安全事故的发生。二是运用人工智能破除信息技术壁垒。推动教育资源管理系统整合共享，逐步实现办事流程标准化、教育服务管理协同化，实现“一张表管理”和“一站式服务”，提高教育资源服务的管理水平。三是运用大数据分析等信息技术手段进行多因素决策仿真。构建学龄人数变动、高校布局调整、教育领域舆情事件警示等方面的系统动力学模型，对教育运行状态进行预演，从而促使传统以经验判断方式为主的决策，转变为大数据分析支持下的科学决策。

1.3.2　人工智能时代教师专业发展的变革

人工智能在教育领域的广泛使用，引起教育的全方面变革，包括教学模式、教学方式等。教师作为教育发展的第一资源[24]，历来被当作教育实践变革的突破口[25]，受到国家的高度重视。《中共中央 国务院关于全面深化新时代教师队伍建设改革的意见》提出："到 2035 年，教师主动适应信息化、人工智能等新技术变革，积极有效开展教育教学。"《教师教育振兴行动计划（2018—2022 年）》提出："充分利用云计算、大数据、虚拟现实、人工智能等新技术，推进教师教育信息化教学服务平台建设和应用，推动以自主、合作、探究为主要特征的教学方式变革。"国际学生评估项目、教师教学国际调查项目等由经济合作与发展组织牵头的教育测试项目的结果也表明，高素质师资才是高质量课堂教学的关键。随着时代的变迁，信息技术与经济社会发展对教育及人才培养都提出新的要求，尤其从 2016 年开始人工智能技术新进展受到全世界重视。与美国、英国、新加坡等先进国家相似，我国也在 2017 年出台基于人工智能教育发展的国家战略，明确提出推进人工智能在教育领域中的广泛使用。这一举措对学校教育角色、教育实践及职业发展等均产生影响，既带来了挑战和危机，也促进了智能技术支持、开展创新活动的可能性。

自 20 世纪末《中小学教师继续教育规定》实施以来，我国教师专业发展迅速，尤其是 2010 年以来国家级专业发展计划的实施，使得全国教师专业发展的规模、费用投资、相关机制与管理体系建立等方面蓬勃发展。同时，教师专业发展过程也暴露了一系列的问题。例如，教师专业发展内涵复杂、泛化[26, 27]；教师专业发展内容偏离了教育实际；教师专业发展过程中教师主体地位体现不够，教师参与性不高[28]；教师专业发展评价宽泛问题；专业发展效果和教师满意度不高[29]等问题。以人工智能技术为代表的智能技术在教育领域日益深入和广泛应用，给破解上述教师专业发展问题带来了全新的思考与可能，促进了教师专业发展变革。

1. 人工智能促进教师专业发展理念变革

人工智能和相关信息技术的教育应用，将引发教育教学变革，对教师的传统角色和专业发展提出重大挑战。在教学中，教师与智能技术共同构成"人–技术"的结构[30]，智能技术从资源提供、管理服务和测试评价等方面为教与学的活动提供支持[31]。人工智能作为教师的教育代理、帮手或合作伙伴，形成了"人工智能+教师"的协同教学机制，在教育实践中承担出题和批阅作业的助教、学情分析师等重要角色，取代教师的部分"知识性教学"角色[32]。在教育教学领域的深度变革中，一方面，促使教师专业发展超越知识授受层面，更加强调"转识成智"[33]；

另一方面，强调挖掘和培养教师在“育人”方面的独特价值，更加注重提升教师教育道德修养，实现以德育人。

人工智能国家发展战略在教育领域的部署，涉及学校规划、课程、教学资源、教师管理及教学的完整体系，通过各部门相关数据互通、联动性的精准分析以及整体的协调互促，教师专业发展和教师教学实践有机融合成为可能。人工智能的教育应用，实现了对教师教育知能结构、教学行为及结果的精准分析。人工智能的有效运用不但能够动态记录并分析教师知识结构的变化，还可以通过对智能教学系统中的教师教学行为数据、学生学习行为及结果数据进行统计分析与相关分析，可以对教师教学实效、教育过程中角色扮演、教学语言、智能媒体的应用等进行精准分析，从而找到教师在知能结构及其课程中存在的问题，并以此进行教师画像。智能专业发展系统可以以此为依据，有针对性地设计教师专业发展的内容和具体专业发展的活动。

智能教学系统在辅助教师实现“人–机”协同教学[34]的同时，有助于教师洞察课堂实际中的现实问题，引发教师反思与探索，激励教师参与学习，促进专业发展。教师在学科发展中通过与专家、教师专业发展者及其他教师的交流而产生的教育教学新思路、课堂实际问题的解决办法和对策等运用到课堂实际环节，才可以检验其实效性，真正整合、重构教师的智能架构，提升教师的教学素养。

综上所述，人工智能在教学中的应用大大增强了教师专业发展的针对性与实效性，帮助教师提高教学素养，推动了教师专业发展理念的变革。

2. 人工智能促进教师专业发展方式变革

人工智能在教育领域的日益深入应用，使得教师专业发展过程可以和教师日常教学实践工作有机融合，如基于对教师教学数据的精准分析以及针对教师的个体情况制订个性化的专业发展方案。在教师专业发展过程中，通过进行专业发展资源的按需推送、专业发展伙伴的智能推荐、对教师参与专业发展的学习过程的全视角以及全过程数据记录、基于过程和结果数据的多元分析，能够进行更有教育意义和实践价值的全过程专业发展管理和评价。

已有的科学研究表明，学习共同体以多元互动消解学习的孤岛，以人际沟通构建合作学习环境[35]，有利于学习者建构知识，交流情感，产生归属感，实现主动、创造性的学习[36]。人工智能技术增强了教师与专业发展共同体的互构，愈发凸显共同体对教师专业发展及专业发展的意义。

一方面，人工智能通过强大数据挖掘技术和相关数据挖掘来关联、推荐学科领域专家和学者加入共同体，使教师可以更多地和专家、学者进行交流，从而获取更专业、更精确和更高效的支持、协助；另一方面，人工智能对教师教学行为数据、以往专业发展学习数据等进行主体特征分析，并利用算法进行智能化共同体建构，让教师和具有不同视角、理论、体验、观点的同伴展开对话，在实现话题多维度建构和问题有效协商的同时，进一步提升社会共同体生命力。教师在参与对话、反思、协商和建构过程中，确立其“共同学习者”“探究者”角色，与领域专家、学者、其他教师建立伙伴关系，促进自己的专业成长。

3. 人工智能促进教师专业素养转变

教师专业素养的提升是教师专业发展的必要条件之一，也是教师胜任教学工作的必要条件，它涉及专业知识和技能等。在人工智能信息时代，教师不仅需要具备这些基础的专业素养，还应该具备信息技术素养、终身学习素养、智能素养[37]。

1）信息技术素养

科学技术无时无刻不在影响着教学，从传统的白板教育到现在多媒体技术的广泛运用，教学变得愈发高效。人工智能时代的学校将会越来越数字化，但是由于受到学生的认知能力和社会实践能力的限制，面对大量的信息资源，学生也许在信息资源的选取上相对盲目、无法辨别，因此如何甄选出高效、准确、符合学生个性化发展的信息是教师的一项重大挑战。很多教师对新兴技术不敏感、使用也不灵活，所以教师必须提高信息素养，与时俱进，要从海量的信息中寻找到教学所需要的有效信息，并能够熟练地运用。当得到了机器教学的反馈之后，教师就必须对数据加以分析、总结与处理，并通过机器得到的反馈掌握学生学习的基本状况。同时，教师还要及时地与学生和家长交流，发现新问题，并解决旧问题，从而形成教学共同体，以实现人–机器共存的理想模式。

2）终身学习素养

学习过程是永无止境的，教师的科研道路也是永无止境的。在人工智能时代，教师应提高自己的科研能力，以快速顺应人工智能时代的变化，实现终身学习。据调查，我国老年教师在教学的后期会产生职业倦怠，而青年教师的专业水平基本停留在能够完成基础教学任务的水平，还有待提升。所以要完善新教师的团队协作精神，通过共同交流，不断深入探讨，以提升自己的学术能力与教学水准，给学生提供终身学习的好榜样，和学生们共同学习，合作分享，一起成长。

3）智能素养

人工智能时代教师智能素养的培养以人机协同为前提，教师要灵活顺应时代发展，借助各种人工智能技术进行教学，而不需要掌握具体的智能技术，主要策略在于教师自身要掌握未来智能教育的走向，熟悉智能化资源的优势，积极使用大数据在线教育平台，应用智能助教和教育分析系统，掌握机器学习的原理，在理解的基础上掌握解决教学中各种问题的方法，从而更好地实现智能教学，充分发挥人机协同的优势，创建人机协同的智能教育环境[38]。这些都是教师人机协同的重要体现，也是人工智能素养的基础。人工智能时代教师的智能素养在于了解学生的认知发展水平，分析学习过程中学生的高阶思维能力的水平，及时发现问题进行干预，要以培养学生计算思维、问题解决和创新思维等高阶思维为核心。教师的智能素养要以人文素养为导向，主要策略在于教师明确教育的本质是“培养完整的人”，教师注重自身理想信念、关怀、创造性思维、审美力、感悟力等方面的素质的提升，以身作则，言传身教，使得学生养成正确的道德伦理、同理心和审美，并明确人文素养将是教育的价值取向。学校要鼓励教师教学创新和学生学习创新，为创建人机协同的校园环境提供资金保障。

4. 人工智能促进教师专业知识转变

技术对教育产生了重要而深远的影响，进而使得教师专业发展发生根本性的变化。从图 1-4 可以看到有关教师知识与技能的研究进展，以及人们在这个问题上认识的发展演变过程。长期以来，随着教师教育实践的发展，人们意识到，一位合格的教师，除了要有学科专业（领域）的知识之外，还必须要有教育学（教学法的知识）。

1986 年，美国学者舒尔曼（Lee S. Shulman）创造性地提出了学科教学知识[39]（pedagogical content knowledge，PCK）。2005 年，Koehler 和 Mishra 把技术元素引入舒尔曼的 PCK 框架之中，从而形成了 TPACK（technological pedagogical and content knowledge，整合技术的学科教学知识）框架[40]。2009 年，Angeli 和 Valanides 在 Koehler 和 Mishra 的 TPACK 框架的基础上，把“情境”（context）与“学习者”（learner）两个元素单独列开，与信息技术（information and communication technologies）、教学法（pedagogy）和内容（content）相并列，形成一个五元素的框架：ICT-TPCK[41]（information and communication technologies-technological pedagogical content knowledge，信息通信技术–整合技术的学科教学知识）。2012 年，来自黎巴嫩大学的 Saad、美国科学与技术大学的 Barbar，以及黎巴嫩大学的 Abourjeili，提出了 TPACK-XL（technological pedagogical content knowledge-context and learner）框架，也叫 TPCLX 框架[42]。在人工智能技术对教育产生巨大的影响下，2019 年，以色列海法大学的 Kali 等四位研究人员，把“空间”（space）因素引入教师知识与技能的架构之中，提出了 TPeCS（technology，pedagogy，content and space）框架[43]，如图 1-5 所示。Kali 等的研究工作，因整合了空间（space）要素，可以说是把教师的知识与技能的研究再次推向一个高度。

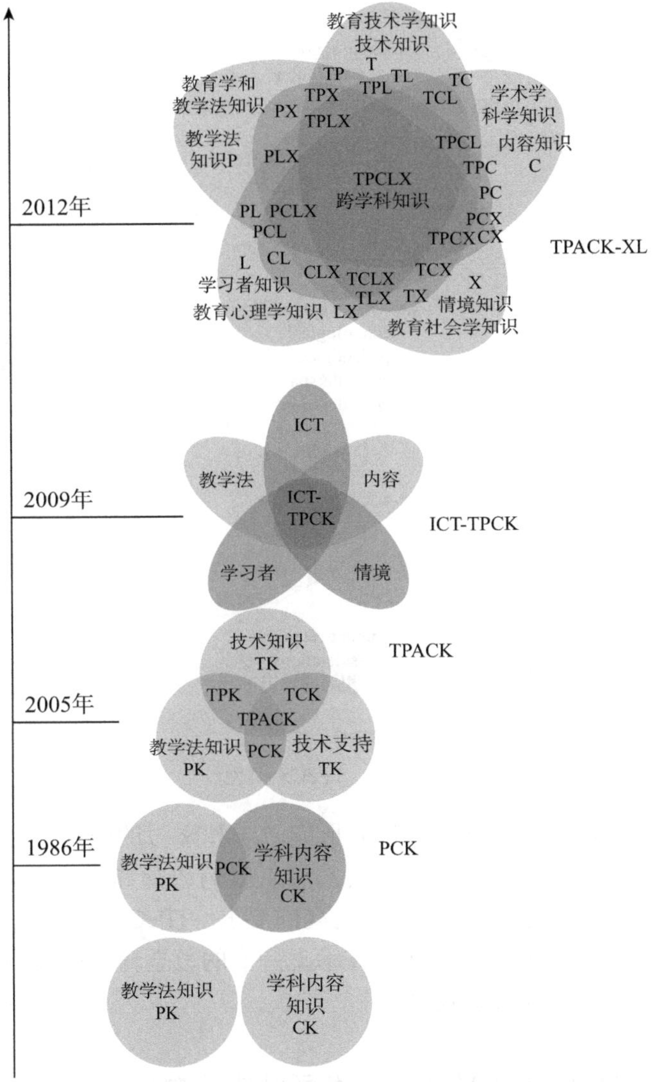

图 1-4　教师专业知识框架发展演变

在人工智能时代，学校教育的一个主要趋势是对学习空间的重新设计，创造新的技术增强型学习空间。TPeCS 认为，随着人工智能技术在教学中的广泛应用，以及智慧教学环境的普及，当今的良好教学不仅需要“了解技术如何与教学法和内容相关”，还需要理解并具备设计新空间以适应现有物理空间的技能。这可能包括使用数字技术，如移动设备、增强现实、创客空间、机器人及大型数字显示器。

教育、空间和技术这三个要素相互影响。一个学习空间，不管它的用途是什

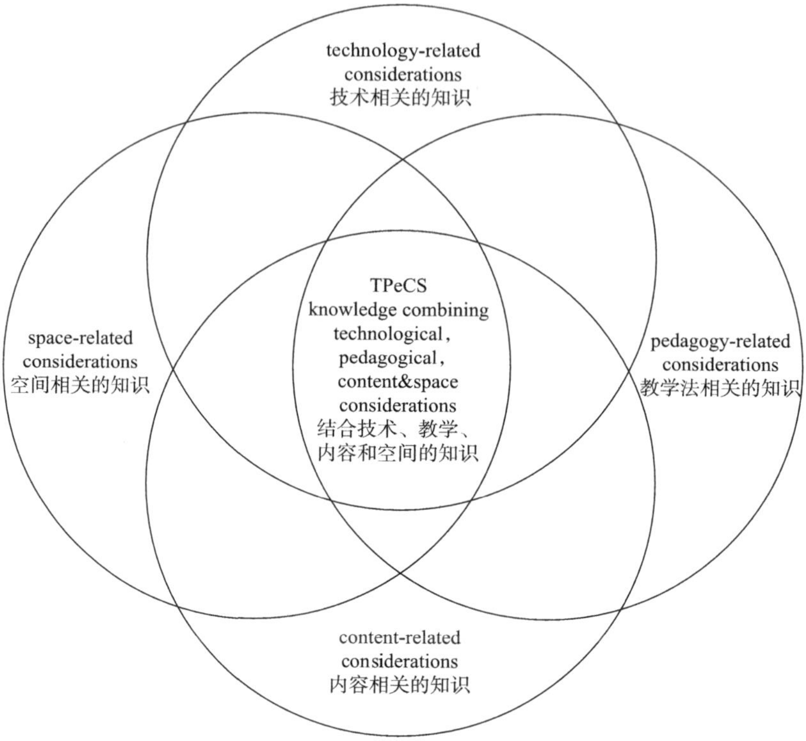

图 1-5 TPeCS 模型

么，重点在于人们在其中做什么，从而形成教学和学习的模式。特定的空间限制了某些类型的技术的引入，而特定的技术可以影响教师和学生如何使用空间[44]。TPACK 到 TPeCS 的转变，对教师提出更高的要求。TPeCS 将“空间”纳入教师专业知识框架中，需要教师将人工智能技术支持下的教学环境的设计安排考虑进教学设计中，以实现更好的教学效果。

1.3.3 人工智能时代教师专业发展的实践向度

人工智能助推教师专业发展主要是为了给教师带来更优质的个性化专业发展，把教师们引导到对课程进行不断探索与革新的智力“探险”活动当中，让教师们产生积极、不断地学习与发展自我的愿望，其实践向度，是要发挥人工智能的科技优势，让教师学科发展不但有效果、有效率、有质量，而且有温度、有吸引力。

1. 长善救失：精准设置学习路径

人工智能推动教师的学科发展，首先要彻底改变以往教师在学科发展过程中专业发展内容千人一面、没有针对性的状况，并充分运用人工智能的强大数据挖掘能力与精确数据分析优势，为教师设置个性化的学习路径。如图 1-6 所示，其分为个人特征获取、精准画像与精准施训 3 个主要的环节。

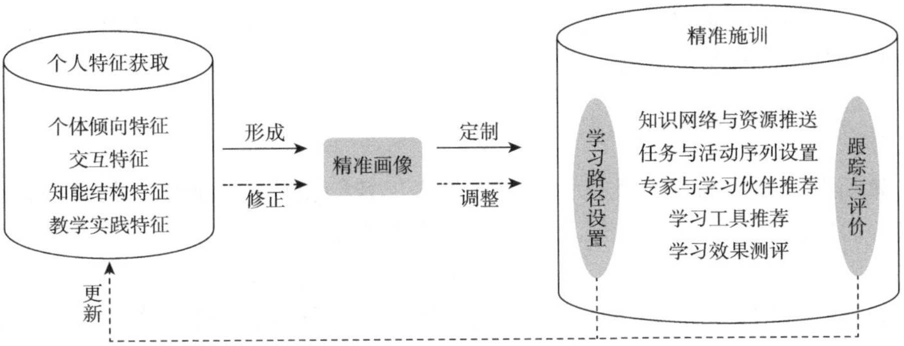

图 1-6　智能教师专业发展精准设置学习路径

对教师个体特征的全面掌握是智能教师专业发展体系精准设置课程路径的重要前提与基石。教师的个体特征大致分为个体倾向特征、交互特征、知能结构特征及教学实践特征，具体如下：①个体倾向特征主要指教师兴趣、参与专业发展的动机与态度、学习风格与偏好等，影响着教师专业发展的投入度、体验和满意度[45, 46]；②交互特征包括教师与其他主体进行交互，以及与专业发展系统进行交互的意愿、偏好、频数等，反映着教师的专业发展学习过程和质量；③知能结构特征包括教师知识的广度、深度及知识之间的链接以及能力构成、各种能力的水平等，知能结构的缺陷和不足蕴含着专业发展的契机与需求；④教学实践特征包括教师的教学理念、风格，以及在媒体应用、资源制作、教学流程与模式等方面的偏好和习惯等，是对教师进行有针对性的个性化专业发展的重要依据。

人工智能技术依据获取的教师个体特征，将标注这些特征的标签按逻辑组织起来，对每个教师个体进行勾画形成“画像”。通过这些标签将参加专业发展的教师具体化，精确确定其专业发展需求。适宜的专业发展学习方式与支持，成为沟通教师原有状态与精准化教师专业发展以实现教师专业发展的中间环节。对教师进行精准画像使智能施训的目标更为清晰，使个性化学习路径设置的各环节都更加聚焦、专注于教师的个体需求。

教师画像的结果，使智能系统精确地掌握教师的知能结构状况、各方面知识技能的掌握情况，包括教学理念、素养等，从而确定其所擅长的方面与不足。根据不足以及在课程中出现的问题，通过推荐合适的学习内容以及相关教学资源、设定合理的教学任务与教学活动序列等，为教师设定个性化的教学路线。并在此过程中，通过大数据分析与匹配的结果，向教师推荐适合的领域专家及学习伙伴、个性化的学习工具，以及学习效果测评方案。对教师在学科发展过程中的资料访问、信息检索、任务完成、活动参与和交流协作等过程实施动态追踪和实时评估，将其结果与教师真实的学习路径相关数据一并反馈给智能专业发展系统，用以更新教师个体特征获取的数据来源和分析结果，并根据结果动态修正教师画像，从而调整教师个性化教学路线。

2. 实践导向：支持实践探索

教师专业发展与专业成长，其实质是人工智能支持下教师的“信念—怀疑—探究（协同探究）—实践—信念”螺旋上升的过程。

教师以往的教学经验、已接受的相关专业发展使教师形成了一定的教育信念以及相应的教学模式、策略体系。这是教师开展教学实验和参与教师专业发展的重要基石，也是教师界定其对教育教学相关问题认识的基本界域，教师在此基础上进行教育实践。智能教学系统对于整个课堂过程实现全方位、全程追踪与记录，不仅应包含所有学生的学习数据，还应保留教师教学行为的相关数据和信息。相关数据的分析和可视化呈现，有助于教师更加敏锐地洞悉教学中出现的问题与冲突，使教师对其自身信念与方法体系产生怀疑，催生其产生参加专业发展、进一步探索的内在需求。教师在人工智能系统的帮助下进行个性化专业发展以及相关理论知识的补充学习，在领域专家引导下与其他教师共同就实际问题与矛盾展开深入探讨与协商，并形成解决方案，使其运用于课堂教学实际，并修正自身的相关信念与方法体系，以实现更高层次的教学实践。对实践的螺旋探究过程，往往伴随着教师对教育本质更深入的认识、教学理论与实践更紧密的结合，以及教师自身素质的不断提高。

3. 深度融合：促进教学能力提升

课堂教学能力是教育学科素质的核心组成部分，决定了教师教学的质量和效果，是我国教育信息化发展的主要目标。教学能力是包含教育表达、传导与转化、反馈等能力的统合体[47]，代表了教师在特定情境中处理教学实际问题的水平，同时具备生成性、实践性和情境性等特征。人工智能助推教师专业发展应推进智能信息技术与教学实践深度融合，全方位促进教师教学能力的提升。

考虑到教师教学能力以一定的理念、知识为基础，又在实践问题中转化为具体教学情境下教学问题的解决能力，而且教学能力具有缄默性，其中所蕴含的大量隐性知识需要具体教学环境或有意义交互等“场”环境进行刺激，才能有效激发、显现和转化，如图 1-7 所示。

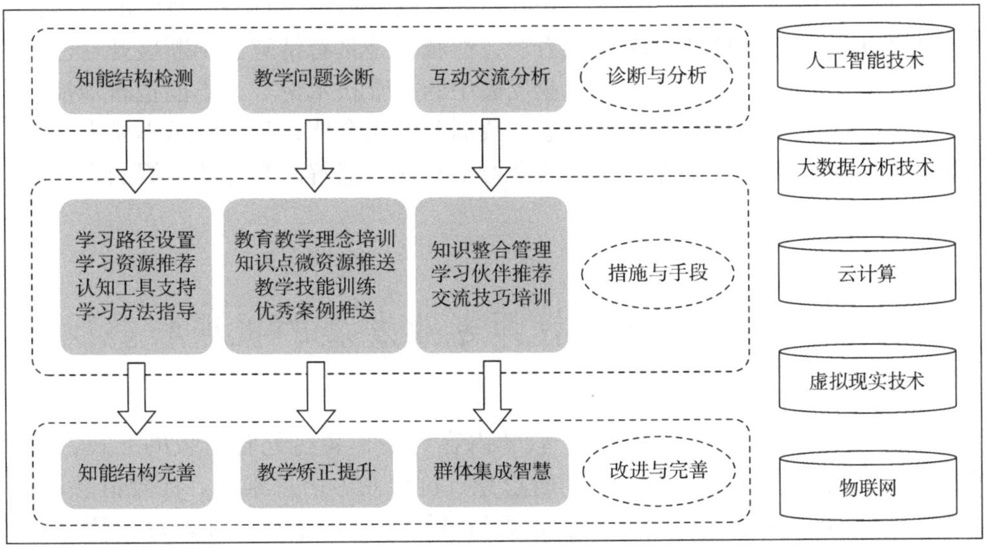

图 1-7　深度融合促进教学能力提升路径

人工智能助推教师专业发展，从知能结构检测、教学问题诊断、互动交流分析三方面推动教师教学能力的提升：通过知能结构诊断的结果，明确教师知能结构中存在的问题与不足，并以此为依据推送学习资源与学习路径，通过提供工具、方案的帮助，教师进行长善救失，推动教师知能架构完善，为教师发展奠定基石；教学问题诊断基于智慧教室、智慧课堂实验室等的支持，发现教师教学理念、知识、技能等方面的不足，进行针对性专业发展，帮助教师进行教学矫正和能力提升；互动交流分析对教师专业发展共同体互动过程和结果进行分析，帮助教师整合和管理动态生成的知识，根据教师实际推荐学习伙伴和进行交流技巧专业发展，以帮助教师通过群体交互集成教学智慧。

4. 人性涵养：丰盈个体生命

人工智能助推教师专业发展，在充分运用人工智能等信息技术优势的时候，也需要防范“技术本位”倾向。首先，应树立这一理念，即教师专业发展是教师作为“人”的个体生命追求自我发展的过程的理念。教师的专业发展，是指教师以自身现有的教育经验为基础，积极参与教师专业发展、追求职业发展，实现人生梦想。教师专业发展，固然包括教师专业知识、专业技能及相关课程等的学习，但专业知识的提升、专业技能的提高并不应当成为教师专业发展的终极目标。其次，要充分认识技术的局限性，关注教师个体的主观需求，从而形成有温度、富有人文关怀的智能教师专业发展。

人工智能的统计分析、算法等功能，对人的外显行为具备了较强的数据化处理和大数据分析、智能化判断“能力”，但教育是具有情意、不断展开自己“生命”的过程，因此，应避免教师专业发展中的“唯技术论”，不能把教师抽象为人工智能技术处理和操控的各类抽象“数据”的集合体，只见技术不见人，或只见数据不见人，扼杀教师作为主体的学习主动性，消解教师专业发展的人文温度和活力。

1.4 人工智能时代教师专业发展的机遇和挑战

传统教学以记诵、问对知学、教学内容为主，实行先管后教的方式，社会期待低。现代教学理念更注重于高阶思想、价值观、信息素质、社会情感培育。随着人工智能时代来临，新的教学方式凸显了人机合作的精细教育，师生关系走向平等和协作，教学课程也从标准化走向定制化，学校组织形态变得更加灵活多样[48]。

人工智能技术时代的变革是惊人的，其中算法机器学习和自主决策方面的新突破，为持续创新带来了新的机遇。人工智能的影响十分广泛，涉及金融、医药、制造商、零售商品、供应链、交通和公共服务等行业，这些行业都可能因人工智能技术的出现而产生巨大的变化。人工智能的诞生，使得国家、社区、高校、学生等对师资力量的需求都呈现出明显增长的态势，同时人工智能推进教师建设工程也被列入了国家发展策略。人工智能课程的引入，对教育的学科发展提出了更高的要求。教师需要了解人工智能技术对传统教学方法的影响，并思考如何将智能技术应用到教学活动中；教师还需要思考如何应用人工智能技术将中小学的智能教育提升到一个新的高度。

1.4.1 人工智能时代教师专业发展的机遇

1. 自动化技术帮助教师减负

自动化可以定义为由计算机执行先前由人类执行的功能。人工智能支持的自动化技术可以管理和分析大量数据，提出建议的行动方案，并制定这些决策。这些技术还能够随着时间的推移提高决策的准确性，从而变得越来越有价值。这些“智能”的能力使得人工智能可以应用于复杂的教学场景，在学科知识的教学中，人工智能也可以给教师提出关于改善教学的意见。如果由于缺乏教育内容和材料方面的知识，学生无法理解某些概念，那么大多数学生在家庭作业中会给出错误的答案。另外，如果教师没有及时意识到自身在教学中的疏忽，人工智能系统可以提醒教师注意，以适应学生相应的学习提示。教师还可以根据人工智能系统的关注程度，改变教育内容，补充必要的课程知识。这有助于向学生提供学习相关概念的及时反馈，以减轻教师的教育负担。首先，教师通过云计算技术、大数据手段解析学情，发布课程资源。在教学平台上，学生就读情况被全程记录，学情报表也自动形成，教师能够更清晰地查看学生的学习情况，并适时做出针对性回应。其次，教师可以采取多样化的教学手段，如图片、声音、动画、视频等，代替传统的单一教学模式。最后，教师可针对学生在课程中形成的学习数据进行形成性评价，从而更有针对性地布置课堂练习。实时检测系统与智能批改设备等教育辅助产品的产生，将作为对教师强有力的保障，协助教师更有效地检测学生作业完成情况，并适时予以反馈。

人工智能对教育的潜在影响也是很大的，因为目前的教育软件通常根据个性需要定制教育课程，把所有学习者群体联系到一起，实现对数字材料的自由访问，支持分散的教学工具，并以有意义的方法使学习者群体积极地参与其中。教师在进行课程设计时，可以适当地在部分教学活动课程环节中运用虚拟现实教学工具，将传统当面教学活动课程变为与人工智能技术相结合的纵向一体化课程。当由人工智能驱动的虚拟现实技术开始充分发挥其教育优点时，教师也就无须耗费大量时间解决或过于重视学生的作业与反馈问题，从而可以注重于课堂知识点的表现，更好地完成课程设计。

2. 为教师终身学习提供有效的学习途径

人工智能给教师终身学习提供了知识库、在线教学、开放大学等多渠道途径。同时优质的教育互动平台提供了海量教学资源。在教师专业发展趋势方面，《探索使用人工智能以支持教师及教师发展》报告认为，教师只有学习运用和掌握人工智能信息技术，才能完成课程设计和教学安排，所以，报告中建议教育部门进行教师数字化训练，并建立人工智能网络平台，给教师创造接触、应用智能科技的机会，教师在平时的教学实践中也能够提高数字素质。例如，数字网络平台 Framer Space 给教师创造了直接接触、应用网络平台的机遇，教师可以更直接地体验人工智能技术的优势，从而在教学实践中提高运用新型人工智能信息技术建课和开展教育活动的能力。该网络平台以人工智能作为驱动，鼓励教师、课堂设计师、课堂管理者通过该网络平台自由研究并重构课堂教学，促使参与者共同开发内容和积极参与研讨。Framer Space 所采用的灵活设计方式增加了平台的灵活度，鼓励使用者协作开发，以及建课和开发工具，如模组工具包（modular toolkit）鼓励教师自主内嵌文字、录像、日志等内容。从目标的设置、课堂总体的结构，到教学资料中具体内容的动画显示、背景音乐选取，全部由教师自主实现，并且数据透视仪表板（data insight dash board）教学工具可以协助教师确定教学目标的完成程度，并指导教师对学习投入度较低的学习者进行积极的沟通。此外，教师人群数量众多，但是具体到个人，却很少有与杰出教育工作者的高效交流与合作的渠道，无法全面共享教师群体智慧。为此，高校应主动建立全国名师的网络工作坊，深入而活跃地进行话题研究、课程研发、教学探讨与教师技能提升，并建立以名师为中心的多层次网上研修共同体。使教师和教师间畅通互联共享资源的渠道，分享不同教师的智力与教育成就，推动教师个人发展。

3. 智能教学系统推动教师角色的转变

人工智能改变了教师角色，教师不再是单一的知识传授者，而是开展更高阶的教学活动的组织者，基本的认识与技能的教学任务可以由人工智能代劳。例如，指导学习者进行简单的数学计算、书写等基础学习任务，但针对训练学习者的发散思考能力和创造力等高级知识策略这样的教育任务，仍需要现实中的教师设计并开展。对于在线教育，人工智能系统可以即时监控学生的学习与进步状况，并向教师反馈所有学生的状况，以帮助教师处理学生的偏科问题。在许多情形下，尤其是使用在线课堂或翻转教学模式的学校，人工智能系统已可以完成评估等工作，甚至还能够利用编程工具为学习者创造查询知识与学习资讯的途径。

此时，教师的角色已经由知识的传递者逐渐变成了教育的倡导者和引导者。以巴基斯坦哈里安纳邦大学教育处（The Department of School Education in Haryana State）在全国 1 500 多所高校开展的新一代人工智能教学项目为例，该项目使用人工智能技术追踪学生的学习进程并向教师报告；机器自动分级技能，对学员所提供的作业内容进行样本分类，以增强机器的自主评估效果；收集学习者的搜索查询记录并进行大数据分析的积累，以便于为学习者提供有关教学内容的智能建议；在现代教学方面，通过程序教学模式，由教师把课文阅读分解为模块教学内容注入新一代的人工智能系统中，由操作系统给学生进行学习指南、作业检查、篇章汇总等教学的辅助材料；在现代远程教学中，人工智能系统还被赋予了助教的角色，以协助教师回答学习者的问题。目前，该人工智能教学项目已经从教学的各个方面都给教师带来了方便，不但在校内担当了课堂助教的角色，而且推动了学校教师角色的转换。

4. 数据分析辅助智慧决策和教育管理

科学合理的教育决策要求管理者掌握大量的统计信息，运用信息处理与大统计分析等人工智能技术，制定适合于客观现实情况的对策举措，以减少决策失误。

在人工智能时代，人类所用的所有移动设施，智能学校、智慧课堂、智能实验室等物理场所，以及网络教学平台、网络互动社区等虚拟空间，都可以进行大数据信息收集，教育决策体系将进入大数据驱动的教育决策模式。借助日益发达的教育数据挖掘与学习分析技术，精确地预知教育前景和发展趋势将成为可能，这为教育决策优化提供了机会，并成为教育决策体系改革与创新的关键手段。

面对当前校园网络教学资源类型繁杂且信息容量庞大的问题，人工智能系统可以协助教师为学生挑选最适合的课程内容，从而改善教师决策。从校园选课到学生就业，智慧数据采集与数据分析系统有助于改善教育，并解决学校的职业培养需求。另外，根据学生的个人情况和兴趣爱好，人工智能系统可以为其选择最合适的院校与学科专业。例如，埃及爱资哈尔大学（Al-Azhar University）使用智慧代理技术（intelligent agent technology）构建教学系统，开展自适应、个性化教学，并开展智慧电子考试等。为了设置更人性化的教学，新一代人工智能技术也可被用于获取在校学生个人信息，并对该校以往的档案记录加以整理与分类，以掌握当前该校学生的发展情况、偏好、需求和学习风格。对学习科学和神经科学的研究为解析学习的复杂性和学习背后的神经过程提供了重要的见解，有利于开展个性化教学。为降低教师的压力，爱资哈尔大学还通过大数据分析为教师提供更详尽的教学信息，并构建基于个性化和先行课程的智能电子考试管理系统，目前该培训系统仍在不断完善。

知识管理是伴随教师全部教育生活以及完成专业教学任务的一种关键技术。网络教学空间可以支持教师对其教与学的资料、成果与经历进行系统化整合与提升，建立富有自身特点的资源库，建立随其教育生活而动态积累、创新的信息库，提高教师基于信息技术的认知水平，从而更为高效地推动教师专业发展。当前中国教育管理系统信息化建设工作已初见成效，并累积了巨大的教育数据和学习者信息数量。随着信息技术改变教育进程的逐步深入，智能教学环境了解教学情景、确定学习者特点、追踪和记录教育流程的能力以及信息管理系统所获取的教育数据也将获得巨大拓展。智能管理系统不仅可以对各级各类教育单位的人才信息、教育经费、院校办学条件、学校运维服务管理情况等大数据信息进行报表格式的统计和大数据分析，还可根据各级各类教育机构长期的大数据积淀，结合人数分布、社会经济发展趋势、环境变化等现实情况，采用大数据统计分析、指标展现、横向比较、趋势分析、大数据转换等技术方式将大数据转换为科学知识，并在智能管理系统平台中加以可视化展示，为各级管理者的科学决策提供大数据支撑，从而减少经验主义错误。

基于人工智能的系统在决策应用中通常包含算法、人工神经网络、决策支持系统、深度学习、深度神经网络、专家系统和学习系统[49]。以教育数据分析信息资源为基石的大数据分析技术，将能够让高级教育管理者更加清晰地了解基础教育的现实状况，为引导教育管理者实施科学决策提供理论基石，从而有助于提升教育教学质量，也能够在地方高校和学区的教育管理层面影响相应的资源调整和教学政策制定，从而能够支持地方乃至全国范围的教育管理者做出科学判断[50]。大数据分析技术确保了教学采集的广泛性、丰富性，大数据分析技术确保了数据分析科学、真实，防止教师在进行教育教学决策时遭受决策对象内部和外部环境因素的影响，为基础教育管理者提出了科学合理的、正确的教育决策意见。大数据分析技术在教育教学与高校管理工作中的普遍使用，可以在对学生就读状况数据分析、校园舆情分析、教学决策制定等方面，起到对重大教学事件的预见作用，从而填补了教学决策者预测能力的不足[51]。

5. 智能感知技术提升教师精准服务

人工智能技术可以实现对学习者的个体化、自适应学习，进而改善教育教学，这既是人工智能技术在教学中应用的主要目标，又是人工智能技术给教育教学带来支持的关键所在，因此，可汗学院（Khan Academy）的人工智能教学项目，可以针对学习者群体的表现制定个人教学规划，以响应学习者群体的各种教学要求，并支持学习者群体重复其薄弱知识点，以此协助每位学生实现学习目标。在人工智能的辅助下，不同认知阶段的学习者都能够做到在同一小班内教学，尽管学生的学习步调不尽相同，在人工智能的帮助与保障下也均可顺利完成各项教学任务。

对容易受到外部影响的场依存式学习者而言，教师的不断反馈与纠正可能会引起其对学习的厌倦与畏惧。一种以人工智能为驱动的计算机，可以使学习者在一个较为温和的网络环境下练习，并逐渐解除因重复错误所带来的焦虑心情。荷兰阿基米德研究院（Archimedes Institute of the University of Applied Sciences Utrecht）建立了虚拟现实研究室，致力于研究与学生个人学习目标直接关联的个性化学习环境。实验室制作的首个教学产品，是一种叫作“展现影响力”（presenting with impact）的虚拟现实应用程序，学习者必须首先有一个智能手机，然后走进虚拟现实实验室并设置好该应用模式，之后才能独立地遵循个性化教学轨迹，并专心于自我演示与表现技巧的提高。在实际使用的过程中，学习者可以得到表演专家的单独指引，在不同的虚拟观众眼前进行演示，并接收程序所提供的其在演示阶段中关于目光接触程度、语速、说话频率及音量大小等的反馈。人工智能可用于训练学习者的某些操作技能，教师只需阶段性地掌握其学习状况，把控好学习者的整个学习轨迹即可。

6. 智能化工具支持教研实践活动

人工智能时代的教师需要提高自己的信息素质，合理运用智能开发工具与平台，以适应现代信息化课堂环境、教学环境、社会环境，推动教师专业的蓬勃发展。智能化教师专业发展的主要开发工具分为教师合作与教研类开发工具、教师任务与自我管理类开发工具、教师教学评价与个人反思类开发工具。此类开发工具可以强有力地支持教师进行教研活动、实现教师合作发展、实现个性反思等，并以此推动教师专业发展。例如，教师运用教研工具和平台，如 Classtoom2.0、Learning Cell 教学元平台等，开展合作教学、集中备课、听评讲、参观课等多种形式的教师专业发展实践活动。Learning Cell 的主要功用是进行地区性的师资合作教研，以及学校之间、校区之间、整个区域间的师资远程交互、合作备课等，为提升教师的授课能力、实现教师的发展提供了重要平台。教师可以使用任务管理工具帮助学生管理任务、作业等，同时分享想法给学生，并收集班级图片、学生作品等形成一个画廊展示。教师使用在线记录笔记工具，如 mySchool、Notebook、EverNote 等记录笔记、管理笔记、共享笔记，有助于教师的知识共享与知识库建设。教师运用评价工具获取学生在学习过程中所形成的档案、作品、幻灯片、录像或写真集等各类教育活动成果，以此协助教师进行教学评估。

1.4.2　人工智能时代教师专业发展面临的挑战

1. 知识获取渠道繁多

人工智能时代，教师在专业化发展过程中接触的信息呈爆炸式增长，教师需要花费额外的精力分辨教学资源，另外，在学习多平台教师技能提升课程和参与教研活动时，不同主办方所提供的复杂知识获取渠道也会使教师感到迷惑。香农-韦弗模型指出，如果消息总是杂乱无章地存储在特定的学习环境内，学习环境内的数据信息量就越大，数据信息熵也就越多，由此导致了学习环境越来越复杂化，进而增加了有效数据信息性收集的不确定性[52]。各式各样的教学云平台、智能教学终端等保存了大量的数据资料，教育信息内容也呈现出碎片化的发展趋势，教师在收集重要的消息时往往考验其信息搜索能力、信息获取能力、判断能力、整理能力、应用能力等，这导致了部分新手教师很难在海量资讯中筛选到最有价值的内容来促进自身的发展，即便获得有价值的信息也无法系统化地整理并为自身使用。

2. 教师的教育观念和身份定位的转变

在传统教育模式转型的时代大背景下，人工智能大数据的作用在教学活动中不断凸显，正在成为推动教学创新、促进教育公平的重要力量。许多教师发出疑问："在未来，当人工智能发展到一定程度之后，可以在教育方面完全代替教师吗？"

人工智能不能取代教师，但是使用人工智能的教师却能取代不使用人工智能的教师。未来的教育是人与人工智能协作的时代，充分发挥机器与人类不同的优势是提高教育生产力的关键，人工智能将会取代简单重复的脑力劳动，教师要发挥人类的创新、复杂决策、情感关怀激励等优势。未来个性化教育体系强调促进学生的全面发展，对教师提出了更高要求。教师要重新思考人工智能时代教育中自身的定位。一方面，教师可以朝着人工智能支持下的全能型教师发展，即教师既要为每个个体提供个性化支持，又要为带有生态性质的群体提供支持，这就要求他们既要掌握学科知识，又要掌握教学法知识、技术知识，掌握认知、脑科学发展、儿童身心健康相关知识，还要了解各种社会属性，具有领导力和社会协作能力。另一方面，教师也可以转变为专业型教师。未来教师会出现精细的、个性化分工。让每位教师成为全能大师不太可能，但部分教师可以在某一方面做到极致。未来将会有专门做练习辅导的教师、做项目设计的教师、疏解学生心理问题的教师、授课教师、做教学设计的教师等。

面对信息技术的日新月异，大学和中小学应加快教师发展信息化的步伐，主动拥抱人工智能，进一步推动信息技术在教育教学、教育管理、教育服务过程中的应用，利用智能技术支撑人才培养模式的创新、支撑教学方法的改革，持续不断地造就一批又一批掌握信息技术、具有创新思维的教师。

3. 线上线下教师研修方式融合不足

教师研修是教师专业发展的一个重要环节。传统的校本研修较为局限，需要专家与教师出现在同一时空，由于时间、空间等障碍，很多教师丧失了成长的机会。线上研修虽然能够突破时空限制，但也会受到其他限制，使教师缺乏学习机会和实践机会。人工智能技术的实现和使用还需要政府投入巨大的经费来建设平台和基础设施，如智能学校、实验平台还存在着高成本、少应用的现状。目前部分省会城市和经济发达区域已逐渐建立了较专业的智能课堂，甚至部分高校把人工智能教学引入通识教学，作为教师的必要知识之一。受限于所在地区的经济发达程度，部分经济欠发达地区的高校还没有经费的支撑，因此人工智能教育还只能是一个概念。甚至部分地区的学校还停滞在黑板、粉笔、三尺讲台上的传统教学模式，这些地区的教师往往缺乏专业化的教师研修途径。因此，教师专业发展应促进线上线下教师研修方式深度融合，通过线上、线下工作场景的混合[53]，既能将不同地区、不同学校的教师及其智慧汇聚起来，又能帮助教师基于真实教学情境开展研修，在“做中学”、在“行动中识知”[54]。因此，高效的混合式研修相比于单一研修方式来讲更适合发展水平不同的地区，成为教师研修的主流方向之一。

4. 技术应用适配性不足

人工智能作为教师专业发展的辅助性支撑技术，其有关专业知识和技术能力也成为教师发展必备的基础。随着人工智能科技持续发展，在各个时代都有新的技术、新的教学方法诞生，即便教师已经熟悉了人工智能的实际应用，但后期维护能力也成为一个难点。因此，人工智能技术目前还无法真正有效地融入教师专业发展。人工智能可以解放教师的生产力，学校应该及时做好相关筹备工作，并组织相应平台提供教师人工智能教学资源，以进一步增强教师运用人工智能技术的能力。另外，人工智能技术往往无法适配所有的教师专业化过程，主要是因为参加训练的教师通常来自全国不同的地方、不同的学校甚至是不同的学科。教师教学的主要任务是教书育人，因此教师的角色并不仅仅是传授知识，更多的是要通过情感的倾注和思维的引领教学生为人处世、培养学生的良好品格等。例如，大数据分析技术使算法能够为开展特定的教学任务提供技术支撑，但往往在人工智能技术使用时，更注重技术层面的应用，而不是更注重认知层面，人类思维和感觉的复杂性——特别是教师情感，还没有被有效地转化[55]。尽管未来的人工智能教师在知识储备率、知识传播速度及教学手段等方面将超过人类，但人类教师依旧有着无法取代的重要作用。

5. 道德伦理的冲击

人工智能越来越复杂，可以应用该技术的场景也越来越多，发展速度也越来越快，尤其是对教师专业发展的颠覆促使许多规范和规则需要重新配置，以适应人工智能的复杂性和影响力。一方面，“学高为师，身正为范”应是每一个教师需要遵守的规范。教师的道德规范修养是教师专业发展道路的一块试金石，教师对自身道德素养的塑造也在潜移默化地影响学生。但是，某些教师缺乏职业道德的事件，也会降低教师的威望。另一方面，人工智能取代人类的传言不断增加，电影编剧也在创作着机器人摆脱人类掌控管治社会的影片；在工业和社会中，关于更高水平的人工智能存在着一个广泛的争论：由于自动化水平的提高，技能较低的社会角色可能会消失。人类仍然需要与人工智能技术一起工作，研究者应该有效分析哪些任务需要自动化，判断是否存在过度依赖人工智能，以及增强故障保护能力[56]。基于人工智能系统做出的决策的责任和分析，并不能完全地解决教师专业发展中的伦理和法律问题，还需监管机构制定和实施适当的政策、法规、道德指导，以防止人工智能的滥用。

随着物联网、人工智能、大数据分析、云计算等技术不断进入教育课堂之中，人工智能给教育专业发展带来了前所未有的机会，教师不但要具备传统教育的技术技能，同时还要具有融合最新科技于教学中的能力，即熟练地运用在各类网络教学背景下的新型技术开发工具，如教学资源的智慧搜索工具，跨空间教学过程的可视化呈现工具，教育过程的实践反思、探索教育、思想汇聚等工具，以及教育与课堂评价工具、教学与学生合作的管理手段等，并具备把这些最新科技工具和知识迁移到全新的教育情境之中的能力。这就需要教师与时俱进地发展自我、完善自身，与学生共同拥抱人工智能，以争取成为人工智能时代真正的合格教师。由于互联网、云计算等现代信息科学技术的蓬勃发展与运用，新一代人工智能教育已进入现代计算机信息技术教育蓬勃发展的更高级阶段，会深刻推动教育教学改革和创新发展，从而给教育学科蓬勃发展提出了巨大挑战。基于人工智能的发展趋势及其在教育领域中的广泛应用，教师需要重新思考如何“抛弃旧我，重建新我”，进而能够实现在新科技革命冲击下的华丽转身。

本章参考文献

[1] 教育学名词审定委员会. 教育学名词[M]. 3 版. 北京：高等教育出版社，2013.

[2] 罗蓉，李瑜. 教师专业发展：理论与实践[M]. 北京：北京师范大学出版社，2012.

[3] 教育部师范教育司. 教师专业化的理论与实践（修订版）[M]. 北京：人民教育出版社，2003.

[4] Adey P，Hewitt G，Hewitt J，et al. The professional development of teachers：practice and theory[J]. Springer Netherlands，2004，28（5）：567-570.

[5] 周汉华. 专业化是必然要求[N]. 人民日报，2017-11-01.

[6] 刘微. 教师专业化：世界教师教育发展的潮流[N]. 中国教育报，2003-07-15.

[7] 刘佰桥，王敏. 教师专业化与特殊教育教师培养[J]. 绥化学院学报，2021，41（4）：117-120.

[8] Kimball B A. The problem of teacher authority in light of the structure analysis of profession[J]. Educational Theory，1988，38（1）：1-9.

[9] Sockett H T. Research practice and professional aspiration within teaching[J]. Curriculum Studies，1989，21（2）：97-112.

[10] 叶澜，白益民. 教师角色与教师发展新探[M]. 北京：教育科学出版社，2001.

[11] 朱新卓. “教师专业发展”观批判[J]. 教育理论与实践，2002，（8）：32-36.

[12] 朱玉东. 反思与教师的专业发展[J]. 教育科学研究，2003，（11）：26-28.

[13] 刘万海. 教师专业发展：内涵、问题与趋向[J]. 教育探索，2003，（12）：103-105.

[14] 曾荣光. 教学专业与教师专业化：一个社会学的阐释[J]. 香港中文大学教育学报，1984，（1）：23-41.

[15] 海德格尔 M. 海德格尔文集：演讲与论文集[M]. 孙周兴译. 北京：商务印书馆，2018.

[16] Fuller F. Concerns of teachers：a developmental conceptualization[J]. American Educational

Research Journal，1969，6（2）：207-226.

[17] Fuller F，Bown O. Becoming a teacher[C]//Ryan K. Teacher Education（The 74th Yearbook of Education）. Chicago：University of Chicago Press，1975：185-186.

[18] Burden P R. Teachers' perceptions of the characteristics and influences on their personal and professional development[D]. PhD. Dissertation of the Ohio State University，1979.

[19] Feiman-Nemser S. Learning to teach[C]//Shulman L S，Sykes G. Handbook of Teaching and Policy. New York，London：Longman，1983：150-170.

[20] 马玉慧，王珠珠，王硕烁，等. 面向智慧教育的学习分析与智能导学研究——基于 RSM 的个性化学习资源推送方法[J]. 电化教育研究，2018，39（10）：47-52.

[21] 汪张龙，徐俊，李晓臻，等. 纸笔考试智能网上评卷系统的设计和应用——智能教育应用之“考试评价”篇[J]. 现代教育技术，2018，28（3）：5-11.

[22] 郭炯，郑晓俊. 基于大数据的学习分析研究综述[J]. 中国电化教育，2017，（1）：121-130.

[23] 王陆，李瑶. 课堂教学行为大数据透视下的教学现象探析[J]. 电化教育研究，2017，38（4）：77-85.

[24] 中共中央 国务院关于全面深化新时代教师队伍建设改革的意见[EB/OL]. http://www.gov.cn/zhengce/2018-01/31/content_5262659.htm，2018-01-31.

[25] 魏戈. 西方教师实践性知识研究的旨趣变迁[J]. 比较教育研究，2019，41（10）：45-51.

[26] 朱旭东，宋萑. 论教师培训的核心要素[J]. 教师教育研究，2013，25（3）：1-8.

[27] 教育部. 教育部关于深化中小学教师培训模式改革全面提升培训质量的指导意见[EB/OL]. http://www.moe.gov.cn/srcsite/A10/s7034/201305/t20130508_151910.html，2013-05-08.

[28] 王立峰. Edcamp 解读及对我国中小学教师培训的启示[J]. 现代教育技术，2020，30（4）：68-73.

[29] 朱忠明，常宝宁. 学习者中心：中小学教师培训的转型发展[J]. 中国教育学刊，2018，（4）：76-80.

[30] 杨绪辉，沈书生. 教师与人工智能技术关系的新释——基于技术现象学“人性结构”的视角[J]. 电化教育研究，2019，40（5）：12-17.

[31] 李树英. 智慧教育需要教育智慧：教师专业发展的人文选择[J]. 现代远程教育研究，2019，31（6）：32-38，51.

[32] 余胜泉. 人工智能教师的未来角色[J]. 开放教育研究，2018，24（1）：16-28.

[33] 李栋. 人工智能时代教师专业发展特质的新定位[J]. 中国教育学刊，2018，（9）：87-95.

[34] 韦妙，何舟洋. 技术现象学视域下人工智能对教师角色的重塑[J]. 电化教育研究，2020，41（9）：108-114.

[35] Yuan J，Kim C. Guidelines for facilitating the development of learning communities in online courses[J]. Journal of Computer Assisted Learning，2014，30（3）：220-232.

[36] 于莎，刘奉越. 成人参与在线学习共同体意愿的内在影响机制——基于目标导向行为理论

和自我决定理论微视角[J]. 现代远程教育研究，2018，155（5）：88-96.

[37] 唐怡新，王青. 人工智能时代教师专业发展[J]. 教育技术，2018，（11）：15-16.

[38] 徐嘉欣. 核心素养视域下人工智能时代教师智能素养的内涵[J]. 卫星电视与宽带多媒体，2019，（14）：56-57.

[39] Shulman L S. Those who understand：knowledge growth in teaching[J]. Educational Researcher，1986，15（2）：4-14.

[40] Koehler M J，Mishra P. What happens when teachers design educational technology? The development of technological pedagogical content knowledge[J]. Journal of Educational Computing Research，2005，32（2）：131-152.

[41] Angeli C，Valanides N. Epistemological and methodological issues for the conceptualization，devel-opment，and assessment of ICT-TPCK：advances in technological pedagogical content knowledge（TPCK）[J]. Computers & Education，2009，52：154-168.

[42] Saad M M，Barbar A M，Abourjeili S A. TPACK-XL framework for educators and scholars：a theoretical grounding for building preservice teachers ICT knowledge base[J]. RUNNING HEAD：TPACK-XL for Educators and Scholars，2012，（6）：1-21.

[43] Kali Y，Sagy O，Benichou M，et al. Teaching expertise reconsidered：the technology，pedagogy，content and space（TPeCS）knowledge framework[J]. British Journal of Educational Technology，2019，（5）：2162-2217.

[44] Radcliffe D. A Pedagogy-space-technology（PST） framework for designing and evaluating learning places[C]//RadcliffeD，Wilson H，Powell D，et al. Learning Spaces in Higher Education：Positive Outcomes by Design. Brisbane：The University of Queensland and the Australian Learning and Teaching Council，2009：11-16.

[45] Manolis C，Burns D J，Assudani R，et al. Assessing experiential learning styles：a methodological reconstruction and validation of the Kolb learning style inventory[J]. Learning and Individual Differences，2013，23（10）：44-52.

[46] Fletcher S，Potts J，Ballinger R. The pedagogy of integrated coastal management[J]. The Geographical Journal，2008，174（4）：374-386.

[47] 金建生. 教学能力培养：获得论的困境与生成论的实践[J]. 教育发展研究，2019，39（18）：25-30.

[48] 游致远，游明伦. 思维学习与建构：人工智能时代的智慧学习革命[J]. 铜仁学院学报，2019，21（4）：37-46.

[49] Dwivedi Y K，Hughes L，Ismagilova E，et al. Artificial intelligence（AI）：multidisciplinary perspectives on emerging challenges，opportunities，and agenda for research，practice and policy[J]. International Journal of Information Management，2019，57（7）：26-37.

[50] 顾小清，薛耀锋，孙妍妍. 大数据时代的教育决策研究：数据的力量与模拟的优势[J]. 中

国电化教育，2016，（1）：56-62.

[51] 钟婉娟，侯浩翔. 大数据视角下教育决策机制优化及实现路径[J]. 教育发展研究，2016，（3）：8-14.

[52] 余胜泉，王琦. “AI+教师”的协作路径发展分析[J]. 电化教育研究，2019，40（4）：14-22，29.

[53] 孙雨薇，冯晓英，王瑞雪. 混合式教师研修课程中教师问题解决行为的研究[J]. 中国远程教育，2018，（11）：50-60，80.

[54] 杜静，黄荣怀，李政璇，等. 智能教育时代下人工智能伦理的内涵与建构原则[J]. 电化教育研究，2019，40（7）：21-29.

[55] Woolf B P，Lane H C，Chaudhri V K，et al. AI grand challenges for education[J]. AI Magazine，2013，34（4）：66-84.

[56] 侯浩翔. 智能时代高校创新人才培养的实然困境与应然转向[J]. 中国电化教育，2019，（6）：21-28.

第 2 章　人工智能时代教师专业发展的内涵要素

人工智能时代，教师的知识结构会发生哪些变化？对教师的课堂教学提出了哪些新要求？人工智能时代教师的专业发展认知、专业发展目标和专业发展需要，又会发生哪些变化？本章先介绍了人工智能时代教师专业发展的知识构成、素养结构和内在动力，进而揭示了人工智能时代教师的实践智慧，阐述了人工智能时代教师实践的哲学意蕴。

2.1　人工智能时代教师专业发展的知识构成

2.1.1　教师专业发展知识构成的演变

教育活动在推动人类社会和个人成长方面具有重要的作用。教师作为组成教育活动必不可少的要素之一，随着社会生产力的发展以及社会制度的变迁，逐渐地向专业化发展。在原始社会时期，我们今天熟悉的“教育”和“教师”的概念还没有诞生。虽然“教师”还没有获得独立的社会身份认同，但是教育活动和教学行为却实际地发生着。这时的“教育”，往往出现在实际生活中，儿童通过观察和参加成年人的社会活动，逐渐掌握最基本的生存技巧：习得语言，理解并遵守社会规范，直到认识更复杂的社会目的、理想和意义[1]。在这样的教学中，作为教育工作者的成年人不必专门为教学活动而进行培训和准备，学生大多是通过自身在社区生活中累积的生存经验完成学习，这导致教学的内涵与过程逐渐变得狭隘。有了大约 2 500 年前一些“伟大教师”的出现，才有了我们现在提到的教育发展历史。包括中国的孔子以及古希腊的苏格拉底、柏拉图和亚里士多德在内的这些伟大的教师都对基础教育的发展产生过重要的推进作用，不过直至 19 世纪后期，教师的角色基本上没有出现过根本性的改变。在这一历史时期，教师的学识基本等于“学科知识”[2]。从 19 世纪后期起，现代意义上的学校教育系统才开始产生。到了 20 世纪，制度化的学校教育系统也开始逐渐形成。人们今天所说的“教师”，通常指的正是在制度化的学校教育体系中的教师。由于整个社会经济、政治和文化教育体系的进一步发展，教育活动也变得越来越复杂，同时对教师的要求也越来越高，教师的“专业化”和“专业发展”问题受到了人们越来越多的关注。

人们长久以来的一个共识是：教师应该是一个拥有知识的群体。除了学科知识和教育知识等基本的知识以外，教师还应该具备哪些知识，长期以来这个问题都没有得到很好的回答。20 世纪 80 年代，面对国家教师资格认定机制的缺失，美国学者舒尔曼提出了著名的学科教学知识（PCK）的概念。他反驳了当时在教师学科发展过程中人们所认为的“学科知识和教学知识是互相排斥”的看法，他指出过度注重考试的趋势导致了学生与教师只关注课程内容，而忽略了教育过程中其他的部分。1987 年，舒尔曼在他的著名论文《知识与教学：新改革的基础》（Knowledge and teaching：foundations of the new reform）中提出了教师的学习结构应包含七种类别：①学科内容知识；②一般教学法知识；③课程知识；④学科教育知识；⑤关于学生及其特性的知识；⑥教育背景知识；⑦教育目的、价值、哲学和历史基础知识。除此之外，他还提供了教师掌握上述专业知识的四种最重要的资源：①学科领域的学术研究；②教育材料和结构（教科书、学科组织、经费等）；③正规的教育学术研究（有关学校教育、社会组织、人的学习等的研究）；④实践智慧[3]。

舒尔曼所提出的 PCK 理论，得到了许多学者的响应。围绕着 PCK 及其对教师教育、教师专业发展的影响，研究者们已经开展了不少研究。Grossman 的研究结果表明，英语教师的课堂教学策略选择直接取决于教学策略的定位，教师要了解各学科知识的纵横联系，了解教师需要传授学习者什么样的专业知识以及如何教授这些专业知识。他在舒尔曼的教学核心要素理论基础上，增加了“关于特定主体教育目的与信仰的认识”和“课程知识”[4]。Magnusson 等根据科学课程把 PCK 定义为一个基本要素，即科学教学目标定位、科学课程知识、科学素养评量知识、学生对科学理解的知识、教学策略知识[5]。Marks 基于对小学数学教师关于等值分数问题的访谈，认为 PCK 是教师在面向每一个特殊的学习者，讲授某些内容、概念和技巧时使用的教学策略[6]。因为无法清晰界定相关学科知识和 PCK 之间的边界，他主张 PCK 涵盖所有相关学科知识，并主张把“教学媒材”（关于教材和资源的相关知识）也加入 PCK。Fernadez-Balboa 和 Stiehl 发现大学教师在基于班额、学生学习态度和动机、教学资源、教学时间、教学目的等复杂情境下可以有不同的教学[7]。因此，他认为在 PCK 中除学科知识、学生知识、教学策略、教学目的外还应该包含“情境知识”。

PCK 理论系统地构建了教师的教学专业知识基础体系，与此同时，舒尔曼的研究也说明了在不同的社会发展阶段，对于教师的要求标准存在一定的差异，教师应具备的知识结构也应随着社会的发展发生相应的变化。2004 年，美国俄勒冈州立大学教授玛格丽特尼斯以教育科学与数学的教师为主要研究对象，在教师师资培养过程中试图将信息技术整合到 PCK 框架中。2005 年，美国密歇根州立大学教授 Koehler 和 Mishra 提出了整合技术的学科教学知识（TPACK）的理论[8]。如表 2-1 所示，该理论明确了在信息化时期的教师的知识结构中应包括七种主体成分，依次是学科内容知识（content knowledge，CK）、教学法知识（pedagogical knowledge，PK）、技术知识（technological knowledge，TK）及其三者相互作用而构成的学科教学知识、整合技术的教学知识（technological pedagogical knowledge，TPK）、整合技术的学科内容知识（technological content knowledge，TCK）、整合技术的学科教学知识（TPACK）[9]。在计算机、互联网等信息技术已经普遍地运用到教育教学活动中的今天，TPACK 理论适应了这种教育变革，在指导教师教学实践方面具有重大理论价值。

表 2-1　TPACK 的七种成分的定义

TPACK 成分	定义	例子
TK	关于信息技术（包括硬件与软件）的知识	使用网络、维基百科、博客；制作与上传视频等
PK	关于学生学习、教学理论、教学策略、教学评价等知识	使用概念转变教学模式、问题解决教学模式、最近发展区理论等
CK	关于学科内容的知识	语文、数学、英语、物理、化学等学科知识
PCK	关于使用相应的教学策略来教授某学科内容的知识	使用模型来讲解原子的结构；使用类比的方法讲解物质的化学性质等
TPK	关于使用想要的信息技术来支持某教学策略/方法的知识（不涵盖 CK）	使用数据采集器进行科学探究、使用 Webquest 进行网上合作性学习等
TCK	关于使用相应的信息技术来呈现某学科内容的知识（不涵盖 PK）	如网上词典、化学实验 Flash 动画等
TPACK	关于使用各种信息技术来开展某个学科内容教学	使用数据采集器进行化学学科中“盐类水解”内容的探究性学习

人工智能正在推动教育的深刻变革，重塑了教育的生态系统，在这一过程中，教师原有的认知结构与教学方式也面临着重构的可能。众多学者认为在未来的课堂教学中，因人工智能在教学场域中的广泛与深入、人工智能的师生认知性交互偏向、人工智能对低阶知识教学工作的替代，PCK 的成分、单一认知维度、水平有待提升和更新。人工智能作为当今时代的革命性技术，对传统的 TPACK 理论

的发展提出了新的时代要求，使传统的整合技术的学科教学知识逐渐地向整合人工智能的学科教学知识（AI-technical pedagogical content knowledge，AI-PACK）转变。

2.1.2　AI-PACK

1. AI-PACK 的内涵

AI-PACK 是一种教师在具体教学情境中基于学生全面发展的目的而对教师教的知识、学生学的知识和人工智能教与学的知识之间交互作用的理解。这种知识既不同于学科专家的知识，也不同于课程专家的知识，更不同于人工智能专家的知识，而是教师在具体教学情境中对这三大知识模块的有效整合，是教师对怎样使用人工智能从而使教学更有效，更有利于促进学生个性化学习与全面发展的知识。AI-PACK 以舒尔曼的 PCK 为基础，是对 TPACK 的进一步拓展。AI-PACK 的主要成分从教师的教与学生的学扩展至人工智能的教与学；构成维度从单一的认知维度走向认知、情感及道德等多个维度；发展水平从重视学生的低阶认知发展走向关注高阶统一性发展。

2. AI-PACK 的特征

AI-PACK 是教师在具体教学情境中对教师教的知识、学生学的知识，以及人工智能教与学知识之间交互作用的动态性理解，因此具有智慧性、交互生成性及个体性三大特征。首先，AI-PACK 具有智慧性特征。基于人工智能对教师、教学和教学环境的智能模拟，伴随着教师在教学场域对人工智能的创新性使用，教师不仅拥有了人工智能超越传统教师的机器智能，更因教师对学生认知发展、情绪情感发展及道德发展的统一性设计与推进而拥有了教师+人工智能的智慧性。只有基于教师的智慧性在场与发展，才有学生的智慧性发展，才有人工智能的积极教育应用，才能促进智慧教育的有效发展。其次，AI-PACK 具有交互生成性特征。AI-PACK 并非仅仅源于静态的知识模块获取，而是源于教师在具体教学情境中的动态生成，源于教师教的知识、学生学的知识，以及人工智能教与学的知识在具体教学情境中的交互作用；其在具体教学情境中经由教师、学生、人工智能的三元交互而得以动态生成。由此，AI-PACK 既有其外显的静态知识构成成分，也有其内隐的动态知识结构生成。最后，AI-PACK 具有个体性特征。在不同教师个体的 AI-PACK 生成进程中，因教师不同的个性特征与教学经验差异，不同教师与不同教学情境交互生成的 AI-PACK 结构各不相同。虽然在教师教育体系中，在职前教师培养与职后教师培训中，静态的学科教学知识模块都由相同的知识成分构成，但因不同教师的不同教学体验与个性差异，面临不同的教学情境，其静态知识模块之间的交互作用不同导致其生成的 AI-PACK 具有个体差异性，从而使教师专业拥有其不可替代的高创造性特质，由此也彰显出教师工作的智慧性、交互生成性等特征。

3. AI-PACK 的结构模型

在当前人工智能教育应用的背景之下，因为人工智能替代教师将传统的封闭性、精确性、复杂性及程序性的问题加以解决，所以教师应致力于复杂、开放及创新性问题的解决。这一复杂创新性问题的解决能力来自教师对于静态知识模块的动态领悟与建构，来自教师基于复杂问题情境的智慧生成。教师这一智慧生成的根源在于教师 AI-PACK 的生成与应用。因此，AI-PACK 的结构模型既包括静态的知识模块，也包括教师在不同教学情境中的个性化知识结构生成与应用，具体如图 2-1 所示。

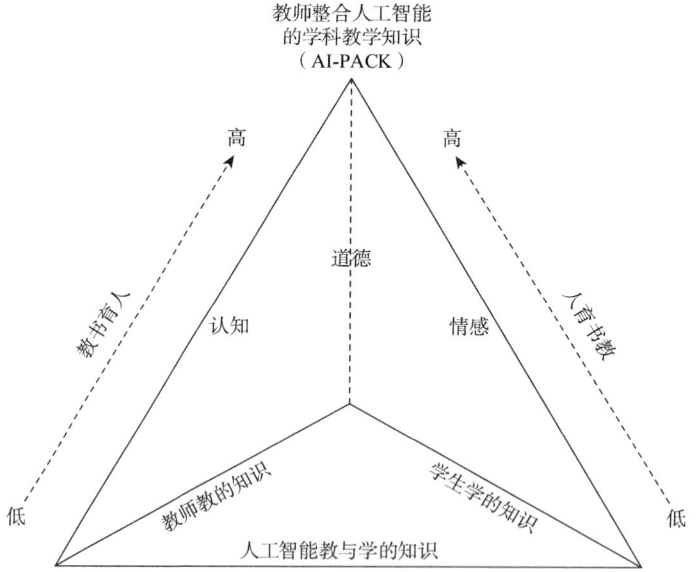

图 2-1 教师 AI-PACK 结构模型

在 AI-PACK 结构模型中，在静态层面，首先，AI-PACK 的成分主要由三大模块构成，即教师教的知识、学生学的知识及人工智能教与学的知识。教师教的知识主要指向学科内容知识、一般教育教学知识及具体教学情境等相关知识。学生学的知识主要指向学生生理、心理发展规律知识，学生学习特征与方法知识，以及学生的个体差异、已有学习基础等知识。人工智能教与学的知识，主要是指在人工智能教学体系背后的教学数据层、计算层、认知层、感知层和教学应用层等的知识，人工智能教育系统背后的教育设计逻辑、应用逻辑与交互逻辑，人工智能教育系统的教学优势与缺陷，以及人工智能教育系统设计伦理与应用伦理等相关知识。其次，AI-PACK 的成分除了这三大独立的知识模块之外，还包括基于这三大模块交融而生成的新知识成分。因为人工智能教与学知识的融入，传统教师关于教的知识发生了变革，其不仅仅指向教师一般教的知识，更指向教师融合人工智能教与学的知识；传统教师关于学生学的知识也发生了变革，其不仅仅指向学生一般学的知识，更指向学生融合人工智能教与学的知识。由此，教师要掌握融合了人工智能的教与学与促进自身的教与学的统一性知识。最后，AI-PACK 的维度打破了传统单一的认知维度而走向认知、情感及道德的多维发展。教师不仅要掌握基于人工智能教与学的学科内容知识的具体教学表征与策略，还要掌握有关学生学习的情绪情感状态与相应道德发展的知识，更要掌握如何基于人工智能的教与学促进学生认知、情绪情感及道德统一性发展的相关知识。

在动态层面，首先，AI-PACK 并非仅仅指向三大模块的任一单一模块，也不是这三大模块知识的简单组合，而是指向具体教学情境中经由三大模块知识交互作用而得以生成的整合性 AI-PACK。脱离其中的任何一个模块，脱离具体的教学情境，都难以生成。教学情境不是一个静态的确定性情境，而是一个复杂开放的生成性情境。由此，AI-PACK 并非静态的各自为界的知识模块，而是各知识模块基于具体教学情境的动态交融性生成结果。面对不同的教学对象与教学场域，拥有 AI-PACK 的教师能够确定是否选用人工智能、选用何种人工智能、如何使用人工智能，以及基于人工智能教与学，如何展开自身的教学进程从而得以更好地促进学生的全面发展。其次，教师的 AI -PACK 水平基于具体教学实践而处于从学生的低阶认知发展走向高阶教书育人的统一发展进程之中。教师只有通过具体的教学实践才能在其知识教学进程中不断廓清自身与人工智能知识教学的边界，从而不断澄清自身知识教学工作的属性与责任担当，建构独属于自身的 AI-PACK。只有在具体教学实践中，教师才能明确如何基于人工智能的碎片化知识教学展开系统化知识教学，帮助学生掌握知识的内在逻辑理路，关注学生在知识学习中的情绪情感体验；只有通过具体的教学实践，教师才能明确如何基于人工智能的事实与概念性知识教学展开程序性与元认知知识教学，关注知识教学中的全方位育人渗透，推进学生基于元认知的高阶认知能力的统一性与全面性发展进程。最后，教师的 AI-PACK 应用能力基于个体的不同专业发展阶段处于动态的个性化发展进程之中。伴随着教师个体的专业成长，教师的 AI-PACK 应用能力也处于不断的发展之中。但因为每一位教师自身不同的专业成长经历，以及其所在学校人工智能教育应用硬件与软件配置的差异，不同的教师个体对于 AI-PACK 具有不同的认识，相应也具有不同的接受与认同度，从而也具有不同步的 AI-PACK 应用能力与实践智慧生成。由此，基于个体不同的专业发展经历与阶段，每位教师也拥有个性化的 AI-PACK 应用能力与实践智慧生成。

2.1.3 认识何以可能

人工智能时代，教师认识的对象主要有三个，即对于世界的认识、对于他者的认识、对于文本的认识。人工智能时代教师认识的通道虽然发生了改变，但教师认识得以可能的本质却没有发生改变，即语言是教师认识得以可能的基础，对话是教师认识得以可能的方式，视域融合是认识得以可能的内在规定。

1. 语言是教师认识得以可能的基础

福柯认为，语言传承了对物予以表象的功能，它使表象直接地和自发地展开，人们只有通过语言才能认识世界的物[10]。首先，意义存在于语言中，当一个教师进行讲述的时候，意义已经存在于其表达的语言当中，教师作为语言的主体获得了对于意义的表达，语言中的意义总是在教师表达之中涌现出来。其次，教师所说的话语总是在一定的表达体系之内才得以可能，也就是在教师教授语言之前，教师已经具备了语言的内在结构，这种结构代表的是一种认识的结构，即当教师说出来“天是蓝色的”这句话的时候，判断就存在于语言当中，而这种判断来自教师的意识中的判断结构，判断的形成也就意味着知识的形成。在福柯看来，并非主体支配知识的生产，而是知识的实践产生了主体，并最终落实为身体及身体实践。由此，对于一个教师而言，认识得以可能的基础就是人们的语言，当一个教师开始说话的时候，认识已经发生了。当一个教师用判断或者表象的形式说出话的时候，教师就已经形成了认识。

2. 对话是教师认识得以可能的方式

语言发挥的作用主要体现在“对话”中，伽达默尔说：“语言总是只存在于对话之中。语言是自我实现的，只有在相互的对话中语言才能实现它的任务。”对于一个教师而言，在与学生的对话当中，教师才能认识学生，认识自己，认识世界。

第一，“对话”意味着师生平等关系的产生。伽达默尔认为对话对的是话，话也就是语言，是引导师生双方走向对方的“引导者”，“对话”具有自己的精神，师生则是“对话”中的被引导者。真正的对话，不是由教师的意愿所决定的，“对话”就像一种游戏，师生双方共同参与到课堂的对话当中，师生双方以一种反思的态度，从自身出发，并进入彼此的世界，师生双方对于“对话”偶然性主体无法进行把握，但是真正的“对话”正是在这种偶然性中走向必然性的一种升华，即通过“对话”，师生双方在理解中走向他者，而不是在“对话”中迷失了自身。换句话说，师生双方在互相的对话当中认识了自己，认识了他者，认识了世界，成为自己。

第二，“对话”蕴含了问与答的逻辑。伽达默尔说：“‘对话’必然具有问和答的结构。”[11]在问与答的过程中就产生理解。因此，理解的过程就包含了问答逻辑。真正的对话当中必然存在问与答，而且提问要比回答更重要，因为，问题是开启“对话”的钥匙，同时问题本身也蕴含了意义，无论是教师还是学生，提问之前都要对自身的局限性有足够的了解，同时对自己的疑问有清晰的表达逻辑，这样才能提出有效性的问题。同时问题的提出就会引发回答，由于问题具有开放性，在问与答的过程中就形成了“对话”，问题的开放性蕴含了对事情真理的期待以及对自身有限性的意识，它打开了文本意义的各种可能性，从而让有意义的东西进入自己的意见中。由此，对于师生而言，能够提出有效性的问题，也就意味着意义的开放，是师生“对话”艺术的一种展现。

第三，“对话”是统一的过程。伽达默尔认为判断一场对话是不是真正的“对话”关键是看“对话”的双方是否打破了之前的不一致状态，即达到同一性[12]。同一性是指：①师生双方处于同一的话语体系和话语情境中，师生双方的话语不需要借助第三方的翻译才能达成；②师生双方处于互相关切对方的状态，即不把对方视为敌对者，而视为一个友善的朋友。真正的“对话”不是相互争论，也不是自说自话，而是在对话过程中构成共同的视角，成功的教学“对话”是在改变着师生双方，而不是以教师的意见反对学生的意见，或者强迫学生接受教师的意见，而是在相互的理解中，达到对世界的共同解释。因此，教学中的“对话”，师生双方都要尽量置身于对方的立场，要对对方的观点有所准备，以使他的观点真正表现出来。

第四，“对话”的本质是通往真理之境。伽达默尔说：“我们是在学习说话中了解和熟悉世界的，换言之，说话给我们敞开了一个世界。但这并不意味着世界已经自在地在那里了，我们早就和世界熟悉，语言只是标志世界的临时标签。”[13]师生在对话的过程中让真理得到显现，它使师生双方的意见能够达成一致。对于师生而言，认识得以产生，就是在对话之中，建立平等的对话关系，在对话的问答逻辑中，达成共识，最终共同走在真理的道路上。

3. 视域融合是认识得以可能的内在规定

理解与解释在日常语义中，指的是一种剖析、了解、认识以及对这种剖析、了解、认识的思考、分析、说明。但是，对于师生而言，理解意味着视域的融合，就像两个石头同时丢进了湖面，泛起的涟漪相互交互一样，重叠的部分即达成共识与理解的部分。

其一，伽达默尔认为理解是对某物的认识和通晓，故而理解在最先的意义上是“自我理解”，即最自身存在的综合性把握，能够根据自身的状态筹划未来。对于教师而言，首先要认识自己，对于自己有了综合性的把握，才能在教学过程中更好地理解学生。

其二，伽达默尔认为理解是相互的，相互理解不是两个主体之间的互相赞同，也不是一个主体对另一个主体的设身处地的体验，而是人们对某物取得了相互一致的看法。由于时间和历史的存在，师生对于一个事物的理解都存在一定的前见，因此，在对话的过程中，师生的理解不可能达成完全的一致，但是，在相互的理解中却能达成一致的看法。

伽达默尔说：“理解总是被误解为那些假定独自存在的视域的融合过程。”这表明了视域首先是动态变化的，即不存在所谓过去的视域和现在视域的区分，视域本身是一个不断运动的过程，它不能被划分为历史的视域和现在的视域，它们是融合在一起的，由此，师生双方对话的过程就是视域融合的过程。其次，视域融合的过程，是师生双方走向更高层次的过程，通过“对话”，双方克服了自己的个性，而向着一个更高的普遍性提升。因此，视域意味着一个宽广的眼界，意味着我们超越近在咫尺的事物，而从一个更宏大的整体性视角中更好地去观察世界。

2.2 人工智能时代教师专业素养的结构

教师素养的定义是复杂的，以下从思维、能力和实践三个方面对智能时代教师专业素养的内涵和提升策略展开论述。

2.2.1 思维方面

1. 计算思维的起源

计算思维并不是一种全新的概念，早在 20 世纪下半叶就已经产生。但因为受到人们把计算机逻辑思维等同于编程思维的观点的影响，那时的研究者都认为计算思维和计算机编程有关，并把计算思维看作程序思维、算法思维。2006 年，周以真教授首次系统阐述了计算思维的概念[14]。此后，关于计算思维的研究又重新出现。虽然经过了随后十几年的研究与发展，人们对计算思维的定义与认识也做出了相应的改变，但计算思维的核心实质始终是抽象的。计算思维的基本结构正从最简单的算法思维、程序思维发展到多种思维能力的综合；计算思维的基本构成要素，从最一般的六要素到在不同学科中进行探索与应用而形成了某种专业的实践要素。在计算思维不断地向实践应用转向的过程中，研究者也逐渐考虑到社会与文化的影响。可以看到，计算思维已经逐步从计算机学科中分离，形成了一个问题处理的通用范式，这一通用范式也可以在各学科应用，从而形成微观层次的具体实际应用要素。关于计算思维的起源有两种争论，一种是从算法的角度进行研究，另一种是从程序的角度进行研究。

1）算法思维

2009 年，邓宁在《超越计算思维》一文中提到，计算思维在计算机技术领域中有着悠久的历史。在 21 世纪五六十年代，计算思维也被称为“算法思维”，即把问题转化为由输入到输出的转化过程，从而寻求用算法实现这种转化的心智导向。1975 年，英国诺贝尔物理学奖得主威尔森基于其所建立的计算模型，在物理学方面实现了突破。他认为理论建模与统计方法是一门全新的科学研究方式。20 世纪 80 年代早期，威尔森和其他物理学家共同提出科学研究中最重要的挑战可能被计算攻破，呼吁政府通过支持建设超计算中心网络加快了这一过程，并将此称为计算科学运动。计算思想在此后就变成了常见术语。计算科学运动由物理研究与生命科学研究领域的科学家共同发起，而计算机科学家虽亦在其列，但并非重要人物。实际上，计算机科学家拒绝加入这一规划。因此，计算思维被当作科学技术自身的范畴，而并非由计算机科学所引起的概念。计算思维被认为是计算科学研究方式的一种特征，但并非计算机技术的重要特点。2017 年，邓宁在《科学中的计算思维》论文中重申了这一看法。

2）程序思维

计算思维的另一种起源是派珀特（Papert）指出的程序思维。派珀特在使用 Logo 程序设计语言促进学生数学能力提升的过程中发现，计算机程序设计方法可能影响学生的思维方式，他指出程序思维提倡学习者使用程序式表征和符号体系来解决问题；此外，学生会考虑自身是怎样思考的，程序思维提倡学习者在解决问题的过程中运用程序式表征和符号体系[15]。派珀特认为，像“计算机一样思考”的程序思维也是学生思维能力的主要部分，并期望程序思维能作为学生思想技能的一部分在儿童时期开始学习[16]。1996 年，派珀特首次简单定义了“计算思维”，指出计算思维是指通过运算表现的功能表达重要观念，并将之变得更加清晰、明确的过程[17]。多数研究者都把程序思维看作计算思维的起源，把计算思维的实现与运用限制在了计算机技术范畴内，对计算思维的学习也侧重于在计算机程序设计的教学中。

2. 计算思维的内涵

计算思维这个概念，是由卡内基梅隆大学的美籍华裔女科学家周以真提出的。2006 年 3 月，她在美国计算机科学权威杂志 *Communications of the ACM* 上刊登了一篇题为“Computational thinking”的文章。在这篇文章中，周以真提出了计算思维的定义：计算思维就是利用计算机科学的基础概念进行问题求解、系统设计，以及人类行为理解等涵盖计算机科学之广度的一系列思维活动[14]。根据周以真教授在“Computational thinking”中对计算思维所下的定义，能够知道计算思维是一种思想活动，其目的是解决问题，方法则是运用计算机科学的基本概念。

在 2006 年，周以真提出计算思维的术语之后，许多学者从各种视角对计算思维究竟是什么进一步做出了阐述，主要可以概括为两个视角：一个是“思维技能”说，主张计算思维也是一种思维技能；另一个观点是“过程要素”说，提出了计算思维的思考步骤，可以分成不同的阶段。

1）“思维技能”说

“思维技能”说认为，运算思想是运用计算原理解决问题的各种心智技能的集合，是各种思维的综合。任何一项相对独立的思维技术都可以运用在解决问题的过程中，将各种思维技能综合运用便形成了计算思维。计算思维有很强的包容性，不仅不排斥其他的思维模式，而且还吸收其他的思维模式，如逻辑思维、数学思维、创新思维、工程思维等。

2006 年，周以真首次具体阐述了计算思维。2008 年，她又更进一步指出计算思维是一种分析的思维，在问题解决的各个阶段都会用到数学思维，在设计和评估复杂系统问题时会用到工程思维，在认识概念问题时会用到自然科学思维。计算思维并非为了要使人们都能够像计算机科学家一样思想，而只是为了要训练人们有效运用“计算”处理复杂问题，在此基础上计算思维可以被看作一种智力工具集。海门丁杰指出，计算思维教学的主要目标是让学生像经济学家、物理学家和艺术家一样思考问题，并了解怎样利用计算的方法解决问题，创造和发掘具有创新意义的新问题。曼尼拉等则强调了计算思维的一些基本思维技能。亚达夫等指出，计算思维是一个“抽象问题和提出可自动化运行方案的心智活动”。2015年，美国国际教育技术协会对计算思维进行了解读，认为计算思维是人类创新能力、算法思维、批判性思维、问题解决、合作思维及沟通技能等的共同表征。

2）“过程要素”说

一切思维技能均以解决问题为目的，计算思维也不例外。“过程要素”说强调计算思维是一种思维过程，而这种过程可以分成各个阶段，从而形成计算思维的过程要素。

2011 年，周以真进一步表明，计算思维是“一个形成问题和制定问题解决方案的思考过程，这些解决方案所采用的形式是一种能够通过信息加工代理有效执行的表达形式”[18]。同年，美国国际教育技术协会和计算机科学教师协会与来自高等教育、工业与 K-12 教育界的领导人联合推出了针对美国中小学 K-12 教学与计算思维能力的操作性定义。这个定义不仅把计算思维表述为问题解决的流程，同时还提出了计算思路的六个阶段性要求（包含但不局限于这六个基本要素）：①提出问题，提出的问题能借助计算机或任何开发工具解决；②按逻辑方式进行和解析问题；③采用抽象方法表征数据，如模型设计和仿真；④运用算法思维（有时间顺序过程）的自动化解决方案；⑤认识、分析和制订可实施的解决方案，以达到最有效资源和过程的结合；⑥汇总问题解决过程，并迁移到其他问题。后来，亚达夫等将它简单总结为问题分解、算法、抽象和自动化，这一提法与周以真倡导的计算思维的三个重要组成部分——算法、抽象、自动化相一致。

3）计算思维的本质——抽象

计算思维的本质是抽象。抽象是省略不必要的细节内容，保留必须重视的主要环节的步骤。周以真提出，用计算科学的方式表达，抽象就是将数据与程序用语义方式呈现它的外观，但隐藏它的实现细节[19]。抽象是一种界定模型，并在实际中归纳和参数化的过程。抽象可以使同一种数据对象同时代表多种数据对象，从而抓住每一种数据对象的普遍和本质的特点，并隐藏它们之间互不有关的差别。周以真明确指出计算思维的本质是抽象，并且是最普遍意义上的抽象过程，是判断哪种环节必须被重视、哪种环节可以被忽视的过程，是计算思维的基石[20]。计算思维的抽象不同于数学与物理上的抽象，传统的数学的抽象过程是一个特殊性抽象过程，而计算思维的抽象过程则更为普遍。森古普塔等从哲学的角度对抽象进行了分析，借助洛克的思想将抽象分成了特殊抽象与一般抽象两种。特殊抽象指限定应用于特定的时空下，而一般抽象指可以运用于各种情景下。在洛克的观念中，特殊抽象是特定事件中获得同类事件普遍特性的心理过程。基于此，森古普塔等指出周以真所提出的抽象是洛克所提出的抽象观点中的具有普遍意义的抽象。

计算思维的抽象与其他范畴的抽象最大的差别在于引入了深层次的思维。抽象具有各个层级，并且两个层级间又具有良好的连接，因此计算机科学家通常在至少两层级间做出活动处理。计算思维一般包括以下解决抽象细节问题的基本方法：①定义抽象；②确定各个维度的抽象；③理解各个维度与抽象定义的关联。正像康斯特布尔所认为的，虽然物理学与数学都以抽象为核心内容，但是计算思维与其截然不同的是抽象层次的紧密联系，而这种紧密联系在自然科学中并不存在。

想要正确认识计算思维的基本含义，必须抓住计算思维的特点。总而言之，计算思维是人的思维，不是计算机的思维；是概念化的，不是程序化的；是理论基础的，不是机械的技能；是科学思想，而不是人造品；是数学与工程思想的互补和融通；是一种能够渗透到生活方方面面的普适技术。计算思维和其他思维最大的差别，就是突出了计算原理、思想与方式的运用，而计算思维能力训练的关键就在于对抽象能力的培养。

3. 计算思维的教育培养

1）以计算思维观念为核心的教师培养

在宏观层面上，计算思维教育主要涵盖计算思维过程阶段要求、核心概念和能力方面。美国国际教育技术协会和计算机科学教师协会联合推出的计算思维操作性定义，规定了计算思维的六个过程要素（提出问题、组织和分析问题、表征数据、自动化解决方案、分析和实施解决方案、迁移）与九项核心概念和能力[21]（数据收集、数据分析、数据表征、问题分解、抽象、算法和程序、自动化、模拟、并行化）。大多数研究人员把计算思维教育规定为六个基本阶段要素或九项核心概念与能力，又或者是二者的有机结合，并与专业的课程知识紧密结合。有的研究者则在这两部分内容的基础上加以调整，添加或删减其中的要素。例如，Barr 和 Stephenson 指出融合在中小学不同学科（计算机科学、数学、科学、社会研究和语言艺术）教学内容中的计算思维教学内容构架和学习能力，侧重于对计算思维教育核心概念的阐述，同时在九项核心概念与能力的基础上添加了分析与检验模型、测量与检验及控制结构三项内容[22]。波兰中学信息技术课堂的计算思维教育的主要内容是培养计算思维的六个阶段要素和九项核心概念与能力。Czerkawski 阐述了在非编程环境下教育领域应用的计算思维在线课程设计的实践案例，其中的内容主要运用了计算思维的九项核心概念与能力[23]。但也有研究者以计算思维的基本思维过程作为教学内容的重点，如 Angeli 等提出了计算思维主要是指抽象、广义化、分解、计算思维和调试（检查和纠正错误）的思维过程，并据此给出了小学阶段计算思维训练的基本教材架构，其中的重点内容为抽象、广义化、分解、计算思维和调试五个部分，并将其由简单到复杂再区分为 K-2、K3-K4 和 K5-K6 三种[24]。

在微观层面上，计算思维教育选择的教学内容大多为计算机科学的基础概念和基本原理。因此，Grover 等借鉴了学习科学与计算教育研究中有关怎样更好地训练孩子计算思维基础与程序设计能力的教育思路，通过二次迭代，设计和完成了历时七周的提高初中生计算思维能力的教学活动，教学内容也大部分源于中学生计算机科学课程，把算法控制、统计与变量、布尔逻辑和高阶循环等视为计算思维的基础[25]。Hoskey 和 Zhang 把计算思维能力分成低级计算思维能力和高级计算思维能力。低级计算思维能力主要是编码和执行问题，如程序设计的入门级课题，而高级计算思维能力则是问题处理、设计和建模[26]。

2）以抽象思维能力培养为目的的教学内容

抽象是计算思想的本质，而抽象也是培养教师计算思维的主要内容。目前，以抽象作为教学核心内容的计算思维教育的重点在于训练教师建模与虚拟仿真能力。参照计算思维的四层抽象水平：执行、编程、对象与问题，来说明抽象的层次性，并在其某个维度或几个层面上进行计算思维的教学。

抽象之所以能够成为计算思维的本质，是因为抽象是现代计算机技术的基础与核心思想。在计算机科学的入门课程的教学中，便有研究者主张应该训练学习者的抽象能力，提供适合于导入性课程理论的架构，开展基于主体的计算方法，提供将计算思维教学和 K-12 中小学科学教育相结合的理论架构，以及通过模型和仿真技术支持的计算思维教学环境，以支持中小学生学习物理和生命科学。这里的计算思维教育的内涵主要是以模拟与仿真的抽象思想为内容。Basawapatna 认为，学习者可以通过利用可视化的程序设计操作工具（模拟建立工具箱），建立代理程序，模仿现实世界，在这种过程中学习者只有运用抽象思想才能进行仿真和构建，从而进一步发展计算思维[27]。Perrenet 等在阐述怎样知道学习者是否展开了诸如计算机科学家那样的思想时，将计算机科学的学生所学习的抽象思想发展的水平界定为四大层面：最低层面是实施，即一种算法在某种机器上运作，实施的时间由机器确定；第二层面是程序设计，算法是一种流程，运用可操作的程序设计语言编写的程序；第三层面是对象，算法是一种对象，不能与具体的程序设计语言紧密联系，只能是基于输入功能而研究的复杂方法；最高抽象层次是问题，即个人能否把问题当成日常生活中的具体对象来考虑[28]。这四层抽象水平所描述的内容与能力，是计算思维训练的主要内容。

2.2.2　能力方面

1. 拥有编程能力的必要性

人类社会的存在和发展离不开信息的交流。劳动分工促进了社会生产力的快速提高，但也对信息的协调提出了更高的要求。计算机的发明和发展，提高了人类的计算效率和信息交换的频率。如何与计算机进行“沟通”，充分开发计算机在计算方面所具有的潜力，帮助人类解决更加复杂的社会问题等挑战就摆在了人类面前。人类之间的沟通主要以语言和信息为载体，人类与机器的沟通也需要一种语言，这就是编程语言。

21 世纪以来，我国的教育工作者特别是教师与科技工作者肩负着新的时代任务，积极运用新观念、新科技，创办新型教育，培养新型人才，积极推动教育现代化建设，在运用现代技术、推动创新型人才方面取得了十分显著的成就。中国的信息化基础教育，经历了计算机程序教育、计算机应用教育、信息技术素养教育，以及信息技术生态教育四大阶段。目前，我国的中小学生存在于“编程的世界里”，而我们的信息教育工作依然仅是单纯地“学技能”和“用技能”。目前国内在幼儿和中小学生的编程教学方面仍然有所缺失，小学和初高中的信息技术教学基本上变成了 Office 入门课程，这不但阻碍了中小学生对计算机的认识，而且影响他们对计算机产生浓厚兴趣。同时由于多数学习者没有对互联网、手机、平板等新型媒介和技术手段产生正确的看法，出现了沉迷网络游戏等一系列不利于未成年人成长的不良现象。为此，怎样协助学校认识“由各类程序算法所驱使的，由形式多样信息技术工具所体现的”信息化社会？怎样运用信息技术培育和发挥学生的信息意识、计算思维、信息处理才能，以及对信息的批判性分析才能？怎样为社会培育更多能够应对21世纪工作、生活、职业等新挑战的新型公民？所有上述问题都已变成了历史上对信息技术教学的思考和现实中对信息技术教学的追求。

1）美国 Code.org 计划：让美国每一个学校的每一个孩子，都有机会掌握计算机编程

Code.Org 是一家创建于2013年的非营利性机构，目的是希望通过计算机技术惠及更多的学生，从而增加计算机技术的参与者，并且提高妇女和黑人参加者的比率。他们的主要观点是，每一所学校和每一个家庭的每一个孩子都必须有机会掌握计算机科学；所以他们认为计算机编程必须成为学生教学的重要核心课程，计算机科学和其他自然、社会科学、技术、工程及数学的教学同样重要。该机构有八个目标：帮助学生学会程序设计，为学校提供最优秀的计算机技术课程，使计算机技术教学的资源进入学校的课堂，增加和完善计算机技术的从业人员种类，为具备优秀计算机技术的新教师做好准备，改善学校和地方政府的教学条件，制定教育政策法规来保障计算机技术的蓬勃发展，使计算机技术编程教育走向世界。

2）英国5岁儿童开始学习编写计算机程序

为了给新课程做好准备，创新信息通信教育的教学方法，培养孩子们对计算机技术的浓厚兴趣，2014年7月6日英国政府将计算机程序设计的知识引进了学校教材，并把2014年称为“编程年”。现在英国一些儿童不但会玩电脑游戏，而且知道怎样做这一类游戏。英国的儿童学习程序设计主要包括以下三个阶段：第一阶段（5~6岁）——他们将会学到什么才是基本运算法则，这一过程中不一定要求会使用电脑，但是会让孩子们自行创建、调试一个简易的程序，并利用设备“创建、整理、贮存、使用、恢复电子信息内容”；第二阶段（7~11岁）——更大年龄的孩子要按照特定的目标创建、调试运行更繁杂的程序，学习可变因素、筛选等重要定义，还会有更多的利用设备对各种数据分析和信息加以搜集、剖析、显示的练习；第三阶段（12~14岁）——更高年龄的孩子则要学会使用两个甚至更多的不同语言来编写程序。这一阶段要求孩子掌握布尔逻辑体系（如“和”“或”等运算），使用二进制数字，并学会怎样综合使用计算机的硬件与软件。电脑编程教育的低龄化将使英国孩子的信息通信创新能力获得明显的提升，也将使英国学生更加擅长动手实施和制作个人项目，为初中学业以及今后将要面对的工作挑战做好准备。

3）芬兰启动了“龟标制图”项目，为儿童掌握计算机编程而创造机遇

为了使学生从小就掌握前沿的信息通信科技体系，芬兰基础教育科学部主任克里斯塔基伍鲁制定了一个面向 4~9 岁孩子的“龟标制图”计算机技术工程项目，让芬兰孩子从小就掌握应用软件程序[29]。“龟标制图”工程项目能使学生迅速掌握和工程设计有关的计算机技术体系，并利用计算机项目为复杂的实际问题寻找最简便的办法，并以此培养学生解决复杂问题的能力，使计算机编程成为孩子的主要兴趣爱好。另外，由于芬兰有着庞大的信息通信科技产业和科技基础设施，故整个信息通信体系都很积极地在为孩子们提供编程实验的环境和条件。目前，芬兰已经开始将信息通信技术引入学校课堂教学中，并及时调整以选择最有利于学生掌握的新技能，同时还会把信息通信技术和学校其他的所有教学手段加以融合。

4）日本小学编程教育融入课程

2012 年起，编程就成为日本中学“技术和经济”课程的一部分，但由各学校自行判断如何授课。2016 年，日本政府开始研究有关编程教学的深化发展。2017年6月，日本文部科学省发表的《新一期学习指导要领解说》鼓励日本中小学生开设 STEAM 理念课程，教育目标直指少儿编程。2020 年 4 月，编程成为日本小学课程的必修科目，逐步实现中小学全面编程教育。根据学校最新的教学计划，程序设计必修课将依次设置在日本小学五年级的数学课和六年级的科学课中，目标依次为运用数字方法描绘多边形和使用数字指令点亮 LED 指示灯，使学习者形成基本的代码管理信息系统的设计概念，从而培养学生的思维创新能力。另外，从 2021年起，计算机程序设计也将作为日本高中信息技术和家政必修课的主要内容。从 2022年起，日本高校将编程作为信息技术教学的必要部分。除了基础学科设置以外，教师资格的培训、互联网设施的配置等问题也需要在短期内进行有效解决。

5）中国开展了多种教学实验，并积极探索儿童编程能力训练

从 20 世纪 80 年代的计算机教育逐渐发展到重视计算机技术素质，又由计算机的技术素质逐渐发展到注重教学并突出信息技术素质，在这一发展过程中信息技术教学中尽管开有“程序设计”的课程，但对程序设计教育逐渐冷落已是不争的事实。过去数年，国内一些研究者对传统信息技术素养导向的中小学信息技术课堂做出了反省，创造性地使用如 Scratch 这样的交互式可视化编程语言，进行交互式可视化程序设计教学活动，促进了新一代信息技术在培养中小学生创造力训练上的有效运用。具有代表性的研究如下：吴向东和王继华设计了通过 Scratch 进行“为作品而教”的教学活动过程：“制定题材—实例研习—模拟产品设计—自主创造—共享沟通”，并出版《Scratch 创意动画设计》的教程[30]；朱丽彬和金炳尧从体验学习圈理论入手，展开了 Scratch 程序设计课堂教学研究，对调动学生学

习兴趣、训练学生的文化思维能力和创新能力等做出了有益探究[31]；凌秋虹将Scratch项目导入课堂，增加了现代信息化课堂活力，同时训练了学生的数字化创新能力和问题解决能力[32]。另外，台北市政府教育局于近年设立了开源软件的推广计划和发展工作小组，以培训中小学师资教导开发软件与教授计算机编程；但在香港地区，儿童自学程序早已形成一种潮流，《香港经济日报》专版大篇幅地阐述幼儿编程的好处，积极促进幼儿编程教学的新浪潮。毋庸置疑，在互联网和人工智能时代，青少年儿童的编程能力反映着一个国家未来的教育竞争力，对一国的综合国力和国际竞争力都起着至关重要的作用。要提升青少年儿童的编程能力，首先要提升教师的编程能力。

在人工智能时代，任何人都无法避免与机器进行交流。作为一名追求专业发展的教师，了解机器运行的底层逻辑，具备与机器进行交流的能力，即具备编程能力，已经成为时代的要求。由于教师的教学内容相对稳定，在一定时间内，教学方法的学习成本也较高，另外，相对于处于激烈市场竞争中的行业来说，教师这个职业的竞争压力较小，教师对于技术的态度也相对保守。有些教师对于先进的教育技术常常持排斥的态度，对过去的教学经验的信赖程度很大。在人工智能时代，教师专业发展需要敏锐的技术感知力，以开放的态度看待新技术，以适应时代的发展要求。随着我国教育部出台的《教育信息化2.0行动计划》的执行，程序设计教学被列为中小学相关必修课程，相应地，具备编程能力的师资培训也变得刻不容缓。

2. 编程能力的内涵

编程能力是一种借助机器（计算机）解决问题的能力。编程，即编写计算机程序的简称。计算机程序，是指计算机中可以认识并运行的所有指令集。人们将解决问题的思想和办法以计算机可以掌握的方法告知电脑，让它协助人们解决问题。这个人们与电脑沟通的过程便是编程。

如表2-2所示，Dalbey和Linn认为编程能力体现在编程过程之中，编程过程包括四个步骤：理解、设计、编码和调试[33]。按照DalBey的观点，编程能力可分为理解能力、设计能力、编码能力和调试能力。同时，这四种能力也有其相应的外在表现，即能力指标。

表 2-2　编程过程中的能力维度及其能力指标

能力维度	能力指标	描述
理解能力	阐明问题需求	阐明问题需求指理解问题的要求，确定程序执行的具体功能
	确定可用输入	确定可用输入指确定有效输入的条件
	说明期望结果	说明期望结果指期望得到的输出结果

续表

能力维度	能力指标	描述
设计能力	结构化分解问题	结构化分解问题指将复杂问题根据问题的结构特征分解成相对较小的子问题，通过子问题的解决将整个解决过程有层级地组合，形成完整的解决问题方案
	择优化解决问题	择优化解决问题指设计时间、空间、运算步骤少的算法来解决问题，实现问题解决效率优化
	可视化表征问题	可视化表征问题指利用可视化工具表征问题的思维过程，常用的有自然语言、流程图和伪代码
编码能力	使用 IDE（integrated development environment，集成开发环境）	使用 IDE 指能够使用提供程序开发环境的应用程序，包括代码编辑器、编译器、调试器和图像用户界面工具等的使用
	使用 API（application programming interface，应用程序接口）	使用 API 指能够在代码编写的过程中掌握 API 知识，使用 API 接口
	使用框架	使用框架指能够在代码编写的过程中熟悉框架的用法，并使用框架
	符合编码规范	符合编码规范指编写的代码需符合编码规范
调试能力	发现错误	发现错误指发现程序代码中的错误，包括两个部分：一是通过编译发现语法错误；二是通过运行发现逻辑错误和运行错误
	定位错误	定位错误指找到程序错误发生的位置，包括调试工具和调试策略的使用
	修复错误	修复错误指找到程序错误原因，修改程序代码，改正错误

编程的理解阶段，也对应了在编程能力中的理解。Brooks 将问题理解界定为程序员掌握问题基础知识时的基本行为，包含了与问题相关的基础对象、它们的属性和关联、对象的初始状态和最后状态，以及由初始状态到最后状态之间的应用操作[34]；问题理解的最初步骤将聚焦于构建问题的基础对象，而之后的步骤则将涉及添加有关对象的属性和关联，以及关于它的开始和最后状态的详细信息。Aron 指出，问题分解过程涉及确定相关信息、评估需求、定义可用输入信息、描述所预期的目标与结果，并且将可以计算的功能和无法估计的功能分开[35]。由此可见，在程序的理解阶段要求分析及解决问题的能力，以判断正确的问题需要，从而明确程序中必须进行什么功能。在程序的具体情境之中，理解能力也可解释为问题理解，包含了阐明问题需求、确定可用输入及说明期望结果三方面。

编程的设计阶段，就对应了程序设计技术能力中的设计技术能力。Dalbey 和 Linn 认为在工程设计阶段，所需要的逻辑思维技能实质上是“程序性推理”，而程序性推理又被认为是明确一个命令并实现一定效用的能力，它需要明确说明解决问题的策略是怎样进行的，且解决问题策略的过程也需要有很明确的说明[33]。

Brooks 把设计工作看成是规划，并将规划描述为处理编程问题的方式，规划是一种逐渐细分的流程，在这个流程中，步骤让规划变得详尽[36]。经过分析后发现，在程序设计中的设计阶段所需要的过程是秩序的、具体的、详尽的工程设计解决方案的过程，这和算法（工程设计解决的一个有序过程的技术）的定义互相对应。Jenkins 认为，把语言转换为算术是程序设计中最具有挑战性的步骤[37]。有学者在对前人研究成果加以总结的基础上，总结出算法思维四大主要基本方面的外在表现：问题结构化分解、科学计算的可视化表达、问题高效优化、创造性产品设计。同时，从结构化分解、问题符号化表达、创造性产品设计和择优化评价四大主要基本方面剖析了算法思维的外在表现，以进一步提高培养学生算法思维的有效性。在程序设计的具体情境当中，产品设计力量也可理解为算法产品设计力量，包含了结构化分解提问、择优化解决问题及可视化表征问题三方面。

程序的编码阶段，就对应了程序设计能力中的编码能力。编码是程序员指定用编程语言编写的计算机指令序列的通用术语。Joseph 曾提出一个比较流行的程序员能力矩阵，他将程序员的编程能力分为 15 项[38]，其中与编码相关的能力为文件中的代码组织、跨文件的代码组织、源码树组织、代码可读性、IDE、API、框架率、代码重构 8 项。有学者从程序阅读、编码风格、编码速度、防御性编码、程序运行正确程序调试等方面评价学生的在线编程能力，其中与编码直接相关的编码风格指编写的代码具备可读性，且要符合编码标准。在编程的具体情境之中，编码能力具体指的就是代码编写能力，包括使用 IDE、使用 API、使用框架、符合编码规范四个方面。

编程的调试阶段对应了编程能力中的调试能力。调试是确定错误根本原因并纠正此错误的过程，对很多程序员来说调试是编程中最为困难的部分。Katz 和 Anderson 将调试过程作为一个特殊的故障排除案例进行了研究，故障排除包括四个阶段：理解系统、测试系统、定位错误和修复错误[39]（以及重新测试）。有学者从软件工程的观点，认为调试的一般原则和过程就是设计测试方法、定位错误与排错三方面，其中设计测试方法主要是用来找到程序的错误，而不是证明程序的正确性。考虑到不是软件工作范畴，因此根据测试的本质将测试这一行为归为发现错误。在编程的具体情境之中，调试能力具体指的就是程序调试能力，包括发现错误、定位错误和修复错误三个方面。

3. 编程能力的提升

教师学习编程，并非让每一位教师都成为程序员，而是要让教师了解编程的基础知识，了解编程的运行逻辑。教师和学生学习的差别在于，教师不仅要“学”，即具备学科知识，还要“教”，即具备教学实践能力。教师提升编程能力，要始终和教师的专业发展及教育教学相结合。科学的训练方法可以调动学习者的知识潜力，从而提升学生的学习效能，但前提是这种教学模式也必须遵循专业知识运行的基本规律。美国卡内基梅隆大学技术研发专家威廉姆·蔡斯教授曾就专业知识及其产生实质指出了两个格言：①一分耕耘，一分收获。也就是说不做出艰苦的工作就不能熟练地学习某项技术。科学研究发现，在声乐、象棋等各种应用领域，最少必须 10 年才能达到较高的技术水平。②艰苦之道，唯勇者行。这句话讲的是，在处理较为困难的问题上初学者与专业人员之间会表现出显著的区别。专业知识科学研究是近 30 年间认知科学的主要发展方向，从有意训练的范畴入手，在有意训练理论框架下深入研究编程能力训练，更有助于快速提高教师的编程能力。

心理学家 Ericsson 等在 1993 年首先明确提出“刻意练习”的概念[40]。这套练习方式的核心内容为假设专家级水准是可以逐渐地训练出来的，而有效提高的关键在于找出一系列的分任务让学习者按次序进行。这个被分解的小项任务必然是学习者刚好不会做，但是又刚好能够有把握学会的。进行这样的练习需要学习者思维更加专注，这就是与一些平常事务的处理或是带有娱乐性质的练习的根本区别。“刻意练习”的理论知识目前虽然被人们普遍认可，但和一般训练方法有很大的差异，主要体现在如下四点：①一般练习只在舒适区进行，而刻意训练方法是要在学习区进行练习；②大量反复练习；③不断地反馈；④注意力高度集中。

心理学家将人的知识与技能分成了三个层层嵌套的圆形区：从内至外为舒适区、学习区与恐慌区。很明显，只有通过在学习区进行训练，知识与技能才能有所提高，所以，教师必须要具备对编程学习区认识的才能。此才能一般包含以下三个基本要素：第一，教师可以对编写程序所必须具备的知识和技能严格地按难易程度进行划分和排列。第二，可以对各种知识与技能在把握所需要训练内容的时候做出相对准确的预测。因此，学习者如果已经学会了某种技术，就不需要再继续在此花费时间，而必须马上进入下一个难度。长期采用这个方式训练必然事半功倍。第三，分层练习。在教育过程中，因为个体在语言基础知识方面存在差异，每位学习者对于编程语言等基础知识和技术的了解程度必然是不尽相同的。所以，学校在培训中就必须有针对性地确定学生的编程语言学习区，并进行分类培训。

上述我们提出“至少需要 10 年才能达到较高的专业水平”，那么，是不是就代表我们在软件程序设计领域学习十多年就能够变成编程高手了呢？回答显然是否定的，不难看出，现实中有人多年前就开始程序设计了，但现在成绩仍然一般，没有大的突破。编程能力的提升需要积极实践。在程序设计实验中，需要考虑如下两点：①刻意模拟。在学习编程的初期，实际的编程任务一般是模拟例子。然而，这一模拟流程常常被认为是照抄代码，导致很多人在一开始就错误地掌握了程序设计的方法。所以，需要研究和设计具有激发学生学习趣味的程序任务，提出可实施的案例或者模型，但是要尽力有所差异，以免走入照抄或是复制的道路。

刻意的模拟不但有利于养成编写代码的标准和练习程序的基础，而且有利于促进相关知识点的消化吸收。②可测的目标。“任何人做任何事都要有一个明晰的总体目标，有了明晰的总目标便会有努力的方向”，拿破仑·希尔在《思考与致富》一书中说道。大部分程序在练习的时候是相当乏味的，这时就很容易烦躁甚至选择放弃练习。所以，在练习中为了保持自己持续练习的能力，就必须对练习内容给予具体的目标。在设计练习题目时，千万别低估了可测目标的意义，也切忌目标含糊、泛泛、不具体，因为这样学习者是无法掌握的。

刻意练习的“持续反馈”，讲的是要给学习者带来大量的反馈。这种反应，在练习中既有对学习者正确思维方式或编码的肯定，又有对学习者错误的提示与修正。这后者就是要给学习者再犯错误和纠正错误的机会，所以教师要培养“犯错是学习的机会”的意识。当错误发生的时刻，教师就要正视这种问题，学生要不畏惧错误，也要欢迎错误，纠正了错误才会进步。

法国生物学家乔治·居维叶曾说：“天才，首先是注意力。”那么怎样才可以让学习者的精力高度集中呢？有这么一个发人深思的例子，源自于盖勒哈等在1985 年的调查，他研究了巴西学龄儿童的算数技能，而这些孩子们同时又是街道小贩[41]。在工作的时间（卖东西），这些孩子能够迅速、精确地计算出他们所卖东西的价格。研究者惊叹于孩子们的计算能力，甚至将自己假装为消费者，购买了一些商品并记录下孩子们的正确率。随后，研究者要求儿童们在试验室中来完成计算，当然测试问题也包括或者类似于儿童们成功计算的数学运算问题。例如，他已经很成功地估算了 5 个柠檬（一只柠檬 35 路赛罗）的价格，所以在测试题中就有了 35×5 的价格问题。试验结论是，儿童们在工作情境中的计算准确性为 98%，而在实验环境中的计算准确性则仅为 37%。在另一类试验中，把算术题以应用题的形式进行，如“某个学生 1 分钟可以完成 35 个计数，那么 5 分钟可以完成多少个？”试验结果则表明，儿童计算的成功率超过了 74%。盖勒哈等的研究成果揭示了一种令人惊讶的结论，在现实的情境下，人的技能发展得更好，工作效率也更高，同时注意力也更加集中。计算机编程教育的根本目的是能够完成可具体实施的真实程序设计项目，强调的是实践性能力与结果的可测性。所以，在具体创设的情境中更有助于提升教师的编程能力。

2.2.3 实践方面

1. 人机协作的必然性

人工智能技术的迅猛发展给人类带来了生存危机。在教育领域中，教师对自身的职业地位被人工智能挑战而担忧。不少教师认为机器将在未来取代教师，从而直接面对学生进行课堂教学。英国广播公司（British Broadcasting Corporation，BBC）在根据剑桥大学研究者的统计体系的一次调查中，分析了 365 种职业在未来的“被淘汰概率”。同时，电话销售员、打字员、会计师、保险从业者、银行职员、政府部门工作人员、接线员、前台、客服等被人工智能替代的概率都达到了 90%以上，而学校教师等被机器替代的概率只有 0.4%，而艺术家、科学家、大律师、法官等则属于较难被机器替代的岗位。但是这并不是说，在人工智能的浪潮中，教师就可以高枕无忧。美国佐治亚理工大学的艾休克戈尔教授曾利用由 IBM 公司所研制的人工智能机器人沃森作为他的助教，以帮助解决 MOOC 课堂中学生的问题。因为沃森卓越而惊人的解决问题的能力，学生在 5 个多月的教学中将沃森视为人类，而几乎没有对沃森的身份进行过怀疑。这表明，虽然机器对教师的完全取代可能会发生在未来，但是当今的教育生态系统已经深刻地受到人工智能的影响。正如雷克利福德所言，“科技无法代替教师，但是应用科技的教师却能代替不应用科技的教师”。联合国教科文组织在《反思教育：向“全球共同利益”的理念转变？》白皮书中就曾表示，在日益变化的全球化世界中，人们应当针对教育教学所遇到的各类新要求和挑战，进一步反省高等教育的责任与职业[42]。实际上，我们应该采用一种理性的态度看待人工智能对教师的影响。在不久的将来，甚至是在当下，教师不得不面对的情况是“如何与机器协作来完成课堂教学”。教师需要不断地思考，如何和谐地与人工智能机器人共存，如何与机器相互取长补短，协同促进学生的全面发展。未来人机协作发展已成为必然。

人机合作是指人们和机器相互共处的一个工作模式，人脑提供方向和价值，机器提供数据和事实，二者之间协作并存、发展[43]。在教师的教学过程中，人机协作即指教师与人工智能教育机器人在课堂中进行协作配合，协调完成教学目标，实现学习内容、学习活动等[44]。在具体的教育工作中，教师和人工智能在课堂中所处的地位随着教育工作本身的规则性和创造性程度的不同而有所区别。如图 2-2 所示，基于人机合作中机器智能从弱到强的智能性，教师与人工智能之间的合作关系可分为四个阶段，分别为人工智能代理、人工智能助手、人工智能教师与人工智能伙伴。人工智能代理是指低层次的教师协作，是利用人工智能替代部分教师需要解决的低级、单调性、复杂性的教师日常工作的智慧形式，此阶段人工智能将首先担任教师日常工作的代理，利用计算智慧解决单一事务。人工智能助手则是指教师利用人工智能来提升常规工作效率的形式，是利用人工智能中低智慧的体现，人工智能将利用其认知智慧管理教师收集到的教研数据，让教师针对数据进行解读，教师也将提升利用人工智能解决模糊事物的能力。人工智能教师则是指人机融合的超级教师，此时利用人工智能将拥有认知智慧，可以从认知与理解方面均显著提升教师的创新能力，突破教师个体理解限制，让教师拥有更大的教育创意。人工智能伙伴是最先进的人机协同方式，此时人工智能已经拥有了高度社会智慧，已经可以和人类教师实现社会化交流，并且，人工智能的创造力与主动性超过了人类教师的层次，能够更加自主地和人类教师实现对等的社会沟通，从而达到共同进步、共同提高[45]。

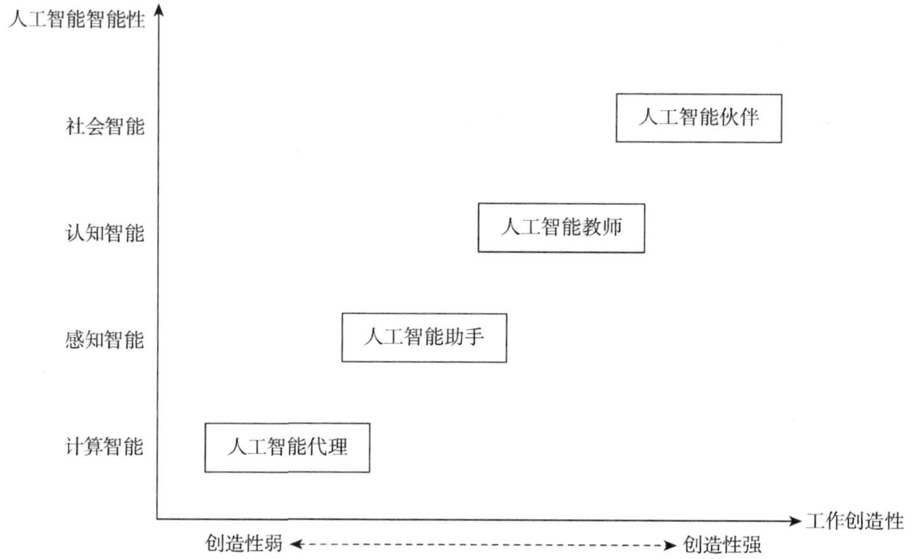

图 2-2 人机协作的教学分析框架

2. 人机协作中的关键技术

《人工智能标准化白皮书（2018 版）》中介绍人工智能的重要科技应用领域有机器学习、知识图谱、自然语言处理、人机交互技术、计算机视觉、生物特征识别、虚拟现实和增强现实[46]。

1）机器学习

机器学习是新一代人工智能的核心，是指深入研究机器模仿并实现人们的活动，并获得新的知识或技术，重新组合人类现有的知识结构，使其提高自己的性能。按照机器学习模型、方式和计算上的差异，机器学习又可划分为有监督学习、无监督学习和强化学习。机器学习常见的算法有决策树算法、朴素贝叶斯算法、支持向量机算法、随机森林算法、人工神经网络算法等。

2）知识图谱

认识图谱实质上是构造化的语义知识信息库，是一个由节点和边组合成的图数据架构，以符号形态说明在物理世界中的定义以及互相关联关系，其基础组织单位为“实物–联系–实物”的三元组，以及实体及其相关“属性–值”对。它可以将复杂的认知领域，借助于数据挖掘、信息处理、知识计算及图像绘制等手段表现起来，从而揭示认知领域的动态发展规律，为学科研究提供了切实的、有价值的理论依据。

3）自然语言处理

自然语言处理是指研究实现人和计算机间利用自然语言有效交流的各种理论与方法。自然语言是指人类在日常生活所用的语言。但自然语言处理并不是指一般的研究自然语言，而是专门研究能更高效地进行自然语言通信的计算机技术。

4）人机交互技术

人机交互技术是指利用计算机进入、输出设备，以最有效的方法进行人和计算机之间对话的科学技术，除传统的基本人机交互和图像互动之外，还涉及语音互动、情感交互、身体感互动和脑机互动等技术手段。

5）计算机视觉

计算机视觉是一种探究怎样让机器“看”的科学技术，是指通过使用照相机和计算机替代人眼对目标物体进行辨认、追踪和检测等的机械视觉技术，进而做图形处理，将计算机处理成更有利于人眼看到并传递给仪器测量的图像。

6）生物特征识别

生物特征识别技术是指利用人体生物学特质进行个体身份认定的一门科学技术，将先进计算机信息技术与光学、声学、生物传感器及生物统计学原理等现代高新技术与手段密切融合，利用人体所存在的生物生理性状和行为特性，来实现对公民个人身份的识别。

7）虚拟现实和增强现实

虚拟现实技术使用了实际中的信息，运用电子计算机所形成的电子信息，并使之和各种输出设备融合进而转变为可以被人类直接感知到的现象，而这种现象可能是实际中真真切切的物体，也可以是肉眼无法看到的物质，通过三维模型表现出来。增强现实技术是一门将虚拟现实技术和现实当今世界巧妙融为一体的科学技术，广泛使用了多媒体技术、三维模型、消息跟踪与注册、智能互动、传感技术等各种手段，把由计算机所产生的文本、图形、三维模型、音乐、录像等虚幻信息技术模拟或仿真后，再运用于现实当今世界中，二者信息技术相辅相成，进而达到了对当今现实世界信息技术的“增强”。

如表 2-3 所示，上述人工智能核心技术的突破，使人工智能教育机器人可以在课堂中得到实际应用。人工智能教育机器人不但能够成为教师的“助教”来帮助教师进行简单教学辅助，也可以作为“导师”协助教师完成基本知识内容的讲解、对学员疑问的解决、教学任务的管理等。

表 2-3 人工智能教育机器人中的关键技术及课堂的典型应用

关键技术	应用于人工智能教育机器人	课堂的典型用途
机器学习	机器人获取学生数据，通过机器学习的方法从数据中发现学习规律，为学习者建模提供了一种有效路径	学习者分析等
知识图谱	以知识图谱的学习内容为基础，教育机器人可以为学生提供个性化的学习路径	个性化学习、学习障碍诊断与分析
自然语言处理	机器人识别教师或者学生的录音，并且可以实现简单的学生答疑	自动出题与批阅、课堂答疑等
人机交互技术	通过文字、语音、动作、表情开启与人工智能教育机器人的互动	情况创设等
计算机视觉	可以识别出如学生作业的照片信息，还可以通过生物特征识别分析学生的表情，判断学生实时的学习状态	情感计算、自动批阅、情绪检测等
生物特征识别	利用指纹、虹膜、面相、DNA 等生理特征或步态、击剑习惯等进行个人身份鉴定	人脸识别签到等
虚拟现实和增强现实	利用三维图形生成技术、多传感交互技术及高分辨率显示技术，生产三维逼真的虚拟环境	虚拟场景体验、沉浸学习、虚拟图书馆等

3. 人工智能时代对教师人机协作技能的新要求

在人工智能时代，“人机”之间拥有更强的互补性。机器在计算与记忆方面的才能远胜于一般人，而人类擅长于直觉、感觉、环境识别。作为教师来讲，完整的教学活动是感性和理性行为的统一，人机协作的要求就是一方面要使得人和机器充分发挥各自的优势，另一方面要将各自优势更好地整合。

1）人机协同的有效教学

教师要培养与人工智能合作的意识，并主动适应人工智能的发展及其对教师职业的冲击。尽管由于虚拟教师的存在，教师作为知识权威的优越感也将慢慢淡化，但是人机协作作为一种必然趋势，要求教师不得不做出改变。事实上，人工智能对教师有着特别的重要性。它能够把教师从枯燥、机械、重复性的脑力劳动中解放出来，变成教师良好的工具和伴侣。人工智能对教师的解放主要体现在两方面，一方面，人工智能可以替代教师的某项简单技能。例如，人工智能可以协助教师进行批改作业等日常的重复性、机械性工作。另一方面，人工智能也会作为未来教师工作的一部分，由人机协同进行智慧性的教学工作。例如，在我国，一个教师常常需要面对几十个学生，想要精准地了解每个学生的特征以实现因材施教是十分困难的，而在人工智能时代，人机协作可以弥补此方面的不足。

2）提升教师信息技术能力

教师学会如何与人工智能和谐共处，是完成从传统教育模式向人机协同模式转变的第一步。教师必须通过对人工智能技术可实施的教学模式与策略加以主动认识、积极探索、尝试和运用，从而学会能够利用人工智能技术分析课堂教学实际情况的方式，并从课堂教学实际中不断反思与改善这种教学模式的效果。不仅如此，教师还要实时关注各类新的人工智能研究成果。

教师还要学会如何与人工智能进行科学分工。人工智能的优势在于能够快速地处理重复性、烦琐性和机械性的工作，教师则更擅长于个性指导、沟通引导与情感交流等更高级的教育教学工作。但是，教师对人工智能的认知程度、合理判断与互动方式等是人机协作中分工的实效性和科学性的保证。这就要求教师必须提升信息技术的能力，对人工智能有所了解，对人工智能技术的操作有所训练。

3）培育学生的道德核心素质

传统教育强调教学应该“以教师为中心”，强调教师在课堂中的权威地位；尽管以杜威为代表的现代教育家给予这种教育模式以严厉的批评，强调教育应该“以学生为中心”，教师应作为学生的引导者和帮助者，但是这种教学理念在实际的教育实践中又导致了教学质量的严重下降。人工智能可以代替教师知识性的教学职责，而教师也会有更多的时间精力放在培育中小学生的发展上。因此，中小学生可以在教师的陪伴下，以处理复杂问题为导向开展教学，并在此过程中掌握基本知识、学会自主学习、独立思维、合作协同、知识资源转化与使用。和机器一样，教师更需要关注自己成为人的独特价值，培育学生的社会、心灵精神价值以及运用全球化发展信息资源的力量。在人工智能时期教师的教育核心价值，并非专业知识、学科领域基本知识和专业能力的全面发展，而应该是人文科学内涵、责任担当、艺术审美等核心素质。教师不仅仅是为了传授技术的教师，更不仅仅是为了养家糊口的专职教书匠，而应是学习者的精神导师，在保证学生学习质量的前提下，真正地实现“以学生为中心”的教育理念。

4）建立人机结合的制度体系与思想体系

技术的快速发展与制度变革的惰性存在着激烈的矛盾，新技术往往会倒逼旧制度发生变革。新的教育生态的构建，必然会经历漫长而艰辛的过程。为了达到更充分地利用人工智能效果这一目的，企业一方面既要起到以科技倒逼变革的效果，另一方面又要更积极地突破企业原有的机制，把人工智能服务嵌入生产流程中，以提供新的范式、新的生产过程、新的架构、新的业务形态。不仅如此，人们还需要建立人机融合的新思考方法。大数据时代下复杂社会的生活呼唤着人机融合的教育智慧，利用人机融合的思想方法，在教育领域既可以达到大规模覆盖，又达成个人的个性化发展。

2.3 人工智能时代教师专业发展的动力机制

2.3.1 教师专业发展的内在动力

1. 需求与动机

要理解内在动力的概念，必须先理解“需要”这个概念。有机体感到缺少和不平衡并努力寻求满足的心理倾向是“需要”。“需要”是个人活动的源泉，也是个人活动热情的源泉。“需要”是一种“观念上的内在力量”，表现为欲望、动机、兴趣等。受现实社会关系的制约，它只能在一定的社会关系中实现。

动机是一种心理倾向或内在力量，旨在刺激和维持一个有机体的效果，并将行动导向一个特定的目标。动机的内在状态是需要。动机是基于能够激发或抑制人们欲望和意图的需要而产生的，是促进人们行为的内在原因。诱导是满足个体动机和个体需求的外部动机。内在动力是指个体的主观能动性，是指主体意识和人类活动对客观世界的积极作用，包括对客观世界的积极认识和对客观世界的积极改造。与动机相比，内部动力的使用是广泛和积极的，它旨在满足人们的合理需要，促进人类维持发展活动。

2. 教师专业发展的动力结构

教师专业发展的内在动力是教师想要达到的专业发展水平与实际专业发展水平之间的矛盾。教师专业发展的动力结构包括专业发展认知、专业发展需要、专业发展目标、专业发展信念（图 2-3）。其中认知是基础、需要是源泉、目标是导向、信念及情感是催化剂，推动内在动力不断转化为外在的专业发展行为[47]。

2.3.2 教师专业发展认知

教师专业发展的过程是一个非常复杂的过程。在教师促进自身专业发展的过程中，制定发展目标、选择发展内容、应用发展方法和策略、发展过程的设计和自我发展过程的监控都依赖于教师对专业发展的认识。教师对自我的积极认知促进了教师的自主性和创造性。专业发展认识是前提，当人的发展水平达到明确的自我控制时，人就能有目的、有意识地影响自己的发展。在教师专业发展中，教师既是发展的主体，又是发展的客体，具有双重性。这就要求个人成为专业发展

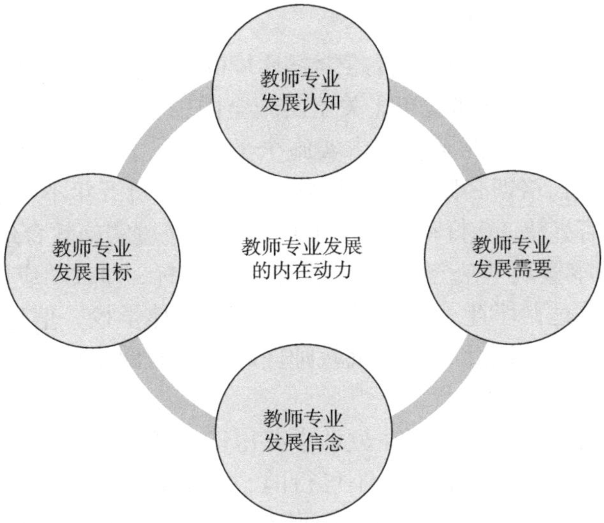

图 2-3　教师专业发展的动力结构

的主体和客体，而这个主体和客体的存在依赖于自信，如果没有实现自我的意识，那就无关紧要了[48]。因此，自信不仅是建立主客体关系的前提，也是教师专业发展的前提。

在人工智能时代，随着教育信息化的不断发展，许多移动终端、语音和图像识别、可穿戴设备和虚拟现实成像技术已经渗透到课堂，改变了当前的教学媒体、师生评价反馈和深度学习。有了智能设备的支持，学生个性化、任务型学习和团队项目型学习、多学科整合和整合实践将变得更加便捷。

“无处不在的学习”“没有教室的学校”“一人一张课程表”等新型学习形式的出现，极大地改变了传统教育的运行规则[49]。在这个前所未有的大变革时代，教育行业、教师职业正面临着前所未有的新挑战，也迎来了前所未有的新机遇。现在比历史上任何时期都更需要一大批掌握新理念、善用新技术的未来教师，教师转型已经成为“互联网+教育”的第一要务。

2.3.3　教师专业发展需求

需求是促进教师专业发展的个体能量的内在来源，影响着教师发展的全过程。教师的需求引起教师的注意、激活教师的思维、激发教师的求知欲、鼓励教师向一定方向积极发展、自觉保持自己的行为。在促进教师专业发展中，要充分认识教师的需求和需求的满足程度，不断创造有利于教师新需求特别是社会和精神需求的条件，只有努力才能满足他们。只有这样，才能保持教师专业发展的动力，提高教师专业发展的积极性。

智慧课堂、智慧校园等现代智慧学习环境的出现，对教师专业提出了更多、更高的要求。2013 年教育部发布《关于实施全国中小学教师信息技术应用能力提升工程的意见》，提出按照教师需求实施全员培训，各地要将信息技术应用能力培训纳入教师和校长培训必修学时（学分），原则上每五年不少于 50 学时。教育部印发的《教育信息化 2.0 行动计划》中再次提出通过实施教育信息化 2.0 行动计划，到 2022 年基本实现“三全两高一大”的发展目标，即教学应用覆盖全体教师、学习应用覆盖全体适龄学生、数字校园建设覆盖全体学校，信息化应用水平和师生信息素养普遍提高。因此，一批批教师面对变化的课堂环境、现代化的教学设备产生了更多的专业发展需求。

在人工智能新时代，教师想在教学中获得优质的教学效果，就不能像以前传统的教法一样，念课本式的教学是不可行的，而是要不断提升自身能力，学习新技术新理念。在智慧化的课堂环境中实现智慧教学（图 2-4），一方面，教师要借助大数据等新技术，读懂学生在学习过程中产生的数据信息，分析学生的学习特征，评估学生的学习情况，为学生设计个性化的学习推送方案。另一方面，教师要充分发挥自身专业特长，研究学生是怎样学习和成长的，自觉学习脑科学和认知科学的知识。

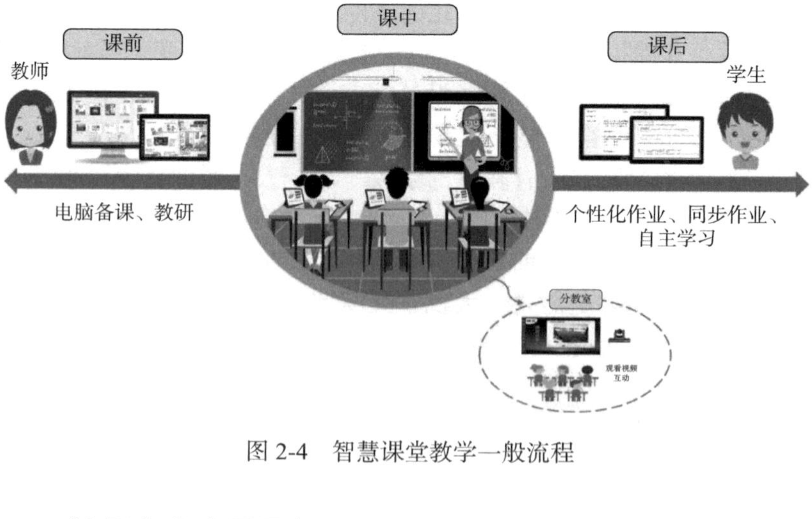

图 2-4 智慧课堂教学一般流程

2.3.4 教师专业发展目标

没有目标，就没有切实有效的行动。在许多情况下，教师的需求有些模糊，关键是行动目标尚未设定。目标的目的是刺激行为。美国心理学家提出了“激励力量的预期概率”[50]。目标效能指的是目标实现的价值，期望概率是指对目标实现可能性的判断。因此，可能性大的目标更有利于教师采取行动。

人们在设定目标时需要特别考虑两个方面。一是利益的可能性，工作成果与行动努力之间的联系。当人们预测某件事可能发生时，他们会试图认识到这种可能性。二是个体在表现和主观意义之间关系的可信度。如果教师不相信两者之间的联系，认为所取得的成果不是贡献，没有责任感，或者与工资和福利等其他奖励无关，那么即使可能，教师也不会寻求福利，目标也不会形成。

新时代教育改革发展呼唤教师专业成长，国家和教育部发表了一系列文件，对教师的发展提出了新要求，如《中共中央 国务院关于全面深化新时代教师队伍建设改革的意见》《中国教育现代化 2035》《教师信息技术应用能力提升工程 2.0》等一系列文件的出台，为新时代教师专业发展明确了新目标、新要求、新路径[51]。

2.3.5　教师专业发展信念

1. 信念

信念是人们对某个人、某个事物或某一思想的态度。教育信念是人们对某些教育事业、教育理论和基本教育命题和原则的确认和信仰。从教师个体的发展过程来看，信念可以定义发展任务，决定了人的发展活动的具体方向，即他们倾向于哪些对象，他们回避哪些对象。有时，这些对象将成为行动、倾向或回避的目标对象。信念还具有选择的功能，信念所确认的所有对象都易于识别和个体接受。否则，个体很容易回避甚至抵制。作为一种“心理准备状态”，信念要保持态度系统的平衡和完整性[52]。当人们的态度与外界事物不一致甚至冲突时，人们自然需要保持自己态度的完整性，这将导致个人采取某些相应的行为来满足这一需要，信念不仅可以根据自身的反应倾向影响行为的发生，而且在一定程度上影响行为的进展。

2. 教师与人工智能技术

在教育信息化实施的初期，许多教师对将技术引入课堂持否定态度，尤其是那些有着长期教学经验的教师。这些教师习惯了传统的教学方法，认为将信息技术等工具引入课堂会分散学生的注意力，使得学生注意力不集中，从而降低课堂效率。因此，即使社会和学校提倡信息化教学和智能化教学，他们仍然坚持自己的观点。如今，在教学中，人工智能技术逐步普及，但许多教师和教育管理者对人工智能技术在教育领域的应用价值认识比较模糊，对人工智能技术的信任感淡薄[53]。

大多数教师对人工智能与教师之间的关系理解模糊，这也导致了教师无法完全信任人工智能。首先，教师对如何与人工智能合作完成教学感到困惑。其次，教师们怀疑在将人工智能应用于教学后谁来主导教学。此外，社会上还有许多关于人工智能的负面舆论，这些信息也影响到教师理解人工智能。随着人工智能时代的到来，快递等职业都将在不同程度上被人工智能所取代。因此，对教育行业，人们也产生疑问“教师是否会被人工智能取代”，这个问题长久以来存在争议，也有许多研究者就这一问题发表了很多看法，也存在着一场大辩论。但可以肯定的是，人工智能可以取代教师的一些重复性工作，减轻教师的负担，但在教育和培养学生方面的创新和创造性工作中，人工智能是无法胜任情感态度和价值观类教学的。

3. 人工智能技术应用场景与案例

人工智能应用于教育领域主要有以下几个典型场景：智能教育环境、智能学习过程支持、智能教育评价、智能教师助理。

1）智能教育环境

智能教育环境是指具有智能感知和交互能力的教学环境，能够收集多模态的教育信息，满足多样化的学习需求[54]。基于人工智能的各种关键技术，当前教育环境中的典型应用包括校园安全监控与预警、智能教室和智能图书馆。

在举行的智能教室交流和展览活动中，来自杭州中心小学的两名教师分别在智能教室的两个示范班上展示了长方体和立方体的分类。两位教师精心准备，充分利用智能教室的互动屏和学生板，借助平板电脑实现课前预习和初步认知、课堂互动碰撞、知识内化、课后拓展、巩固提高，更好地实现了教学环节与信息技术的有机结合，不仅改变了传统教室的“满满当当”，更有效地实现了传统课堂难以实现的学习体验和及时有效的学习反馈，从而大大提高课堂教学的效率。

2）智能学习过程支持

学习是学生通过教师或同伴的帮助和支持，获得知识与技能的过程。学生通常需要在学习中得到科学、及时的支持，以便有效地完成这一过程。基于人工智能的各种关键技术，智能学习过程支持系统在现阶段的典型应用包括学习障碍智能诊断、教学资源智能推荐和智能学科工具等。

a. 学习障碍智能诊断

对于学生领域知识缺乏导致的学习障碍，可以通过构建领域知识点之间的逻辑结构关系进行智能诊断。基于机器学习模型，智能学习过程支持系统可以在知识层面构建逻辑结构关系和不同知识点之间的障碍依赖关系，从而准确判断每个学生知识薄弱的原因。

b. 教学资源智能推荐

使用机器学习算法，智能学习过程支持系统能够准确评估学生知识掌握情况、学习重点等关键指标，以便准确向学生推荐相应的学习资源。例如，目前，各种智能学习平台都使用学生处理评估数据，以自动分析和推荐符合其能力水平、学习状态和实践主题的学习内容。

c. 智能学科工具

基于语音识别、手势识别、自然语言处理等多种人工智能技术，在智能学习过程支持系统中开发了一系列智能主题工具，帮助学生进行学习过程。例如，使用计算机视觉技术识别自然植物，判断其类型；支持生物教室的学生使用自然语言处理技术处理中国古典文学语料库，自动创作诗歌，激发学生学习汉语的兴趣。

福州市第七中学举办的市级公开英语课，创造性地将人工智能与学科相结合。在课堂上，学生们被一个“黑带”——脑波仪所包围，它可以用人工智能算法识别和转换学生的大脑信号，并将其传递给教师。在本课程中，首先以人机对话的形式复习第一节课的内容。人机对话具有口头纠正和建议分析功能。只要你敢说，它就会与你互动，这样害羞的学生就可以放开自己，大胆地说英语。神奇的功能让教师们感到新奇、独特、有趣，惊叹于高科技带来的新的学习模式和变化。

3）智能教育评价

目前，智能教育评价有四种典型应用：智能课堂评价、自动口语测评、心理健康监测和身体健康评估。

a. 智能课堂评价

计算机视觉技术可以识别学生；通过面部表情，帮助教师了解学生的基本情绪；及时掌握学生的学习状态和注意力，以便进行教学干预或调整自己的教学策略。自然语言处理技术可以标记和反馈学生在课堂上的即时回答，并将相关信息反馈给教师，从而提高教学效率效果。

b. 自动口语测评

通过语音识别等自然语言处理技术，人们可以提取完整的语音和语义特征，以专家评分为标准，通过机器学习技术训练自动评分模型，实现外语或普通话口语考试的自动评分。随着口语自动评价技术的逐步成熟，其在教学和评价中的应用不仅节省了大量的资金和人力资源，而且更好地消除了个人主观因素，提高了评价的客观性和可靠性。

c. 心理健康监测

人工智能技术可以早期发现学生潜在的心理问题，并给予早期预警。基于社交网络数据中的用户语言、交互行为和情感表达，人们可以建立相应的机器学习模型来分析未成年人的心理健康状况，及时提示其心理健康问题和潜在的高危行为。

d. 身体健康评估

使用带有各种智能传感器的可穿戴设备，人们可以不断收集学生的运动、睡眠等数据，并在此基础上进行准确的分析和评价。例如，教师可以收集多维数据，如学生在运动过程中的加速度、心率和血氧，并分析学生运动技能与身体状态结合的相关分析模型，通过对学生群体在较长时间段（如一学期或一学年）的数据分析，学校可以对体育课程的效果进行评价。

4）智能教师助理

智能教师助理通常指那些能够帮助教师日常教学、教研、专业发展等的人工智能应用程序。现阶段，智能助教主要包括自动设题与批阅、课程指导与答疑、智能教研等典型应用。

a. 自动设题与批阅

在日常教学中，教师需要花费大量精力对学生进行排序和评分、处理家庭作业和测试题。基于知识图谱技术，通过构造启发式规则，人们开发了一个自动问答系统。该系统可以自动为同一知识点生成具有多个变体的个性化试题。此外，采用自然语言处理技术开发的评分系统，该系统还可以自动评分不同科目中较复杂的半开放式主观题，并给出合理的反馈建议，大大降低了教师的工作强度和负担。

b. 课程指导与答疑

人工智能可以帮助教师为学生提供个性化的课程指导和反馈。人工智能技术的智能引导系统能够自动诊断学生已掌握的知识，结合学科知识体系和结构信息，准确推荐微课程、微测试等相关课程资源。在学生学习过程中，智能系统还可以使用知识地图和自然语言处理等技术自动回答问题，并为学生构建一个问答系统，通过持续收集相关信息来理解意图。

c. 智能教研

教研是提升教师素养、专业发展的重要手段[55]。人工智能技术可以实现教师的自动分析，教学过程和教学计划的自动设计和生成，从而减轻负担，提高教师素质、教学和研究水平。例如，智能听力和评估系统可以记录教师的音频和视频；教学中，借助图像处理和语音识别技术对课堂互动进行分析和量化，并利用数据提高教学和科研活动的效率。教师还可以通过查看教学回放和课堂互动的分析数据，进行更有针对性的教学反思，从而优化课堂教学质量[56]。此外，教案自动设计生成系统可以帮助教师分析教学情况，提取教学内容，分析教学对象，并从数据库中提取相应的教学内容供教师学习和使用。

2.4　人工智能时代教师专业发展的实践智慧

2.4.1　教师实践智慧

1. 教师实践智慧的内涵

1）实践智慧

实践智慧是理解教育本质的必要前提，也是教师专业发展的基本准则。解释教师的实践智慧离不开理解实践智慧。“实践智慧”对人类的生存、实践和发展至关重要。从古至今，实践受到许多学者的关注，其中影响最大的是与亚里士多德有关的研究[57]。然后，许多研究者研究了实践智慧在各个领域的意义和发展[58]。

a. 亚里士多德的研究

世界上最早关注实践智慧的是亚里士多德，他认为实践智慧“是一种真理和理性的状态，能够控制对人类有益或有害的事物”。亚里士多德通过区分理解、知识、能力、智慧和实践智慧来分析实践智慧的含义。其中，知识是普遍的、不可避免的事物的概念，因此它可以被证明、教授和学习。智慧是知识和理解的结合，注重普遍理性和规则。聪明的人不仅可以通过推理和论证掌握知识，生产能力的好坏也关系到生产的合理性。它通常侧重于设计和生产不存在或不以自然方式存在的事物。实践智慧是一种“与善与恶、理性与求真相关的实践品质”，体现在具体的实践情境中，它包含着善与智的选择，包含着正确的理性，并使正确的理性在具体的实践中发挥作用，确保实践是正确的实践。

亚里士多德赋予了实践智慧很高的地位，他认为只有实践智慧才是一切美德的基础[59]。一个具有实践智慧的人，可以根据具体情况，区分对他有利的东西和对人类有利的东西。实践智慧不仅包括“做什么”的价值，还包括“怎么做”的常识。正是实践智慧赋予了“实践中的智慧，使实践体现智慧”[60]。

b. 其他学者的研究

除了亚里士多德对实践智慧的研究以外，还有一些学者对此也有较为成熟的研究。例如，奥蒂等研究者强调“真理和理性的能力”，认为实践智慧是理性的追求。仔细考虑就会产生一个推理链，从最初的愿望到最终的决定，再到一个行动，这个链叫作“目标链”，意思是“我们所有的行动都符合最终目标”[61]。这意味着“逻辑、辩证、理性和认知标准”。在使用这些标准时，“演绎法和归纳法必须用来判断前提和结论的正确或错误”。杨燕燕强调“采取行动”，并相信教师的实践智慧是对形势的感知、辨别和洞察[62]。为了确定他们所处的环境以及他们实际采取的行动，具有实践智慧的人必须具有实践感知能力[63]。“如果感知只是对当下的感知，那么辨别需要对情境特征的更精细的把握”[64]。实践智慧其实是一种“动态、顿悟和灵活的概念，可以称之为实践顿悟”[65]。实践智慧“代表懂得如何更好地生活的人”是一种“善”的行动倾向，和道德品质是一种互惠关系。

2）教师的实践智慧

不同学者的不同理解描绘了实践智慧的不同质性规定，但只有将这些内容融为一体，才能多角度全面地把握实践智慧的丰富内涵。实践智慧不仅强调对理性的追求，而且强调感知、辨析和理解。因此，教师实践智慧是指教师对教育理性的追求，对当前教育情境的感知、辨别和洞察，以及对教育道德品质的展示。

a. 教师对教育合理性的追求

合理性是教师实践智慧的追求。合理性是规律性与目的性的有机统一，其中规律性是客观，目的性是主观。教师在追求教育合理性时，既要遵循教育的客观规律，又要遵循对教育的理性追求，教育理性的追求要求教师根据所学教育知识自觉建构合理的个人教育理论。从教育主体的角度看，教育理性的追求要求教师在教育理论与公共教育理论之间建立合理的个人教育理论；从教育过程的角度看，追求教育理性要求教师把课程文本作为“导言”，让教师和学生共同构建知识并共同发展。

b. 教师对当下教育情景的感知、辨别与顿悟

从本质上讲，教育情景具有多变性、不确定性和特殊性。这使得整个教育情景更加复杂。教学实践中的变化要求教师不断合理地感知、理解当下的教育情景。因此，教师必须掌握具体情况的全部细节，并对情况如何发展做出思考；辨别是指教师意识到这些情况和其他情况之间的区别，可能采取的措施和应该采取的措施；顿悟是指教师意识到为了创造一种认识、感知一种特殊的环境，特定学生的行为和行为必须与“他是谁”联系起来的知识。

c. 教师对教育道德品性的彰显

具有实践智慧的教育者必须具备教育道德品性，教育的道德品性表现在两个维度上：在目标维度上，教师拒绝单纯地灌输知识，注重德智体美劳全面发展；在关系领域，教师要在教学主题和主题课程之间建立有意义的师生关系。

2. 教师实践智慧的特征

如上所述，实践智慧不仅仅是一种教学理论或简单的教学经验，而是两种方法在教学实践中的结合。具体而言，实践智慧的主要特征如下。

1）动态生成

动态生成是指教学活动是不断变化的，学生们在任何时候、任何地方都会改变。面对同一个学生，他今天和昨天不一样，他也变了。其中有很多不可预知和难以控制的因素，可能是窗外的噪音，也可能是近在咫尺的学生偶尔的举动，不断改变学生的内心世界。这些改变，无论多么轻微，都会影响学生、教师和教学实践，而在师资培训的过程中，他们是无法预见的。这就要求教师适应具体的教学环境，而应对过程也是教师实践智慧的体现。

2）不可言说

实践智慧总是在学习过程中发生变化。它被整合到实际教学活动中，而不是一成不变的。实践智慧的出现在很大程度上来自于教师漫长的理论积累和实践思考过程，但这往往表现在教师对不同教育环境的直观反应上。教师的实践智慧在教学中给予并发挥作用。这种智慧很难用语言来形容，因此，教授和学习实践智慧是非常困难的。

3）独一无二

具有实践智慧的教师通常是那些能够在各种教学情境中仔细审视教学情况并采取合适行动的教师。然而，由于年龄、成长经历和生活背景的不同，不同的教师对教学的认识也会有所不同。结合个人的思维方式和行为特点，他们往往形成高度个性化的实践智慧。在教学中，他们都是聪明的教师，对于相同的问题，他们即便有不同的方法来处理，也可以得到完美的结果。例如，在教学过程中，有的学生思想抛锚、分心，一些教师处理方法是用关注的目光提醒学生的注意，而一些教师则会通过神奇的小实验重新吸引学生的注意力。每一位教师实践智慧的形成和表现都是时间、空间、人等诸多复杂因素交错影响的产物，具有独特性。总之，实践智慧是教师个性色彩的体现。

3. 教师实践智慧的应用

教师实践智慧是教师对教学整体的直觉认识，是内在的；但它在实际的教学活动中也会有所反映。通常表现在以下三个方面。

第一，实践智慧在教学过程中，表现为对知识传授的超越。长期以来，“教书”和“育人”被视为学校教育的两大功能，而学校教育往往只注重教书，单纯传授知识的理念对学生的成长和全面发展是很不利的。以往的课堂，我们经常见到以讲授法为主，视学生为容器，任由教师往里面填充东西，其核心只有一个，即传授知识，这种教学仅仅是“教书”。然而，在拥有实践智慧的教师课堂中，不仅传授知识，更注重教育的育人功能，这样的教师不单单在意学生是否掌握了文字、掌握了课本的轮廓结构，还在意学生在德智体美劳等各方面的发展情况，是有利于学生的全面发展的教育。

第二，实践智慧在教学方法中，表现为一种教学机智。人们不能两次进入同一条河，因为新的水不断流动。由于教学处于一个不断变化的状态，教师不能两次进入同一个课堂。师生心态发生了变化，知识积累发生了变化，课堂物理空间也发生了变化。教学方法的选择并不是一种固定的、被普遍接受的教学方法，每种方法的应用必须符合某些条件。简言之，四个字："没有定法"。那么，学习环境不断变化，为了适应不断变化的环境，这就需要教师的机智。

"机智"是指"知道在短时间内所做的事情以及与其他人交流的智慧和能力"。这意味着教师有能力在复杂多变的学习环境中迅速、恰当地做出决策和行动。主要包括以下三个主要部分：首先，教学机智是一种行动能力。教师的奇思妙想不是教学机智，因为前者仅停留在思想层面，而后者总是与某种教学行为联系在一起，在即时判断和迅速的决定过程中自然展现。换言之，如果一个教师没有能力把思想变成行动，他就没有教学机智。从这个意义上讲，教学机智是实践智慧的体现。其次，教学机智发生在某些教育情境中。教师的心血来潮并不是教育机智。前者完全无视时间和空间的限制，任性而为，而后者对教学情境具有独特的敏感性，其行动必须符合当时的特定情境。最后，这是教师在教学中的即兴发挥。它是灵活的，反映了教师的创造性行为。然而，灵活性中又有一定的严肃性。因此，这类创作不能独断专行，而应根据具体的教学环境和教师对情况的了解来进行。换言之，教师不单要充分发挥他们的创作能力，更要针对具体问题，在现时的情况下，选择最佳的行为模式。

第三，教学机智在教师发展中，表现为对自我完善的不懈追求。长期以来，人们对教师职业的理解存在着相当大的偏见，也就是说，他们对自己的职业缺乏了解。在旧社会，教师被认为是统治阶级"道路"的表达者。即使在现代环境下，教师也被视为政治信仰的传播者，他们的性质不变，也就是说，他们的政治信仰是由他们自己决定的。目前，教师的社会地位虽有明显改善，但对职业价值观和劳动世界的认识仍有严重局限。因此，教师的形象长期以来以"蜡烛"和"园丁"的比喻为特征。

这些偏见还导致对教师发展的一个重大误解，即教师自身的发展。过分关注教师发展的外部动机而忽视其内部动机。由于传统上强调教师职业的社会功能，教师常常承担艰巨的社会任务。同时，社会总是通过外部力量来限制和指导教师的发展，忽视教师作为一个独立单位的主观能动性。因此，教师们把他们的职业看作是一种谋生和"无助地受苦"的方式，或者是在沉默中牺牲自己，把痛苦视为幸福。因此，教师的发展缓慢而困难。

实践智慧的培养使教师能够克服上述认知障碍，从而对其职业的内在价值和自我发展有新的认识。它向教师表明，教师的工作是一个创造性的过程。教学过程中知识的激活、学生心理变化的敏锐感受、对教学可能性的及时理解、教学词典和冲突的巧妙解决，都是教师创造力的体现。在这个过程中，教师也可以体验到他们职业固有的尊严和乐趣。因此，“教师”作为一种职业不应该仅仅是一种生存手段，教学也不是教师的片面过程。随着与学生心灵的不断碰撞和情感的日益交融，教师在教学过程中获得了巨大的精神财富。同时，他们也取得了很大的进步。

换句话说，教学是一种“双赢”的活动。在这项活动的过程中，学生的成长和教师的发展是两个同样重要的方面，哪一个方面都不可忽视，否则会影响到另一方的进程。一方面，教师的发展是学生成功教育和发展的必要条件。如果不提高教师的质量，提高教育质量就困难重重；没有教师思想的解放，就难以实现学生的精神解放。如果没有教师的积极发展，学生的积极发展将会非常困难。没有教师创造精神的培养，很难保持学生的创造精神。只有教育工作者自觉提高技能，才更有利于学生的进步和发展。另一方面，自我发展既是教师的责任，也是教师的权利。这是丰富教师生活内容的重要途径。在教师自我发展的过程中，教师的职业技术使命与现实生活和生活质量密不可分，让教师成为积极发展的创造者。与传统教师不同的是，现代教师不仅关注学生本身，也关注他们自身的发展。他们对自我完善的追求是无止境的，也没有得到满足。他们明白，教师发展是一个螺旋式的过程，面对教学困难，他们不会退缩和放弃，当他们取得教学成果时，他们不会自满，认为自己已经达到了事业的巅峰，他们将以普通人的心态，热情奉献，冷静思考，不断攀升到更高的生活水平。

2.4.2　智能时代人机交互教育实践新形态

智能时代的技术使人工智能教师成为可能。由此，教育实践从传统的“人–人”关系转变为“人–机–人”的三维关系，带来了教育实践主体的拓展和教育实践活动的“要素多元化”[66]。在系统层面，元素数量和功能的变化将促进结构和功能的变化，这也预示着一种新的教育实践形式的出现。

1. 嫁接态的教育实践目的

教育作为实践活动的本质在于对“善”的根本追求。教育实践的“善”在教育的过程中自然生长，它是一种通过自由和规范的创造来实现教育的和谐状态，从而在学生的关注中凸显其道德品质、完整的生命发展。在智能时代，技术人工制品的介入带来了它想要实现的“善”，改变了教育实践的“善”。这种结构使教育实践的目的呈现“人机”嫁接状态。

人工智能深深植根于还原论和理性主义的哲学传统。霍布斯将复杂的人类理性思维简化为“加法”和“减法”两种机械运算，并认为人类推理只不过是将各部分相加得到一个总数，或从总数中扣除一部分得到一个余数，深刻影响了早期符号主义范式的人工智能理论。此后，虽然人工智能的发展转向了连接主义和行为主义，但仍在试图获取和利用背景知识，模拟人脑的决策机制。然而，一些研究指出，这种智能体的开发方法仍然没有放弃人工智能，从人工智能在教育领域的应用来看，无论是学生的标准化学习行为、学业水平和能力结构的评估，或个性化学习路径的规划、个性化学习内容的提供和教学过程的调节，实际上都是以数据采集为前提的，仍然需要明确的是“智能”只可以表现在认知的意义上，而不是生活意义上。因此，我们应该更多地关注学生中可以计算或表示的部分。一些研究认为，借助人工智能进行教学的主要挑战是“单一的教学价值取向”，旨在指出，人工智能追求的“善”指向单向认知发展，而不是完整的生命发展。

从追求教育作为实践目的的角度来看，教育作为实践的基本特征是它有自己的内在目的，而不是实现某一目的的工具或手段，这种内在目的追求普遍的、全面的“善”，关注学生的全面发展、生命与人格的不断成熟，强调学生的共生、知识、情感。在智能时代，面对人工智能在计算智能和感知智能方面接近甚至超越人类的潜在挑战，人类担任的教师只能退而求其次地培养人的个性，在这方面，普遍接受的观点是人工智能承担教育中确定性知识的给予和接受，教师承担社会交往能力的培养、具有人文特色的学生价值观与情感、生命发展。如果是这样，智能时代的教育将因其不同的目的和功能而有所不同：一是人工智能教师承担的“培训”，它指向学生确定性知识获取和技能形成，另一个是人类教师承担的“教育”，它指向学生价值信念、个性化学习、社会学习和情感发展。智能时代的教育实践在目标维度上也将呈现“知识”与“教育”、“认知”与“情感价值”的嫁接状态。

2. 复合型的教育实践主体

在智能时代，技术人工物的介入使教育实践意图由“单数”变为“复数”，技术人工物和人类教师成为“复合者”教育实践的主题。

在智能时代，教师多元形态的建构、技术人工制品的实践意图主要包括“引导”和“给予”。拉图尔在他的行动者网络理论中指出了人工制品在人与世界关系中的调节作用。“尽管这些非人类元素缺乏灵魂，但它们比普通人更有意义，甚至更可靠”[67]。这并不是说技术人工制品可以实现与人类相同的道德行为，而是说技术人工制品的应用对人类行为具有决定性意义，使行为成为人类和非人类因素共同作用的结果。沿着这条路径，Verbeek 进一步解释：“当技术人工制品本质上是道德实体时，从这个意义上讲，技术人工制品的实际意图是引导。”例如，当教师决定是否全面监控学生的学习过程时，大数据的信息收集技术实际上将扮演“参与者”的角色[68]。

在智能化时代，另一种技术人工物介入实践的方法是利用外部设备使知识分子的具体的意图或能力，产生干预教育实践的实际意图。一方面，智能系统的效率需要人为调整和组织；另一方面，如果设想了智能系统的内部使用，它可以在不受人类干预的情况下独立运作。技术产品的智能化程度越高，自身意图越强。无论技术发展的“特殊点”是否出现，智能人工制品显然有其自身的意图。不同的是，在“奇点”出现之前，智能人工物的内在目标是设计师和用户的设置，在“奇点”出现之后，智能工件的内部形成发生了。智能人工产品在教育领域的运用可能源于非教育领域的设计者，也可能源于作为使用者的教师的设定，更可能两者兼而有之。无论教师是以指控或脑控的形式做出指示，教学实践的意向都不再为教师个体所特有，而是在“使用者-设计者-智能对象”意向的群体交互中展开的。教育实践活动从个别教员到实践群体，通过自觉的互动，成为教育实践活动智能的新范式[69]。

3. 介入性的教育实践关系

教育实践中对“善”的追求贯穿于教育实践的全过程，体现在实践活动中的师生关系中。教育与实践关系的含义是教师不仅是技术知识或计划的执行者，而学生不仅是知识的接受者，更是以文化为中介进行跨学科交流活动的实践主体。师生关系一方面凸显了教育实践应有的人文关怀，另一方面也在交往的生成性中彰显了教育实践的情境性。在智能时代，人工技术的介入从不同层面改变了师生之间的教育实践关系。

技术成为世界的一部分，人们需要解释技术所呈现的世界文本，在另一种不同的关系中，技术成为准他者，它与作为主体的人相关又独立。人必须将自己的感知聚焦于技术本身，从而形成“人（技术世界）”的关系结构。在这三种关系中，技术表现为一种“前景”。背景关系描述了一个技术纹理的世界，人们生活在其中，并与技术形成即时的操作关系。

从教育的角度解释人工智能时代的师生关系，我们可以把师生关系大致描述为三种情况，一是以技术为中介的师生关系，无论是伊德所说的具身关系还是解释关系，技术都在教师和学生之间起着中介作用，从教师的角度来看，教师通过智能技术获取对学生的感知，如基于大数据的学生“肖像画”。二是教师之间的多边关系，在这种关系结构中，教师关注的焦点是学生和代理人，感知本质上指向主体，而学生退到焦点之外的边缘位置。从学生的角度来看，学生与主体之间的互动关系也可能使教师处于学生的边缘感知。三是以技术为背景形成的“技术茧”以及该领域的师生关系。技术智能程度越高，默契性越强。作为师生文化互动的领域，智能虚拟教室可以看作是背景意义上的技术干预的一个例子，可以说，智能时代的技术人工制品通过干预师生关系重构师生互动模式，从而改变了教育实践的基本生态，促进了“人–机–人”与教育实践关系的形成。

2.4.3 转向教师的“智慧的实践”

在智能化时代，一方面，在“人工智能与人”的背景下，人的问题越来越明显。知识时代如何保护人类成为影响教育研究的根本问题。另一方面，人工智能教学方式的改变意味着教师具有实践知识；在“人与技术”的大背景下，我们必须考虑教师的特点。如果人工智能是“数字人”的一部分，那么教师为什么要这样做，个人美德具有“社会”和“阶级”的观点和意义。在与智能学科等社会学科互动的过程中，引入教育实践活动的整体逻辑，促进教育实践活动整体提高已成为教师的一大难题。教师的“实践智慧”强调“社会”和“阶级根源”，这意味着教师所追求的良好教育不仅预示着教师个人美德的培养，也必然预示着人类“互动”时代标准的提高和智力的发展，预示着“自我”、“客体”和“成人”教育的三维结构在智能时代，通过技术干预实现并有效促进了教学实践生活的整体改善。

1. 个体意义上，智慧的实践是技术纳入人性结构的“成己”

在智力时代，教师个体面临的基本问题是如何始终突出关注学生全面发展的教育价值追求，生活在科技高度参与的背景下实践良好的教育。良好教育的实践始终关注通过某种特定的行为或借助特定的手段“如何行动”，并在内部受到目的的引导，渗透着“做什么”的普遍价值关怀。如何作为普遍的价值目的和具体的行为手段相互沟通，然后呼吁教师作为实践主体，根本问题是如何使教师成为“具有实践智慧的人”。

在智能时代，技术人工物的介入使教育目的呈现“嫁接状态”。深深植根于技术人工制品中的计算理性使学生不断“激发”和“预设”，成为向他人开放的“持有对象”，生命发展是对某一职能或任务的预设，教师行动还将使教学成为一种“技术手段”，在技术和材料的计算合理性的影响下，实现目标的细化、过程的程式化和评估的量化。显然，一个符合实践智慧的综合理念是，不要让教师在技术目标的指导下采取行动，而是要将技术丰盈地融入教师的日常教学实践中，使教育实践不断至于“完美”。

技术纳入教师的人性结构，既和教师实践生成的属性相关，又为教师自我完善的进化之路所需。由于人没有动物的自然属性，他们必须“不断地发明、实现和创造自己的表演”。这种“表演”就是“假肢技术”，它不仅是人类本源的缺失，也是人类发明的“他者”和“存在”，人以“人的技术”的方式“存在”，在技术的人为创造中建构自己的“生命存在”，并不断“填补”这种存在结构中的空白，通过人与技术的“延伸与差异”运动，走上“时间–历史”的进化之路。教师的身份不是首先给予的，而是在具体的教育实践过程中产生的，体现在师生之间的恰当关系中。因此，一方面，智能技术融入教师的人类结构实际上构成了教师一代的基本要素：智能时代的身份实践，这是“非教师”向“教师”和“教师”向“好教师”转化的“填充”和“进化”所需要的。另一方面，教师的身份体现在教育关系的建构中，而教育关系的建构总是以“共同客体”为中介。这种中介作用的发挥必须依赖于“技术”的“代表性补偿”，从这个意义上说，技术干预也是教育发生和教师出现的必要条件。因此，对于个体意义上的教师来说，实践智慧的真正意义不在于反对技术及其对智能时代的干预，而在于通过实际行动将技术引入人类结构，促进教师的改进和完善。

2. 社会意义上，智慧的实践是教育嵌入技术的“成物”

教师智能时代的良好教育实践包含了超越个人的社会维度，对“该做什么”的回答，与自我认同密切相关，教师个人价值观和行为模式植根于社会的规则体系。在人工智能时代，技术的教育干预导致了异质群体的引入，如技术对象的设计者和制造商。教育实践主体和技术实践主体这两类异质群体在教育时空上重组并形成交流，涉及与教师之间的相互协调和技术意向性。无论这两个主体在对待彼此的态度上有什么样的“傲慢和偏见”，在智能时代“教育技术”的现实背景下，这意味着对局限于个人美德的实践智慧的解释是不够的。

在智能时代，教师面临的基本问题不仅包括个人意义上的“我应该做什么”，还包括由教师、制造商、决策者甚至代理人自己组成的社区中的“我们应该做什么”的问题，人们的日常生活可以概括为“社会的崛起”，“社会行为”已经成为衡量实践善与否的标准。“良好的”实践，或“智慧的实践”，不再诉诸“实践智慧”的美德，而是诉诸社会行为的公共理性，实践智慧将表现出对个体美德及其植根于教师群体的超越，这体现在智慧时代以公共理性推动教育相关技术设计、生产和使用规范的建设和升级，在技术成为现实的过程中，让“教育技术”关注生命发展。

以公共理性促进对教育价值的技术理解，其实质是基于教育学的立场对教育实践中涉及的“技术”进行“立法”。教师应积极承担起技术时代教育者的“公共使命”，促进“技术”的重建或提升教育技术规范。教师不是“局外人”，而是教育实践中使用技术或与技术合作的行为者。如何让学生在技术干预的背景下获得公平和高质量的发展，不仅是教师关注的根本问题，也是技术干预的基本规范。正如 Feenberg 所说：“发达社会的教育技术可以通过教育对话形成，而不是通过面向生产的自动化逻辑形成。”在教育智能化的时代，教师应思考以什么样的方式进行教育智能化的实践，以什么样的方式进行教育智能化的设计。

3. 类生命意义上，智慧的实践是教育超越技术的“成人”

在智能时代，教师在教育实践中提倡“善用”技术，在个体意义上提倡德性提升，在社会层面上提倡技术实践的“善律”教育规范提升。实际上，“善用”和“善律”都统一于人作为“类生命”的根本前提。“好”的实践或智慧的实践，必须产生自一种意识到人的实践本性并以实践的方式把握存在于世界的相互关系的“类生命”活动[70]。作为区别人与动物的“类生命”存在的基本特征，它一方面使人们有意识地控制自己的生活，另一方面又使人创造生活。在智力的时代，技术对师生交流实践的多维参与改变了交流的形式和教育生活的基本特征。实践的转变和人们生活方式的改变，必然意味着人们的变化，它能使人们在技术生存中成为“技术员”。特别是，通过技术对师生交流的不同干预，很容易传达师生之间的交流实践，以显示非人性化的特点；在交流实践中，学生可以是一个单一的认知体，一个技术对象的独特的“放大/缩小”功能，或者是一个由教师解释的“数字”文本，它们往往成为技术语境中技术的虚拟存在。技术介入生活的发展，不仅使个人生活越来越依赖技术系统，成为自给自足的“清单”，而且使人对于人的意义和价值的认识不断弱化。对于师生之间的交流而言，如果学生能够完全基于技术体系获得生命的发展和提升，教师的意义将不再存在。但由此引发的更深层次的危机是，当人们不再存在与他人的关系时，生命的意义也可能就不存在了。

因此，如何在技术干预和交流实践的背景下创造一种可能的教育生活，实现人的生命，构成了教师实践的基本维度：智慧。它有双重含义：一方面，这意味着，在科学和技术的世界中，教师和学生之间的交流实践以及由此产生的教育生活就不可避免地将技术纳入生命发展的要素，并且将通过技术的实践活动扩大生命发展的可能性。从这个意义上讲，它是一种指向“生命”的智慧实践，是师生对技术的反思。另一方面，学生的教育生活必须面对现实问题，面对不同的社会空间和未来的社会空间问题。他们如何能指出“准生活”，以缓解有权在此时此地选择的“我们”和无权在此时此地选择的“他们”之间的紧张和冲突。智慧的实践要求教育能够赋予学生面对未来社会更广泛的人的责任。

2.4.4 实践智慧的本真显现——“反思”

人工智能助推教师的发展不是促使教师成为人工智能的傀儡，苹果公司 CEO

蒂姆·库克在麻省理工学院的毕业典礼上曾说："我不担心人工智能让计算机像人类一样思考问题，我更担心的是人类像计算机那样思考问题——摒弃同情心和价值观，并且不计后果。"2017 年 10 月 18 日，英国伦敦的 Deep-Mind 公司公布了最新和最强的 AlphaGo，代号 AlphaGo Zero。其通过自己短短三天的学习与训练，已经将自身的水平提升到完全超越所有通过后天的学习训练来获取并提升其能力的人类棋手的阶段。这个案例涉及的是动物的和人工智能的先天规定与后天培训的问题，但还不是与人工意识或人工心智相关的人格问题，因而还不会与人格现象学的研究发生直接关联。唯有在人工意识或人工心智的案例中才能谈论人格问题，哪怕是"人工人格"，即谈论"人工本性"与"人工习性"及其相互作用关系。因为在意识或心智的概念中已经隐含了对自身意识、自由意志和各类情感与心态的预设。正是因为自然心智中包含的自由意志和情感心态的因素，才使得后天的经验习得、培养能力、文化传承都成为可能。由此，形成的习性与原有的天性一起构成通常意义上的人格，这一点已经得到生物学家与人类学家的普遍认可。

由此，人工智能时代，教师作为一个生活世界中的存在者，是有独立的意识、独立人格、能够进行反思、具有情感态度的人。这种作为存在者所独有的本性是人工智能所不具有的，也是教师发展中弥足珍贵的品性，更是人工智能时代教师需要突出发展的。

1. 何为教师的"反思"？

所谓反思，即回返自身，这种回返自身的"反思"不仅仅是指对意识对象的反思，而且是对反思的反思，即所谓的笛卡尔的"我思故我在"的反思。所以，教师的"反思"包含了两层含义：第一层含义是对意识内容的"反思"，是低阶的反思。第二层含义是对反思的反思，是高阶的反思。第一层次的反思是对于教学现象的反思，用怀疑的态度，审慎地直观教学中的各种现象，用悬置一切偏见和前见的态度直面教育现象本身，只有通过这种反思，教师才能在反思中看到现象背后的本质，真理才能自然而然地显现在教师的意识中。这种反思虽然能够促进教师在回返自身的目光中省察教学现象的本质并把握自身，但是这种反思只是一种低阶的反思，是对教学现象的反思。第二层次的反思是对反思的反思，即教师能够意识到我在反思，是教师超越反思的返回自身，当教师能够对反思进行反思，也就意味教师能够时刻把握自身，对反思的反思具有主动性，是引导教师进行反思的"灯塔"，这种反思能够让教师发现自身的不足，时刻警醒教师要在反思中修身，这种反思成为教师的习性之后，将会附着于教师的本性之中，并不断影响教师的本性。

1）教师的反思意味着“修身”

教师在教学过程固然不能故步自封，教师也是一个个成长中的教师，所以教师也是立足当下，面向未来的教师。特别是在人工智能快速发展的今天，教师更应在人工智能的助力下在不断的修身中面向未来的可能性发展。教师的修身则是在自身的反思中达到“苟日新，日日新，又日新”。作为教师，通过反思达到何种状态的修身？首先，“修身”是一种态度或心境，通过反思自己的教学行为，不断提升自身与学生交往过程中应该以何种态度，何种方式才能给予学生更好的教学体验，在遇到不同的课堂情境的时候，能够以熟练的教学姿态，平易近人的方式展开教学，在举手投足之间让学生沉浸在与自己的交往中。其次，“修身”是对自我保持警惕的状态，即时刻提醒自己进行反思，只有在反思中，教师才能不断地成长，才能在成长中成为新的自己，即达到修身之目的。

2）教师的反思指向教化

教师的反思不仅仅是为了修身，其最终指向的是教化。修身之目的是更好地教化。教师通过反思不仅仅是为了实现“教”，“教”只是教师的教学行为，但是，教师的“教”是为了教师之“教”的指向，也是教师反思的指向。对于教师而言，教师之“教”是为了“化”，“化”所追求的不是传授知识，而是对人内在的塑造和塑形。教化首先是通过知识的传授，让学习者在认知的基础上启蒙自身的理性，在认知的基础上，学习者才能摆脱自身的愚昧无知，在摆脱了自身的愚昧无知之后学习者才能用理性的智慧去反思，学习者能够进行反思之后，才能进行更高阶的判断，即价值的判断，价值的判断意味着道德情操的形成，德性是内在于一个人的本性，一个人的德性的养成意味着“化”达到其应有的效果。由此看来，教化不仅仅是一种过程，更是一种结果。教师通过反思，其最终指向的就是对于学者教化这一目的。

2. 在“反思”中如何发展实践智慧？

教师的反思，最终要通过实践智慧才能显现出来，由此，教师的实践智慧将会经历三个层次：第一，情态性的感知；第二，意向性理解；第三，智慧性引导。

1）情态性感知

教师和学生所有的意识行为都建立在感知的基础上。情态性的感知主要分为两个方面：①感知的规定性。马克斯·范梅南（Maxvan Manen）提出了教育的性质，首先是爱和关心，其次是希望，最后是责任感[71]。这三个方面构成了在线教学的教师感知的规定性。教师以这样的情态性去感知学生时，便会将这种情态性的感知给予学生，学生感知到教师的这份爱、希望、责任时，才会投身于教师引导的教学中[71]。一位好的教师进行教学之前，在意识的先决条件中就要保藏有爱和关系、希望、责任感。在教学过程中，通过简短的交流与对话，感知学生的生活状态，感知学生的学习状态，感知学生的认知程度等。基于对学生生活世界的关爱，持有对学生生活世界的信任和希望，抱有对学生成长道义服务的责任去感知学生，教师才能在此过程中敞开自身，走向学生，教师才能在这一过程中成长。②感知的具体内容。对于教师和学生而言，教学中感知到具体内容首先是教育的情境，其次是教育关系。在时间滞留的作用下，对于教育情境和教育关系的感知，会不断促进教师和学生真实表象行为的产生。首先，对教育情境的感知。对于情境的感知主要分为两个层面，即对于物理空间中的情境的感知和从他者的角度去感知情境。物理情境的感知就是对于技术在教育中的应用所创建的情境，如现在5G 技术的应用，虚拟现实技术的应用，全息投影等技术创建的在线教学情境。从他者角度感知情境就是师生双方能够获得对方意识体验的感知体验，进而理解对方的情境。其次，对教育关系的感知。师生共在于在线教学中那一刻，他们就相互交融于一起，形成教育关系。德国教育家诺尔（Nohl）说教育的关系不只是奔向目的的手段，他在他自己的存在中找到了他自身的意义[72]。对于教育关系的感知主要是教师作为学生家长代替者关系的感知。

2）意向性理解

教师的意向性理解不仅仅是对学生直接成功的渴望，而是在敏感地倾听和洞察学生的意识行为中不断检视反思。发现问题就是中断，即新的开始。首先，在教学中，教师对于学生的意向性理解是要建立在情境性和关系性之上的。从教师的角度来看，在线教学的情境性和关系性都是学生给予给教师的。在情境性方面，如果教师在教学过程中，感知到的是学生语言上、表情上、肢体动作上的沉默，那么教师会形成一个感知，即学生虽然在教室中坐着，但是意识可能已经缺席，教师意向性的理解便会是“所讲的内容学生听不懂，或者不感兴趣，等等”。当然从宏观上的对于情境的感知只是教师意向性对整体学生的理解，而具体的理解还是建立在关系性上，教师对于每个学生具有良好的关系，学生就会给予教师更多的感知材料，如学生会把在线学习中缺席的原因和真实的想法等材料给予教师，教师才能更好地把握和理解学生的状态，为智慧性引导和机智性的行为打下基础。

3）智慧性引导

情态性感知和意向性理解都是意识层面的活动，但是，这两个意识活动之间的重要链接便是智慧性的引导，智慧性的引导让教学得以可能。如果没有智慧性的引导，教师对于学生的情态性的感知就会中断，新的感知体验也就不会发生，师生之间相互给予的感觉“材料”就会停留在较低层次的讲授，而不会上升至密谈，师生双方更不会走向对方成为自己。由此，智慧性引导是在线教学临场感形成的必要因素。

智慧性引导是在教师意向性理解的反思和判断中形成的，智慧性引导是教学中的机智行为，在教学的情境、与学生的关系，以及自我能力的基础上对学生采取的一系列的引导，智慧性的引导是瞬时的，需要教师具备丰富的教学经验。智慧性的引导又是机智的，而不是随意的，因为这种实践中蕴含着亚里士多德所说的“实践的善”。因此，在讲授、对话、讨论、评价的每个阶段中，教师的智慧性引导时刻都在发挥重要的作用。

人是社会性的，人与人之间需要交流与沟通，这是人类生命存在的一项基本诉求。人们通过交流分享彼此的思想，并构成人类最为基本的沟通途径。我们总是以为教育是一种生活方式，而且是一种日常生活方式。然而，这不仅仅是一种平等交流和知识共建，更重要的是在于共享性思维方式的建立而促成的价值共建。我们必须把教学看作一种体验的过程，即从价值与信仰、情感与作用来体验思维的可能，并把这种体验作为一种媒介，生成于教学中，并在教学中维持、发展[73]。

本章参考文献

[1] 胡惠闵，王建军. 教师专业发展[M]. 上海：华东师范大学出版社，2014.

[2] 路勤超，陈群波，袁晓东. 教师学科教学知识调查——以 S 市 H 区小学语文教师为例[J]. 教育发展研究，2015，（10）：77-84.

[3] Shulman L S. Knowledge and teaching：foundations of the new reform[J]. Harvard Educational Review，1987，57（1）：1.

[4] Grossman P L. The Making of a Teacher：Teacher Knowledge and Teacher Education[M]. New York：Teachers College Press，1990.

[5] Magnusson S，Krajcik J，Borko H. Nature，Sources and Development of Pedagogical Content Knowledge for Science Teaching[M]. Dordrecht，London：Kluwer Academic，1999：95-132.

[6] Marks R. Pedagogical content knowledge：from a mathematical case to a modified conception[J]. Journal of Teacher Education，1990，41（3）：3-11.

[7] Fernadez-Balboa J M，Stiehl J. The generic nature of pedagogical content knowledge among college professors[J]. Teaching & Teacher Education，1995，11（3）：293.

[8] Koehler M J，Mishra P. What is technological pedagogical content knowledge?[J]. Contemporary Issues in Technology and Teacher Education，2009，（1）：60-70.

[9] 张哲，张海，王以宁. 国际 TPACK 理论研究综述：2005-2014[J]. 现代远距离教育，2015，（6）：10-15.

[10] 朱康. 语言的知识考古学和政治经济学——福柯和杰姆逊论语言逻辑的转换[J]. 文艺理论研究，2009，（1）：23-27.

[11] 汪堂家. “问”之阐释——从现象学与诠释学的观点看[J]. 华中师范大学学报（人文社会

科学版），2013，52（1）：53-60.
[12] 张鹏骞. 论伽达默尔的“对话”概念[J]. 思想与文化，2018，（2）：41-63.
[13] 陈晓明. 拆除在场：德里达的解构策略[J]. 当代电影，1990，（5）：37-52.
[14] Wing J M. Computational thinking[J]. Communications of the ACM，2006，49（3）：33-35.
[15] 刘敏娜，张倩苇. 国外计算思维教育研究进展[J]. 开放教育研究，2018，24（1）：41-53.
[16] Papert S. Teaching children thinking. Artificial intelligencememo number 247[J]. Cognitive Processes，1971，4（3）：29.
[17] Papert S. An exploration in the space of mathematics educations[J]. International Journal of Computers for Mathematical Learning，1996，1（1）：95-123.
[18] Wing J M. Research notebook：computational thinking—what and why?[EB/OL]. http://www.cs.cmu.edu/link/research-notebook-computational-thinking-what-and-why，2006-03.
[19] 江怡. 机器思维问题不同研究进路的哲学分析[J]. 中国社会科学评价，2019，（4）：68-75，141.
[20] Wing J M. Computational thinking and thinking about computing[J]. Philosophical Transactions of the Royal Society，2008，366（1881）：3717-3725.
[21] 张文兰，闫怡，刘盼盼. 教育者计算思维教学能力及其发展路径——美国 ISTE《教育者标准：计算思维能力》解读与启示[J]. 中国远程教育，2020，41（7）：60-68.
[22] Barr V，Stephenson C. Bringing computational thinking to K-12：what is involved and what is the role of the computer science education community?[J]. ACM Inroads，2011，2（1）：48-54.
[23] Czerkawski B C. Computational thinking in virtual learning environments[Z]. University of Arizona United States，2015.
[24] Angeli C，Voogt J，Fluck A，et al. AK-6 Computational thinking curriculum framework implications for teacher knowledge[J]. Educational Technology & Society，2016，19（3）：47-57.
[25] Grover S，Pea R，Cooper S. Factors influencing computer science learning in middle school[C]. Proceedings of the 47th ACM Technical Symposium on Computing Science Education，2016：552-557.
[26] Hoskey A，Zhang S. Computational thinking：what does it really mean for the K-16 computer science education community[J]. Journal of Computing Sciences in Colleges，2017，32（3）：129-135.
[27] Basawapatna A. Alexander meets michotte：a sim ulation tool based on pattern programming and phenomenology[J]. Educational Technology & Society，2016，1（19）：277-291.
[28] Perrenet J，Groote J F，Kaasenbrood E. Exploring students’ understanding of the concept of algorithm[J]. ACM SIGCSE Bulletin，2005，37（3）：64-68.
[29] 姚鹏阁，颜磊，杨阳，等. 树莓派教育应用：儿童编程能力培养的新途径[J]. 现代教育技术，2015，25（10）：113-118.

[30] 吴向东，王继华. Scratch 与儿童数字文化课程的结缘[J]. 中国信息技术教育，2012，（10）：11-12.

[31] 朱丽彬，金炳尧. Scratch 程序设计课教学实践研究——基于体验学习圈的视角[J]. 现代教育技术，2013，（7）：30-33.

[32] 凌秋虹. Scratch 在小学信息技术课堂中的应用与实践[J]. 中国电化教育，2012，（11）：113-116.

[33] Dalbey J，Linn M C. The demands and requirements of computer programming：a literature review[J]. Journal of Educational Computing Research，1985，1（3）：253-274.

[34] Brooks R. Towards a theory of the cognitive processes in computer programming[J]. International Journal of Man-Machine Studies，1999，9（6）：737-751.

[35] Aron J D. The Program Development Process[M]. New York：Addison-Wesley Pub. Co.，1974.

[36] Brooks R. A model of human cognitive behavior in writing code for computer programs. Volume Ⅱ[C]. International Joint Conference on Artificial Intelligence，1975.

[37] Jenkins T. On the difficulty of learning to program[Z]. Loughborough University，2002.

[38] Joseph S. Programmer competency matrix[EB/OL]. http://sijinjoseph.com/programmer-competency-matrix，2008-04-30.

[39] Katz I，Anderson J. Debugging：an analysis of bug-location strategies[J]. Human-Computer Interaction，1987，3（4）：351-399.

[40] Ericsson K A，Krampe R T，Tesch-Romer C. The role of deliberate practice in the acquisition of expert performance[J]. Psychological Review，1993，100：363-406.

[41] 刘贵平，刘娜. 刻意训练理论下编程能力的培养[J]. 教育现代化，2016，3（19）：18-19.

[42] 联合国教科文组织. 反思教育：向"全球共同利益"的理念转变？[M]. 北京：教育科学出版社，2017.

[43] 曹纯惠. 人机协同模式下教师职业角色的困境与重塑[J]. 中国教育信息化，2020，（24）：1-5.

[44] 汪时冲，方海光，张鸽，等. 人工智能教育机器人支持下的新型"双师课堂"研究——兼论"人机协同"教学设计与未来展望[J]. 远程教育杂志，2019，（2）：25-32.

[45] 余胜泉，王琦. "AI+教师"的协作路径发展分析[J]. 电化教育研究，2019，40（4）：14-22，29.

[46] 中国电子技术标准化研究院. 人工智能标准化白皮书（2018 版）[R]. 北京：国家标准化管理委员会工业二部，2018.

[47] 崔友兴. 中小学教师专业发展动力生成机制研究[D]. 西南大学硕士学位论文，2013.

[48] 胡婷. 小学教师专业发展内在动力的跨个案研究[D]. 四川师范大学硕士学位论文，2010.

[49] 曹培杰. 未来教师的三种能力：读懂学生、重组课程、联结世界[J]. 人民教育，2017，770（Z3）：43-47.

[50] 郭绍青. "互联网+教育"对教育理论发展的诉求[J]. 华东师范大学学报（教育科学版），

2019，（4）：25-37.
[51] 郭平等. 新时代教师专业发展研究与实践[M]. 北京：团结出版社，2020.
[52] 辛继湘. 当教学遇上人工智能：机遇、挑战与应对[J]. 课程·教材·教法，2018，（9）：62-67.
[53] 杨现民，张昊，郭利明，等. 教育人工智能的发展难题与突破路径[J]. 现代远程教育研究，2018，（3）：30-38.
[54] 卢宇，马安瑶，陈鹏鹤. 人工智能+教育：关键技术及典型应用场景[J]. 中小学数字化教学，2021，（10）：5-9.
[55] 李洪修，高珊珊. 教师实践智慧生成的桎梏与路径[J]. 教学与管理，2019，（7）：1-4.
[56] 杨现民，唐斯斯，李冀红. 发展教育大数据：内涵、价值和挑战[J]. 现代远程教育研究，2016，（1）：50-61.
[57] 邓友超，李小红. 论教师实践智慧[J]. 教育研究，2003，（9）：32-36.
[58] 高旺蓉. 略论教师的实践智慧[J]. 当代教育科学，2014，（20）：24-29.
[59] 赵昌木. 教师成长：实践知识和智慧的形成及发展[J]. 教育研究，2004，（5）：54-58.
[60] 丁立群. 亚里士多德实践哲学中的德性与实践智慧[J]. 道德与文明，2012，（5）：81-86.
[61] 张光陆. 教师理解与教师实践智慧的生成[J]. 教师教育研究，2009，21（4）：22-26.
[62] 杨燕燕. 培养实践智慧的教师职前实践教学——以加拿大卡尔加里大学为例[J]. 全球教育展望，2012，41（4）：38-42.
[63] 亚里士多德. 尼各马可伦理学[M]. 王旭凤，陈晓旭译. 南昌：江西教育出版社，2014.
[64] 徐小容，林克松，朱德全. 教师教学实践智慧：内涵解读与生成之道[J]. 教育理论与实践，2012，（31）：41-44.
[65] 郑燕林，李卢一. 培育实践智慧：创客教育的本质目标与实施策略探析[J]. 电化教育研究，2017，38（2）：26-33.
[66] 杨国荣. 论实践智慧[J]. 中国社会科学，2012，（4）：4-22.
[67] 王大洲，关士续. 技术哲学、技术实践与技术理性[J]. 哲学研究，2004，（11）：55-60.
[68] 徐献军. 德雷福斯对人工智能的批判仍然成立吗[J]. 自然辩证法研究，2019，35（1）：15-20.
[69] Latour B. We Have Never Been Modern[M]. Cambridge：Harvard University Press，1993.
[70] 伊德 D. 技术与生活世界：从伊甸园到尘世[M]. 韩连庆译. 北京：北京大学出版社，2012.
[71] 范梅南 M. 教学机智——教育智慧的意蕴[M]. 李树英译. 北京：教育科学出版社，2014.
[72] Nohl H. Die Pädagogische Bewegung in Deutschland und ihre Theorie[M]. Frankfurt am Main：Klostermann，1988.
[73] 丁钢. 声音与经验[M]. 北京：教育科学出版社，2008.

第3章　人工智能赋能教师专业发展的创新机制

人工智能加速教育的创新和发展，同时也给教学带来颠覆性的变化，使得教学环境、教学方式和教学评价等均产生了结构性变革，为教师专业发展创造了前所未有的机遇与挑战。为适应时代的要求，教师该如何转变角色融入其中，促进教师专业发展，实现教育的变革和创新？本章主要从教师角色转变、教学模式变革、教学进程进化这三个方面来展开，旨在探索人工智能助推教师专业发展的机制，为教师的全面发展提供参考、奠定根基。

3.1　从技术发展史看人工智能时代的教师角色

人工智能正逐渐出现在中国传统的教育课堂中，彻底改变了传统教学的运作规律，从而真正实现了“无时不有、无所不在的学习”和“一人一张教学表”，智能工业机器人已经代替了教师的正确朗读文章、批改作业、解答学生提问和课间检查，而功能更强大的感应器也能够了解学习者的身心反应等，因此，人类对教育行为的讨论问题将迎刃而解。有学者指出人工智能教育与以往的教师信息化教育相比，在给教师带来方便的同时，并没有对教师职业发展形成实际的影响。人们则相信人工智能将会给教学带来颠覆性的变化，它将会代替教师承担部分职责，又或者彻底替代教师工作。不论是盲目的乐观或是恐慌，又或是事不关己的漠然，主要是人们对人工智能和人脑差异的理解还不够，加之对教师在智能时代进行教育转型的思考还不足，因此人们对教师职业角色和功能的认识有偏差[1]。在“互联网+”与人工智能发展的大时代下，教师教学资源无限丰富，随着教学环境的改变，教和学的方法也发生了巨大的改变，课堂和教育的个体化，课堂评估与反馈的即时化、个性化，以及教学机器人的诞生等，都对教师本身的教学角色与素质提出了巨大的挑战。教师如何主动转换教学角色，以提供在高新技术变革下所需的教学素质，关系到能否胜任教育教学工作，并履行起教书育人的职能。

尽管人工智能可以完成与人头脑中相同的思考活动的结果，但这并不等于机器内部的流程就和人头脑的思维过程完全一样，它只有通过人们预先编写的各种计算程式才能完成机器和人之间的交互。虽然它有可能超越了设计者的一些极限，但这并不代表着它就完全具备了和人一样的自主性，更何况人类思想的复杂程度现在还无法全部转换为电脑代码，而且目前的人工智能还不能和人类一样进行文化、心理和情感等方面的活动，它仅能完成人类的部分智慧。人类和人工智能之间的差别，表现在以下三个方面：一是人工智能不具备抽象思维的力量，也无法取代人类的感知和思想的整体性；二是人工智能不具有自主的人际交往能力，无法取代人的社会化；三是人工智能不具有心灵属性，无法取代人的情感性。所以，用人工智能完全替代教师是不可能的，人工智能与人类的差异性更加凸显了教师职业的重要性和必要性。

在人工智能时代，教师的工作可以被替代的是那些需要重复做的事情（如布置作业、批改作业），需要收集大规模信息资料、积淀数据和分析数据（如把众多教师的教学经验汇集到机器，统计一切的可行性，找出最优化途径），需精确分析数据（如学习者的个人特点、学习需求、学生的学习困难点、阻碍点等）[2]。但教师教书育人这一工作却是无法被替代的，道德、情感、哲学与审美、批判思想和创造性思考[3]，这是教师区别于教学机器人的主要特征。教师的不可替代性完全是由学习者的心理发展需求所决定的。教学是鼓励学校持续发展的重要过程。无限巨量的教学信息资源为学习者的随时随地自主学习提出了可行性，但是学习者在面临巨量的教学信息资源时却可能不懂得怎么选择，而处于迷茫状态。此时学校就要求教师帮助和指导学生管理和挑选教学信息资源，并指导学生怎样自己学习，怎样挑选符合自身所学需求的资料。在现代信息技术环境下，碎片化的复习，就很难提高对复习的专注度与深度，所以学校的发展需求决定了教师的不可替代性。

从教育史和教育技术史的角度看，科技从来都不会代替教育。苹果创办人乔布斯在生前就曾给出了有名的“乔布斯之问”：“为何计算机技术彻底改变了似乎一切领域，却唯独对教育的影响小得令人吃惊？”关于乔布斯之问可以从不同的方面加以解答，其中重要的原因之一就在于教育发展有其自身的规律，也有其独特性，技术只是其中的一个重要的影响因素，教师在其中起着关键的作用。不管什么领先的科学技术，如果教师没有掌握，就无法合理地进行教学应用，技术的巨大潜力也就很难实现。师资问题仍是关键的问题，因为唯有教师转换角色，提高素质，才能真正充分发挥技术的功能[4]。正如雷克利福德所言，“技术无法代替教师，但是应用技术的教师却能代替不应用技术的教师”。人工智能时代也是这样，未来的教育领域将进入教师与人工智能协同共存的新时期，教师和人工智能也将充分发挥他们的优点，协同进行个体化的教学、宽容的教学、平等的教学和终身的教学，共同推动学校的全面发展。另外，人工智能也在学校教学中运用，能够将教学知识、心理知识和社交知识等以更精确的方法表达[5]，一些人类看不见的隐性学习过程，可借助人工智能呈现出来。在依靠人工智能准确掌握学习者数据的前提下，未来教育时代将由教师与人工智能联合为学习者提供权威的学习支持、精确的教学内容与活动，从而获得多样化的教学服务供给。在此基础上，学习者也将获得全方位和有针对性的发展，而个性化教学也将由理念变成实际。此外，由于人工智能技术可以连接正规课堂和非常规课堂，教育将越来越开放，泛在教学也会越来越成为基本形式。教学将不仅仅发生在课堂上，而且会出现在实际工作中；知识不仅仅来自于大学教师，也来自于无处不在的人工智能。人们可以利用无处不在的终端连接智能化的认知网络与人际网络，以完成人人、时时、处处可学的终身学习[6]。

随着人工智能技术在教育界的广泛应用逐渐成为现实，对于师资队伍构建、教师角色在新的教育时代格局上将会出现什么样的变化越来越受到重视，《中共中央 国务院关于全面深化新时代教师队伍建设改革的意见》中指出，到 2035 年实现“教师主动适应信息化、人工智能等新技术变革，积极有效开展教育教学”。在人工智能的帮助下，未来教师的角色将发生巨大转变，教师作为知识传递者的角色，将会被人工智能部分替代，同时，教师作为教学活动设计者、活动组织者、学生学习支持者和评价者的角色将凸显出来。以下从教师作为传道者和育人者两个角度来阐述这些角色的内涵。

3.1.1 教师作为“传道者”角色

在一切关于教育的争论中，“认识”都是一个核心议题，虽然对于“什么是认识”并没有统一的回答，但是应该采用宽泛的看法。联合国教科文组织在《反思教育：向“全球共同利益”的理念转变？》中提到：知识“可以被理解为个人和社会解读经验的方法”。因此，“可以将知识广泛地理解为通过学习获得的信息、理解、技能、价值观和态度”[7]。上述要素强化了专业知识体系的多样化，其中“信息”与当今时代的技术变化紧密联系，而“价值观”则代表着高等教育发展的未来走向。教师对知识的认知与理解影响着其教学方式与行为。人工智能时期，知识信息日趋呈现出多样化、灵活性和不确定性的新样态，这对于解决中国传统教育教学信息缺乏的困境大有裨益。但是，由于计算机技术的发达及其科技的提高，网络也日渐呈现出超载、逻辑性缺失和弥散性等缺点。在当下的高等教育过程中，怎样从浩如烟海的数据信息世界中挑选出有价值的信息，并使之转变为知识库，已变成需要解决的巨大现实问题。诚如约翰 · 奈斯比特（John Naisbitt）教授所言，当人们淹死在了网络数据资料丰富的信息世界中时，却同时也在忍受着知识的饥饿。若置身其境，教授们作为知识传播者的角色将岌岌可危。

目前，人们对认知的能力迅速提高，传统教学已无法充分适应学习者群体的需要，而人工智能在认知教育方面却具有很大的优越性，因此，未来教师们首先面对的便是人工智能在认知教育方面的巨大挑战[8]。学生的学习过程并非人脖子上的冷冰冰的理智活动，而是适应学习者群体自身发展需求、引起学习者群体身心改变的学习过程，是学习者自主建构知识和能动改变自我的学习过程，同时也是一个社会交往流程。教师的角色，则是帮助者与促进者。这主要表现在：一是促进学生学会学习。二是促进学生学会思考，“学习也要学会思考”。同时教师更要培养学员好的思维习惯，并学会相应的思考方式，以提高学生思想质量。三是基于技术促进个性化学习。教师们必须在营造个性化教育所需要的信息技术环境和智能环境过程中，运用信息技术平台和软件及其对学习者学习过程的技术干预，开展充满创意的教育实验，并充分调动学习者群体与个人的创新性和想象力，以完善教学模式。学习者可以运用信息技术自主地掌控学习时间和进程，在教师引导下按照自身的兴趣爱好和需要挑选并设计学习活动，通过参与式、自主探索式学习、体验学习和混合学习等各种学习方法，实现个性化学习。

1. 促进学生学会学习

在“互联网+”与人工智能的信息时代，知识将是学生发展的重要基石，学生为未来发展而读书，因为知识是人类文化遗产的主要构成，所以人们可把知识广义地理解为经过学习而得到的信息、理解、技巧、价值观与心态，而学习也可理解为获取这些知识的过程，掌握了哪些知识以及为什么、在哪里、怎样运用这些知识，是个人成长与社会发展中的基本问题[7]。知识可分成不同的类别，在教育信息化条件下，确定性知识点、事实性知识点、定义性知识点的掌握，学生都可通过自学，也可以在教育机器人或教师智能助手的支持和协助下独立进行，但对于更复杂的知识传授，学问的运用、建构与创新都需要由教师去进行。因此，在学校教师课程中，所表现的知识内容就包括了怎样以创新科技的使用来构建全新的教与学的情景要求，而这些要求往往是能够变化、拓展并富有开放性的，因此更注重有创构、建设与生成意义的新知。教师要成为学生掌握基础知识的引路人，就必须努力提高自身的能力，不断地掌握新知，具有过硬的教育能力、勤勉的教育心态，要学会运用信息技术背景下科学的教学方法。

为了适应人工智能时代的教育发展趋势，并实现传道授业、教书育人的教育价值目标，教师必须担负起传播知识的协同者角色。因此，教师应在全面认识和掌握人工智慧时代对知识形式和思想性质变化的基础上，在相对合适的时间场域内，把适合于学习者群体知识特征和思想特点变化的量身定制式知识，利用相对合适的信息媒体推荐给学习者群体，从而进行达致主体之间的“并行”或“串行”的知识合作和知识资源共享。通过教材作者作为知识协同者角色的形塑，可以为处于信息海洋中的学习者群体提供导航，协助学习者群体把信息转变为知识，从而提高了学习者群体知识的系统化、完整度和实用价值[9]。

在人工智能时代，学校教育教学活动的目标从向学习者传递显性知识，变为支持学习者充分利用信息技术资源建立个人化的认知系统，并能合理地迁移应用以处理实际世界中的实际问题。学校教育的重要目的，在于使学生学会自主学习。为了显性知识的掌握，学习者们应该在人工智能的辅佐下实现自主学习，而这个通常指浅层教育。通过人工智能有助于使教师从烦琐而纷杂的理论知识、实际教育任务中摆脱出来，从而有更充分的时间和精力去指导学习者，从被动教育转向能动教育、从个别教学转向合作教学、从表面教育转向深层教育。教师也可运用人工智能为学习者创造接近实际生活的课堂情景，并利用“教师–机器–学习者”之间的课堂交互，指导学习者把知识点由单个情景转移至多种情景，从而进行深度学习[10]。深度学习是一个主动、探究性、协同、有创造力的方法，需要学习者实现理解性的基础教学、深入的信息加工、批判性的高阶思考、积极的认知建构与认知转换、高效的认知转化和对实际问题的创造性解决[11]。

师生通过协同形成的深度学习共同体实现了共同学习、共享教学与协同发展，成为人工智能时代教师实施深度学习的最有效形式。教师不仅仅是学生学习的引导者、服务者、促进者、组织者、激励者、评价者，其角色蜕变还成为学生深度学习的合作者。教师共同学习、实践与交谈构成了教师深度课程的核心特点。教师由“教学者”转化为“研究者”，教师不但必须要虚心地向学生，向优秀教师认真学习，向人工智能认真学习，还必须和学生、优秀教师和人工智能科学家一起了解，与教师们共同构建以学习者为中心的智能教育环境，构建自由学习、实验、创新、沟通、互助、共享的开放性教育空间，以促进教师、师生间思维、心理、情感、智能、生命的自主交流对话，以及进行学习、教育、研究、实验、创新之间的合作。教师要指导学生开展挑战性深入学习，为学生设计具有挑战性和联系真实世界的有趣的真实感、复杂性、综合型提问，确保学员课堂内外相通，并具备足够的自主学习时机，对学生深入学习给予高度期待；指导学生开展真实感深入学习，直面真实世界，倾注现实情感，做出现实行为，处理现实社会问题，提升实际本领；指导学生开展创新性深度学习，为学员提供开放性“创客项目”学习资料与工具，重视学生个性禀赋和个体差异，引导学生通过“创客项目”自主学习、创造、实现与共享；指导学生积极开展合作性的深入学习，引导学生自主组成教学团体开展合作教学，形成联结教室内部和学校内部、虚实相融的高效教学网络，促进深入学习共同体线上线下、班内课外、校内校外的深入沟通、深度交流；指导学生积极开展跨领域的深入学习，引导学生形成跨学科与专业领域、跨年龄与班级甚至跨学校与地方的教学团体，共同进行深入教学与合作项目实施，引导学生积极开展跨界的读书、创作与交流[12]。

2. 促进学生学会思考

教育目的不仅仅是把科学知识告诉给学习者，更要教学习者批判性地思考、学会怀疑。从长期来讲，由于过分依靠人工智能，学习者的自身反省能力、自我意识和批判性思考能力的力量都将日益削弱。于是人类将稳定性、明晰性高的实际经验科学知识，特别是在教学体系中近乎共识的内容、最为可信的成功经验提供给人工智能（AlphaGo Zero 已经不再需求人类的实际经验科学知识，无须人类自身的案例和引导），而人工智能也将会不知疲倦、不犯错误、连续不断地教导学习者“最正确”的东西。但随着现代人类社会和科学技术的发展，对这些东西并没有千真万确、不容怀疑的定义。如果学习者们早已习惯于或屈服于人工智能“无可逾越、无可挑剔”的“权威性”，其就不能拥有自主和创新的生存空间。批判性思维要求是能客观、辩证地分析问题，做出抉择和决策等，但人工智能的“权威的声音”却在本质上消解了人们对“差异”和“不同的声音”的信念。事实上，教育需要充分尊重“异质思维”[13]。

3. 基于技术促进个性化学习

人工智能有助于教师从烦琐、机械、反复性的脑力劳作中摆脱出来，变成对教师最有价值的工具和伴侣。另外，人工智能还有助于取代教师进行批改作业等日常工作，将教师从反复性、机械化的事情中解放出来；而且，人工智能还会给未来教育赋能，变成教育工作中的一部分，由人机合作实现过去教育无法进行的高智能性工作。

工业时期的教育长于流水线型的规模化加工生产，就像大规模栽培人工林，培育出的是严整划一的人才。未来的教学将更像是建立生态圈，在这里散落着不同的生物群落，动植物之间各得其所、互为支撑。要建立生态圈，也需要教师重视各种个体间相互竞争、相互依赖的关系，并重视在生态圈里各种人的共同需求，从而发现、挖掘并培育学生的个性。要实现上述目标，如果缺乏由人工智能所代表的外部智力的支持，单靠教师是很难做到的[6]。为了实现个人的自主与全面发展，要求教师理解每一位学生，并重视学生的个人需求，发展个性已成为现代教学的一项重要标志。同时，从根本上讲，教师的教学工作也不仅仅限于知识传授，还要使被教育者的个人能力获得更全面的发展，意味着教师要给学生以创造个人发展潜能的机遇。在这一方面，由于传统的步调一致的规模化教育并无法顾及每一位学生的个性特点，而教师又受限于自身实力并没有精确地把握学生学情，也就很难给予学生精准和人性化的引导。当教师和人工智能合作共创课堂时，教师的教学效率得以显著提升，同时人工智能还可以提取精准的个性化数据，并进行评价、反馈，于是教师就更易于照顾到学生的个性化需要。如果无人工智能的帮助，要准确掌握学习者的特点是相当艰难的，要进行个性化教育也是不可能的。只有在全面收集、分析学生学习过程数据的基础上，通过教师与人工智能协同教育，才可以既对整个班级学生有规模化的帮助，又达到符合每个个体发展的人性化教育。

新技术的广泛运用使“私人定制的学习”变成了可能，学习者也不再只是千篇一律地接受一样的东西，而大数据分析+人工智能技术也完全可以针对每位学习者的个性特点，做出个体化教学方案的产品设计。但是人工智能并不仅仅要建立某个统一的、规范的教育过程，而是利用大数据分析方式，聚焦学习者的最近发展区，精确解析学习者的需要，为各个学习者提供相适宜的课程，推动学习者的个体化发展。具体来说，它可以通过收集被教育者的意识、情感及学习轨迹等学习数据，建立学习者的知识图谱，并进行适当的智能推荐，于是就可以为进行更精确的个性化教学提供依据。人工智能公司科大讯飞研发的智能教学体系现已在国内多所学校试点使用，产品体系包含了精准课堂、自主学习、智能考核、高效管理及创新教学。它突破了传统标准化和统一化的语言教学，利用网络+人工智能技术提供了线上线下的混合课程，并结合大数据挖掘技术为学习者带来了更加人性化的教学内容与方法等。同时它的大数据分析精确教学系统通过大数据分析和人工智能技术，可以进行根据学生常规化学习情况精确判断数据分析和优化资源推荐，不但提高了课堂效果，还可以协助教师提升备课、教育、批改作业、心理指导、教研以及学员管理工作的精细化。也正是因为在人工智能的支持和促进下，教学的个性化必然会从理论概念层面逐渐落地实施，而个性化也必将成为智慧教学应用发展的新趋势。

所以，在现代中学教育条件下，教师必须通过培训掌握现代智能教育的专业能力，以及对新一代人工智能辅助教育的软硬件使用技术，从而掌握人工智能时代“教书育人”的新教学方法，形成“人工智能+X”的人才，这样就可以在课堂教学中充分地利用智慧的手段，更好地因材施教，进而使真正的人性化教学变成现实。

3.1.2 教师作为“育人者”角色

人工智能领域的专家与学者均指出，当下中国社会总体上处在弱人工智能时期。虽然人工智能在某些领域上早已超过了人类，但人工智能目前仍只会遵循人类所设定的运算规则，无法完全按照法律和社会伦理行动。一旦人工智能被道德上失范的人所掌控，就必然会产生各种社会伦理的问题。社会要求拥有优秀德行的人按照伦理规范建立相应的人工智能运算规则，以维护经济社会的公平、有序发展。如此来看，在人工智能时代对人本身的伦理道德发展提出了更为紧迫的现实需求。教师角色的“育人性”意味着教师应担当起“立德树人”的责任，并永远将学生的品德发展放在第一位。在高度技术化的未来，所有进行过学校义务教育的人都要能坚持人类社会的基本道德原则，为人类社会的安全幸福贡献力量。学者则认为教师职业道德具备特殊品性，与非专门职位相比，教师职业道德具备日趋明显的内部生成性；与专业律师、专业医生、工程人员等其他人的专业道德对比，教师职业道德具备直接影响促使教师职业高效产生的社会价值[14]。也就是说，教师的职业道德有着明显的行动榜样与引导功能。就此而言，人工智能时代教育的道德品质是其有效完成其教育角色的前提条件与基石。

由于信息技术和新一代人工智能技术的快速发展，传统的教学将被更为丰富生动和更富有针对性的现代信息技术传播所代替；机械练习、作业批改等将被人工智能代替。当这些单纯重复性的劳作逐渐被信息技术所代替以后，学校教师的教学工作将主要集中在更具复杂性、更富于情感性、更富于创造力和艺术化、更具有互动性的“人”的活动[15]。教育必须关注学生身心的实质发展以及所蕴含的内在秩序，并着力提高中小学生智慧与体能的全面发展。科学技术发展越先进，教育价值理念也就越多元化，越要注重对中小学生的价值引导，越要突出教师的指路人角色。教师将在中小学生的性格发展与品德养成上起到关键的引导作用，树人者必先树德，“立德树人”是教师作为指路人的第一个问题，要将中小学生引领到准确的方位上来。在课堂教学中，需要重视教师与学生间的情感沟通并强化人文关怀，认识每个学生的起点与个性，尤其是针对学生差异性的发展，培养中小学生的社会化、情商、自信心、适应性、创造力、审美观、批判思维等品质，并学会沟通与交往的技能与方式[4]。在人工智能时期的教育特别需要关注中小学生德、智、体、美、劳等的全面发展。通过充实与扩展学校体育活动和劳动教学（特别是体力劳动）的内涵和形式，提高学生心灵与躯体发展对自身人生发展过程的整体融入，提高学生的具体感知力，增强对学生自身生命的意义感受，使学生成为一名更加成熟的“大写的人”[16]。此外，教师还可利用新一代人工智能科技，如人工智能体验眼镜、由微软研发的“微软新视界”等设备，为学习者创造更多体验式学习环境，让学生通过人体与外部事物的交流，与外部世界形成更深层次的联系，从而达到人体与心灵的全方位协调发展。

1. 终身学习的向导与示范者

随着人类知识的迭代更新速度越来越快，学生在校园中掌握的科学知识已远远无法适应日益变革的现代社会，而人类为了不被淘汰，只能终生不断学习。随着教育网络的普及，教学资源的共享和融合，MOOCs 等众多优秀的教学资源面向全球公开，为人们带来了前所未有的获得知识的机遇，而今日中国社会也被称为研究者的天下。在巨大的教学机遇之前，“学会读书”这一力量从来不会像今天这么重大，学校和正规教育机构与其他非正规教学经验的交流也将会越来越密切，学会读书和掌握终身学习的能力，是未来社会中的“人”所需要具备的基本能力。

人工智能时代的科技进步也为此提供了全新的发展机遇，机器具有远超大脑的知识存贮率，以及超强的分析数据的能力，这些对教师而言都是根本不可能实现的速度和广度，教师也不再拥有知识垄断的地位。人工智能时代完全可以取代教师工作中枯燥的重复性的部分，也能够使教师将更多精力放在培养学生的学习能力方面。这种变革实际上对教师的需求也变得更高了，教师必须成为学生教学活动中的协作者，这也就不仅仅需要教师熟练地掌握现代计算机技术，还必须改变教学理念。学习能力中不但包含了发现和掌握知识、选择和使用知识的能力，还包含了创造性、想象力、判断力、逻辑性等各个方面的综合能力，同时还有和这种能力密切关联的社会价值观和道德品质。因此，知识中的信息内涵的传递将更多地由机器辅助进行，而教师角色则将更多地由知识的传递者转化为引导学习者完成自我学习的向导，而教育学习者掌握终生学习的力量也成为教师的主要职责。

对于教师而言，不管过去哪些因素帮助我们获得了今天的成就，都无法保证我们在未来也获得成功。但是如果能够保证终生学习并不断提高，我们就能够从日益变革的社会中了解如何获得成功的秘诀。在未来社会中，终生读书将成为教师的基本习惯，也成为陪伴教师终生的最基本的生活方法。当在智能时代教育中成为终生学习者，往往需要掌握前沿的教学理论，熟悉现代教学变革与发展的经验与方法，尤其是需要掌握网络教育、大数据分析等与人工智能教学有关的新理论、新技术与创新的教学模式，熟悉现代信息技术软硬件操作技能；要优化知识结构，全面提高文化素质；应熟悉并掌握学习者认知与学习行为的基本规律及特点。教师需要掌握基于信息技术的教与学，在人工智能机器辅助下授课；教师要培养学生终生学习的意志和能力，并做好学生终生学习的好榜样。同时教师也要运用计算机技术开拓教学空间和学习方法，以争取更多的教学机遇，教师在终生学习中越勤奋，就越能为学生做出好榜样，并更多地帮助学生。教师作为终生学习者，必须具有一定的终生学习能力。这是一项综合能力，教师如果拥有了终生学习能力，就可以顺利开展终生学习，进而帮助自身获得专业发展。

在由人工智能技术主导的教学中，人类教师自身也是学习者，而人工智能既是教育工作者，同时也是深度学习者，因此人类教师同样既是教育工作者也是学习者。这是基于以标准化课程和小班教学制度为基础的传统课堂教育，已经面临各种虚拟现实技术、增强现实技术等构建出来的互联网虚拟课堂的巨大挑战。因此，教育工作者应该首先是终生学习者，才能成为一个更好的教育行动者。于是，教师必须作为终生学习的向导，同时教师本人还必须作为终生学习的示范者，指导学习者利用终生学习来达到自我实现和社会全面发展，而这种过程也应该贯彻于教育工作者和受教育者的全部教育轨迹。

2. 正确价值的引导者

教学不单纯是教师给每个学生传授专业知识和指导学生学会学习的过程，更是培育学生进行社会化发展的过程。教学工作在根本上是唤起人的生活意识，启发人的精神世界、建立人的生存方式、实现人的生活价值的教育活动，而教学中的新价值观问题事关人性尊严和人之行为及人的道德基本，人工智能教学可作为教师开展知识教育的主要工作内容，但在新价值观教学方面，仍必须由教师身体力行，新信息技术教学目前还无法彻底替代传统教师的教学角色。

尽管新技术的进步已经使得国际经济社会出现高度融合的态势，但文化冲突、环保生态、经济社会贫富差距、公平与正义等问题仍然存在。特别是在人工智能时代，随着国际分工出现变化，发达国家已经可以不再依靠发展中国家的劳动力，因此各国之间的经济差距很可能会被逐步扩大。新科技的发展，也会产生新一轮的国际市场竞争，从而形成了新的国际问题。在错综复杂的当今世界，人们面临着人与自然、人与人之间以及人与内心之间等复杂关系，而人际关系的和谐需要的就是“以人为本”的人文主义价值观培育，这也是国际教育一以贯之的宗旨。未来教育将作为世界“共同利益”，在强调基础权利的时候注重多样化与包容性，与不同非主流的社区、民族和群体的社会文化知识系统和谐共存。人们将利用教育资源实现对社会群体的善意，对于某地人和某族群的局部问题、个别问题或特定问题都将放在世界总体与人类全体的普遍背景中去考虑，而当下的问题则将放在历史和未来中去思考，个人和族群的共同利益、需求和呼声都将同世界整体和全人类的共同利益、需求和呼声联系并融通在一起[17]。

我们要在跨文化的基础上，更加注重人类文化主义和多样性，突破狭隘的功利主义和社会经济主义，培养受教育人宽容并接纳更多的群体，包括老人、女性、小孩、残疾人、新移民、难民等被歧视人群。同情心、社会公民基本意识和协作意识等都应当是未来社会的人过上更有品质的生活所应当具有的基本素养，而这些素养的培育也都是家庭教育的重要部分。在这样的大历史背景下，教师必须承担起引领社会的责任，同时教师也必须保持清醒与理智，坚持我们的传统价值观，反对文化霸权、刻板观念、歧视与偏见，并主动适应科学发展所带来的道德伦理层面的挑战。由于道德伦理和科学技术同等重要，同时人工智能本身的系统数据中也有可能包含偏见或成见，进而加深了偏见和种族主义等不公正现象，这时如果要实现人工智能为人类服务，就要实现对教师的正确引导功能，那么对教师的人为干预也将至关重要。更何况社会上的各种价值观念正随着互联网传播迅速向中小学生袭来，还不能建立完整的价值思想的中小学生也极易遭受一些错误价值观的影响，从而导致了价值观紊乱、生命困惑和生存迷茫等问题。这些问题，都需教师特别关注并对受教育者及时加以指导，只有这样才能回归教育培养人的本性，也有助于学生建立正确的价值观。

当今社会发展已经步入全新的历史阶段，由于科技的发展越来越快，人们无法精确预见技术发展趋势将会对未来社会，包括教育教学等产生什么样的影响。学校由于能够利用网络获取大量的教学资料，提供给师生学习的机会也就大大增多，学校能够与除教师以外的更多的人沟通、交流，社会媒介和技术发展给学校创造了相互合作与创新的渠道，在这些情形下学校往往产生了价值观的多样性，同时也给教师在教育公民与政治等社会化方面提出了挑战，因此教师不仅在对学生的教导中面对着价值观的挑战，同时教师本身所存在的价值观也遭到了挑战。教师首先要筑牢自身的国家意识和中华民族精神，明确教育教学目标是为党育人、为国育才，坚定立德树人思想，将培养社会主义建设者和接班人视为学校的根本目标。

3.2 人工智能视阈下教学模式的变革

杜威曾说：如果今天我们还像过去那样教学，那么我们就是在掠夺我们孩子们的明天[18]。在人工智能时代，尤其如此。我们应该改变传统的教育教学模式。

教学模式的创新发展不仅决定着教师专业发展能力水平，更决定着教学改革创新成败[19]。借助人工智能技术的便利，变革教育结构与教学流程，转变教学模式无疑是值得关注的问题。在人工智能时代，教学模式的变革即在技术的支持下所开展的独特风格的教学样式。

3.2.1 国内外教师信息技术应用能力建设政策

技术进入课堂教学逐渐成为教育教学的有机组成部分。教师信息技术应用能力的建设是教育信息化的关键环节，是智能时代教师专业发展必备的专业能力之一。提升教师的技术应用能力是促进技术与教学模式深度融合的基本手段。梳理我国的教师信息化政策及教师的技术应用能力，旨在通过技术有效促进教师的专业发展，进而有效促进教学模式的变革。

1. 国外教师信息技术应用能力政策发展的演进

以美国为代表的国外教师信息技术应用能力建设的政策发展如图 3-1 所示。1996 年《使美国学生做好进入 21 世纪的准备：迎接技术素养的挑战》中提出：所有教师可以帮助学生通过电脑与网络进行学习。2000 年的《数字化学习：将世界一流的教育放在所有孩子的指尖》中提出：所有的教师能够有效运用技术促进学生高水平的学习。2004 年的《迈向美国教育的黄金时代：互联网、法律和当代学生变革展望》中提出所有教师能够有效使用技术促进学生学习。2010 年《变革美国教育，技术推动学习》中提出：通过联通教育提升学生学习。2015 年由美国教育部教育技术办公室编写的《教育技术开发者使用指南》中提到：通过开发数字化学习工具和应用程序，利用技术吸引学生，提高教育质量。2016 年美国的《为人工智能的未来做准备》报告中提到：人工智能技术为教育等领域开辟了新的市场与机遇。人工智能不会完全取代人类，而是通过人机协同促进共同发展。2017 年的《国家教育技术计划（修订）》中提出：帮助教师、管理者等通过技术实现无处不在、无时不在的学习愿景。由美国的教师信息技术应用能力建设政策可以看出：教育领域中的技术逐步由信息技术迈向了智能技术，从而促进教育领域的发展和教育质量的提高。

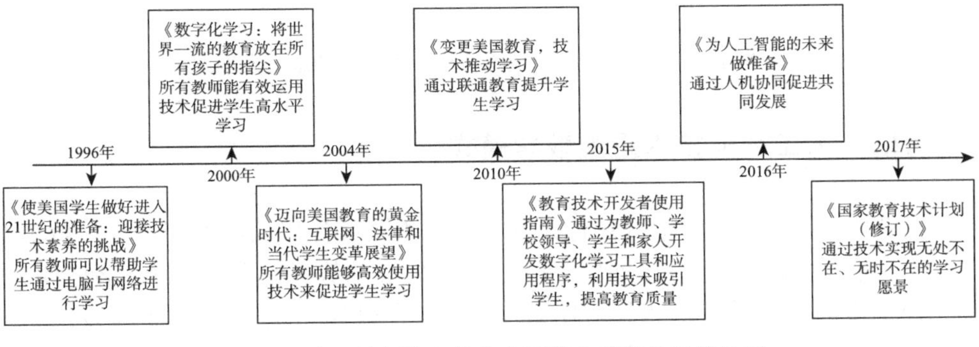

图 3-1　美国教师信息技术应用能力建设的政策发展

2. 国内教师信息技术应用能力政策发展的演进

教师信息技术应用能力建设的政策在一定程度上反映了我国政府期望达到的教师信息技术应用能力建设水平。在技术的发展和教育信息化发展的不同阶段，政策体现的目标也不同。2001 年，我国提出了《全国教育事业第十个五年计划》，要把教育信息化工程列入国家重点建设工程，以信息化带动教育现代化。2010 年《国家中长期教育改革和发展规划纲要（2010—2020 年）》提出了加快教育信息化进程，提高教师应用信息技术水平，更新教学观念，改进教学方法，提高教学效果。2018 年《教师教育振兴行动计划（2018—2022 年）》，提出了“互联网+教师教育”的创新行动，推动教师教育信息化教学服务平台的建设与应用，推动教学方式的变革以适应时代需求。《教育部办公厅关于开展人工智能助推教师队伍建设行动试点工作的通知》中提出，以人工智能推动教师教育改革的新路径。《教育信息化 2.0 行动计划》中提出使师生的信息化应用水平和信息素养普遍提高，转向信息素养的提升。从我国的教师信息技术应用能力建设的政策可以发现，总体呈现以技术的发展引领教育教学领域的变革的理念。我国教师信息技术应用能力建设的政策发展如图 3-2 所示。

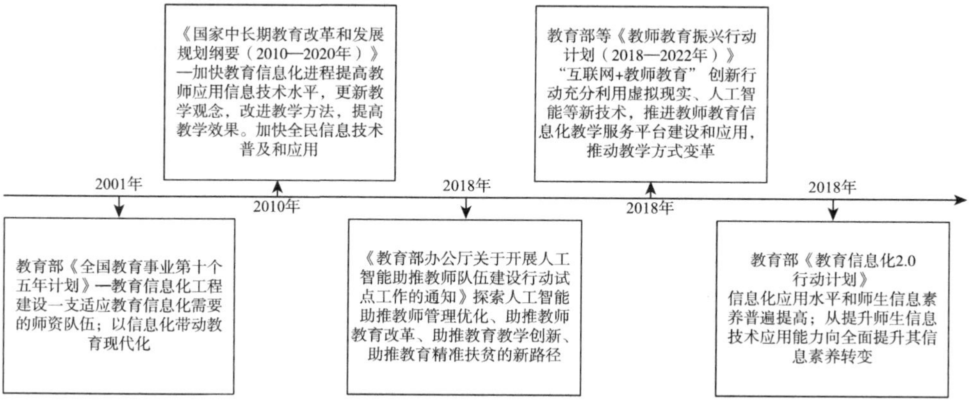

图 3-2　我国教师信息技术应用能力建设的政策发展

3.2.2　人工智能技术重塑教学模式

如果教师教育的教学模式还像以往一样，继续关注以前的教育资源、教学方式、教学评价、教学环境和课堂管理，这样的发展趋势必然会掠夺学习者的明天。随着 21 世纪人工智能等新兴技术作为一种工具在教育中应用，教师必须发展当今和将来教学所需的能力、策略和思维方式。

人工智能和机器人技术将在全球范围内应用于更多的行业与领域，包括农业、物流和教育等。由人工智能和其他领域的专家组成的 2015 年研究小组将注意力集中在更突出的 8 个领域：交通、家庭/服务机器人、医疗健康、教育、低资源社区、公共安全和安保、就业、娱乐。人工智能正在改变着人们与技术的互动方式。随着人工智能系统能够适应个人的个性和目标，人们未来与机器的关系将会变得越来越微妙、流畅和个性化。尽管高质量的教育需要人类教师的积极参与，但是人工智能有望提升所有层面的教育，尤其是大规模提供的个性化教育。交互式机器人正在讲授科学、数学、语言和其他学科。自然语言处理、机器学习和众包促进了在线教育的发展，并促进高等教育的规模变大，同时也可以满足学习者的个性化需求和风格。来自大规模在线学习系统的数据集，推动了学习分析的快速发展。基于人工智能的教学模式的重塑如图 3-3 所示。

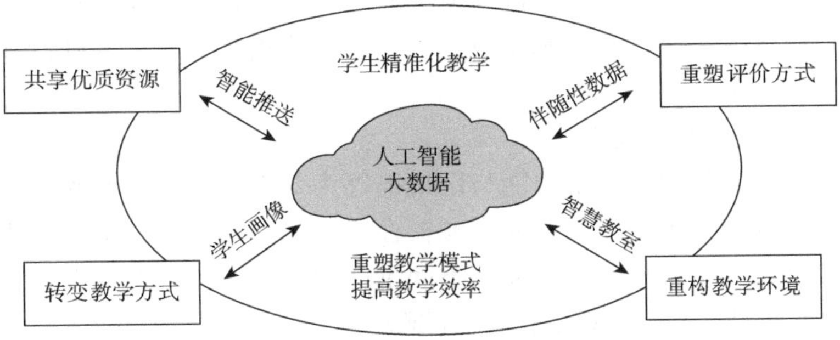

图 3-3　教学模式的重塑

1. 共享优质资源

教育部副部长杜占元在 2017 年全国教育信息化工作会议上的讲话《深化应用融合创新 全面深入推进教育信息化》中提到：国家教育资源公共服务平台不断优化升级，数字教育资源服务正在由各级教育资源公共服务平台为主逐步向全国互通的教育资源公共服务体系发展转变。在文化方面，数字化技术的普及与发展正在不断增加公众接触艺术的可能性[20]，如法国罗浮宫的“全面数字化”，使 48 万件藏品实现了数字化，并且部分图片提供免费下载；美国纽约的“开放资源”项目，让 37.5 万多件作品借助相关信息技术转换成高清图片，实现 3D 艺术品摄影重现和免费下载；在我国敦煌借助 3D 打印技术等实现了数字敦煌的体验。运用虚拟现实、增强现实等信息技术，数字化的资源拓展出了多种与大家互动的新方式。在教学中也是如此，借助人工智能技术等信息技术可实现教学模式的重塑。

1）技术决定因素

随着互联网技术的发展，数字资源的广泛分布成为一个显著趋势，优质数字资源对教师行为产生直接影响。知识共享被视为提高组织能力、创新能力和创造能力的关键活动，是促进教师专业学习和发展的主要内容。在数字化转型过程中，教学过程中应用的教学材料、软件和工具等数字化教学资源是教师与他人分享教学相关内容的重要来源。在教学过程中，教师与学生或同行交流教学相关知识并向所有学生提供数字资源是更好地应对学生日益增长的多样性需求的策略，从而达到更好的教学效果。

在过去的二十年间，知识管理的价值已在商业和公共部分广泛确立，知识共享有助于提高组织的绩效。高等教育是一个知识组织，在高等院校内有关知识贡献的研究一直处于发展之中。技术在促进知识共享方面发挥着重要的作用。已有研究分析了知识共享的四个因素：技术、个人、组织和文化[21]。在提及知识共享时，广泛使用的术语包含"信息技术""信息系统""知识管理系统""互联网"等，技术被认为是知识共享的关键促成因素[22]。已有研究表明信息技术在促进组织知识共享过程的大多数阶段都很有用，并且认为信息技术和基础设施是位居前列的知识共享文化[23]。

2）各国数字化发展战略

在云计算、大数据、人工智能与区块链等为代表的数字技术的引领下，新型技术的交叉融合为人类的生活带来了颠覆性的影响。各国纷纷出台了相关政策文件来规划数字化战略，从不同层面、不同维度提出一致的观点：人才至上、教育先行。表 3-1 列出了各国的数字化发展战略。

表 3-1 各国的数字化发展战略[24]

年份	国家	战略要点
2015	印度	"数字印度"倡议，培养大众数字素养
2015	澳大利亚	《国家创新与科学议程》提高国家所有人的数字素养与 STEM（science-科学、technology-技术、engineering-工程、mathematics-数学）素养
2016	德国	"数字化战略 2025"，实现各个阶段的数字化教育
2016	美国	《规划未来，迎接人工智能时代》《国家人工智能研究与发展战略计划》《人工智能、自动化与经济》推动美国人工智能技术方面的教育应用
2017	俄罗斯	《俄罗斯联邦数字经济规划》规划了数字经济发展的路线图
2018	英国	《产业战略：人工智能领域行动》注重数学、数字化和技术教育
2018	日本	《人工智能战略草案》把培养中学生的数字化素养和人工智能专业人才作为重点内容
2021	中国	《教育部等六部门关于推进教育新型基础设施建设构建高质量教育支撑体系的指导意见》，聚焦数字资源等方面的新型基础设施体系，推动教育高质量发展

2. 转变教学方式

有效的学习和教学是传统课堂教学中的一大挑战。数字工具在教学中应该可以有效支持课堂上的主动学习、重复和反馈，已有研究表明，在过去十年中，数字技术等信息技术在教育中的应用对教学效果具有显著影响[25]。主动学习是教育中的一个重要概念，旨在促进学习者在学习过程中的参与性，并鼓励学习者学会思考，重点培养学习者的技能和探索能力，弱化被动传递和接收知识或信息的能力。基于人工智能的虚拟现实环境可增加学习的动机和参与度，这也印证了主动学习的重要环节。

1）教学中使用的数字技术

教育中的虚拟现实技术较常应用于科学、技术和数学等领域，是一种利用计算机硬件和软件来创建类似现实世界的人工环境的技术。这样的虚拟世界是一种三维的模拟环境，用户能够在这样的人工环境中实现交互，提供一种沉浸感。在教学中经常使用的数字技术包括讲课录音（录像）工具、提问工具和交互式测试工具。

讲课录音（录像）工具是教师对讲课过程中的屏幕和音频进行采集实现录音（录像）的效果。课余把相关的录音（录像）上传到在线平台或在线学习社区，学习者可以在灵活的时间和灵活的地点访问学习。在高等教育领域中，越来越多地采用录制音频或录像的形式，并提供给学生。较之传统的教学形式，这样的教学形式更受学习者的欢迎，因为有助于学习者复习、备考或弥补错过的课程，而且可采用自己适合的速度进行笔记，这样的教学形式可以提高成绩，并为学习者提供了随时随地可学习的自由化的学习资料。

国内外开放课程平台种类较多，可满足学习者个性化的学习需求，如集中国大学视频公开课、中国大学资源共享课和中国大学 MOOC 于一体的爱课程，是比较有影响力的高等教育在线开放课程平台；拥有来自清华大学、北京大学、复旦大学等国内外高校的超过 3 000 门优质课程的学堂在线；作为全球大型的学分课程运营服务平台的智慧树，可实现跨校课程共享和学分互认，实现跨校选课修读；免费为大众提供大学教育水平的在线课堂的 edx，是由麻省理工学院和哈佛大学联合创建的大规模开放在线课程平台。

提问工具是一种交流工具，可供师生在课堂上使用。学习者可以使用智能手机或笔记本电脑在聊天窗口匿名提问，而问题显示在主讲教师的屏幕上，师生可以回答。这种工具的使用提高了师生的参与度，并改善了师生之间的互动。

教师借助交互式电子测试工具（如 classroom response system，CRS）[26]可以提出类似多项选择或单项选择的问题，学习者借助智能手机或笔记本电脑回答问题，而且可实现系统实时收集问题，教师向全班学生展示和解释结果。这种形式的互动可加深学习者对该主题的理解，而且可以做到匿名参与，大大提高学习者参与的积极性和主动性。CRS 的优势在于增加学习者学习的乐趣，关注注意力，提高参与度，提升课堂活力。

2）人工智能支持下的教学方式

相较之传统的学习方式，人工智能支持下的教学方式属于一种新的教学方式。传统的教学方式是以应试为主的满堂灌式的题海战术式的学习。随着人工智能赋能下的学校基础设施建设提升，可实现学校、课堂的网络化和智慧化，如基于大数据的多维数据教学行为评价方式和人脸识别的考勤技术等。人工智能赋能下的教学，可实现教学及学习的个性化，从而提升教与学的效率，如松鼠 AI 的自适应学习系统、英语流利说等。

人工智能赋能中的教育教学过程主要影响的五维度为教学内容、教学方法、教学评价、媒体技术与师生交流，五维度是相互影响、相互依存的，彼此相连构成良好的教育教学生态。其中，教学内容是在教育教学过程中的知识和信息，可通过智能教学系统实现精准化定制教育内容，达到教学过程的个性化。教学方法是在教学过程中使用的不同的原则和方法，目前受到教学机器人等新技术的影响。教学评价是评估教学策略和记录学习者的学习准备情况、学习进度、技能获得和学习效果以实现跟踪学生表现的做法，使用技术增强的评价工具和手段，可以实现教学评价的科学性、客观性和多元化。师生交流是借助一定的智能辅导系统获得适当的反馈。媒体技术是创新教育教学过程的条件支持。

3. 重塑评价方式

全球范围内掀起了对人工智能助推教育发展的研究热潮。在政策层面，美国总统倡议，把人工智能教育纳入“全民计算机科学”中，旨在使学生学习计算机科学，培养其计算思维能力。国务院于 2017 年印发的《新一代人工智能发展规划》和 2019 年印发的《中国教育现代化 2035》，以及教育部印发的《高等学校人工智能创新行动计划》等，为人工智能发展提供了强有力的指导，将人工智能主题纳入学校教育中是一项重要的战略举措。

在实践层面，人工智能技术已应用于教育教学的较多领域中。人工智能的应用使 K-12 和大学环境发生了一些变化，如深度学习、教学机器人、智能辅导系统、智能学习诊断系统、自适应学习系统等。人工智能技术可模仿人类的面部识别、语音分析和文本分析能力，实现对教学行为分析的无人参与的自动化决策，可能会带来一种客观、及时和高效的评价结果。利用智能瞳孔分析系统（intelligent pupil analysis system）通过认知负荷与瞳孔变换之间的关系了解学习者对学习材料的掌握情况[27]，有助于分析学习情况，进一步评估学生进步情况。以多源数据分析维度和多元分析方法为主的人工智能课堂教学分析框架，为课堂教学评价提供了新思路[28]。基于神经网络进行学生成绩评估、学生进步分析和学生潜力预测研究[29]。采用摄像头运动捕捉系统获取学生学习兴趣报告，有助于因材施教，提高教学效果[30]。利用智能数据分析和物联网设计智能教育环境，自动检测师生的不良言语并予以提醒，降低校园管理的人力需求，提高校园文化建设[31]。

教学评价反馈是促进学习和学术成就的重要因素，评价反馈是一个连续的过程，在此过程中，学习者收到关于自身表现和理解的信息，有助于监控学习进度。在传统的课堂上，由于学生和教师之间缺乏良性交互，很难向所有学生提供反馈，特别是针对大班授课。基于人工智能和大数据的教学评价，可实现学生行为数据的伴随性采集，有助于实时监控学习进度，做到实时收集数据，从而及时发现学习差距，有助于学习者个性化发展，缩小学生当前理解水平和期望理解水平之间的差距。

在教学过程中，借助数字技术等为主动学习、及时评价反馈提供了新的可能性。已有研究表明，虚拟现实技术的评价反馈是一种积极的工具，因为它促进了边做边学边评[32]。同时可增加教学过程中的多样性，有助于激发学习者保持较高的注意力水平。基于虚拟现实、数字提问反馈评价的学习，不仅仅是看、听教师讲课并做笔记，在实施过程中还需要及时处理信息，这样借助学习分析技术收集准确及时的数据，并提供有趣的、有价值的信息。

4. 重构教学环境

随着通信形式越来越智能化，数字原住民越来越多地转向数字设备来增强他们的学习。虽然线上和线下环境在很大程度上有了长足的发展，但教室仍然是一个相对传统的配置空间。为了应对信息化的变革，教育工作者强调将智慧教室作为技术的解决方案以满足学习者和教师不断变化的需求。

1）智慧教室的内涵

由于学习环境越来越复杂，智慧教室的内涵随着时间的推移而演变。结合已有的文献，把智慧教室的内涵研究划分为三个阶段，如表 3-2 所示。

表 3-2　智慧教室的内涵发展

阶段划分	智慧教室特征
第一阶段	基于互联网的增强技术以及观看中央屏幕的传统面对面学习[33]
第二阶段	依托移动设备和分析技术来实现互动性、交互性的课堂教学
第三阶段	基于人工智能、泛在和云计算等以改善学习过程为目的的课堂教学[34]

尽管智慧教室的定义不同，但是存在一种学术共识，即智慧教室是一种数字化的教学环境，在技术的支撑下依托该环境可完成教学、讨论和评价等教学任务，而且可实现无缝的学习体验。例如，Huang 等提出的智慧教室是集成和使用物联网（internet of things，IoT）、无线网络、移动技术和云计算等新兴技术的现代学习环境[35]。智慧教室作为一种新型的教学环境，通过为学习者提供个性化、智能化和适应性的学习环境，有助于减轻学生的认知负荷，增加教育价值，增强学习者的本体建构和意义建构。

2）智慧教室的技术支撑

技术进步带来的连通性为智慧教室创造了丰富的教学机会。通过对智慧教室的内涵分析可以发现：技术的支撑是一个不变的原则，针对的对象是用户，即教师和学习者。智慧教室最初的技术依托主要是交互式电子白板。然而，设备之间的连接和学习者之间的协作学习推动了智慧教室向前发展。MacLeod 等提出：智慧教室是整合教育技术的物理教室，来提高教师促进学生学习的能力，其中依托的技术主要包括计算机、屏幕、电脑连接器、教学专业软件、辅助设备、物联网技术等[36]。

然而有些学者认为智慧教室是一个概念化的学习环境，而不仅仅是物理空间。Lui 等认为，智慧教室的本质是协作空间，学习者可在教室或跨多个教室开展协作学习，即需要存在新的学习形式[37]。Slotta 等认为智慧教室是采用学习分析技术来允许学习者实现物理交互和空间定位的可扩展学习空间[38]。已有研究表明：与传统的教室相比，智慧教室为学习者提供了明显的优势，提高了学习的积极性和主动性，提高了教学效果。

结合已有研究：智慧教室是集智能技术于一体的新型学习环境，以优化内容的呈现、学习资源的便捷访问、教学的交互及教室布局和管理。因此，智慧教室作为人工智能时代背景下的教学环境重构，结合智能设备、数据分析和建模来实现跨平台和设备的数据集成，为创造性和创新性学习行为提供前景。

3）智慧教室的典型应用

随着人工智能技术、网络技术、交互技术等新型技术的发展，教学设备的性能得以开发，教室已不再仅仅局限于传统的物理空间，即不再是小范围内互动和交流的空间，而是成为大范围、大规模的思想碰撞的场域。关于智慧教室的英文表述包括以下几种：Smart Classroom、Digital Classroom、Clever Classroom、Intelligence Classroom、Clever Classroom 和 Classroom of Future 等。随着相关理论研究的深入和技术的逐步成熟，国内很多院校已建成了优秀的智慧教室以便开展教学活动（图 3-4）。

图 3-4 河南省某高校的智慧教室

新型技术的发展为智慧教室的运用提供了基础与条件，设施的配备、平台的运用和交互的实现均需要技术的支撑。智慧教室应用的典型场景包括：人机交互设备支持的学生充分参与；小组学习设备提供的自主学习平台；多屏显示设备延展学习空间。

3.2.3　人工智能时代国外典型的教学模式

在教学模式上，世界各国积极推进人工智能技术支持下的模式创新，从而促进了人工智能与教育教学的深度融合。

1. 基于 Kinect 和游戏的交互体验式学习

在美国东北大学举办的一项针对全美企业首席高管和商业领袖的研究中，96% 的人认为把教育项目和实践体验结合起来非常重要。

Kinect 是由微软公司推出的，是一款用于 Xbox360 主机的运动感应输入设备，主要包含四个主要组件：RGB 摄像头、3D 深度传感器、多阵列麦克风和内置处理内核[39]。学习者可以使用手势或语音命令来操作 Xbox 系统界面。在体感互动学习中，学习者使用基于手势的界面，将身体动作与学习材料结合起来，可以在教室内通过体感视频交互游戏开展体验式教学模式。相关研究表明：基于 Kinect 体感技术和智能技术相结合的游戏化教学活动可提高学习者的学习动机[40]。

基于游戏的学习是一种将游戏和娱乐相结合用以教育学习者的教育方式。游戏中的教学活动可帮助学习者更好地理解内容，提高解决问题和主动学习的能力。同时，基于游戏的教学为学习者提供了一个有趣且富有挑战性的学习环境，增强了学习动机，并促使学习者积极参与教育，从而提高学习效果。Prensky 提到：基于数字游戏的学习对学习者有吸引力，因为它包含乐趣、游戏、规则、目标、交互、结果和反馈、适应性、获胜状态、竞争、问题解决、互动和故事[41]。体验式学习的目标是去除课堂与现实生活之间的界限，创造一个持续的、多维的学习生态系统。这让学习者全身心地处于无序随机、偶然发现和不可思议的生活中，让大脑体验人迹罕至的通道，让学习者有机会在陌生的情境中即兴发挥——互动、发明和独立思考[42]。

已有研究在 Kinect 技术和智能技术的支持下，依照输入–过程–输出的游戏化模式与 ARCS（attention-注意、relevance-关联、confidence-信心、satisfaction-满足）模型和学习游戏的特征，提出了游戏化的交互式教学模式[43]，如图 3-5 所示。

2. 基于人工智能的三师课堂

《教育部关于加强“三个课堂”应用的指导意见》中提到：加强探索专递课堂、名师课堂、名校网络课堂的应用。其中，专递课堂主要针对农村薄弱学校和

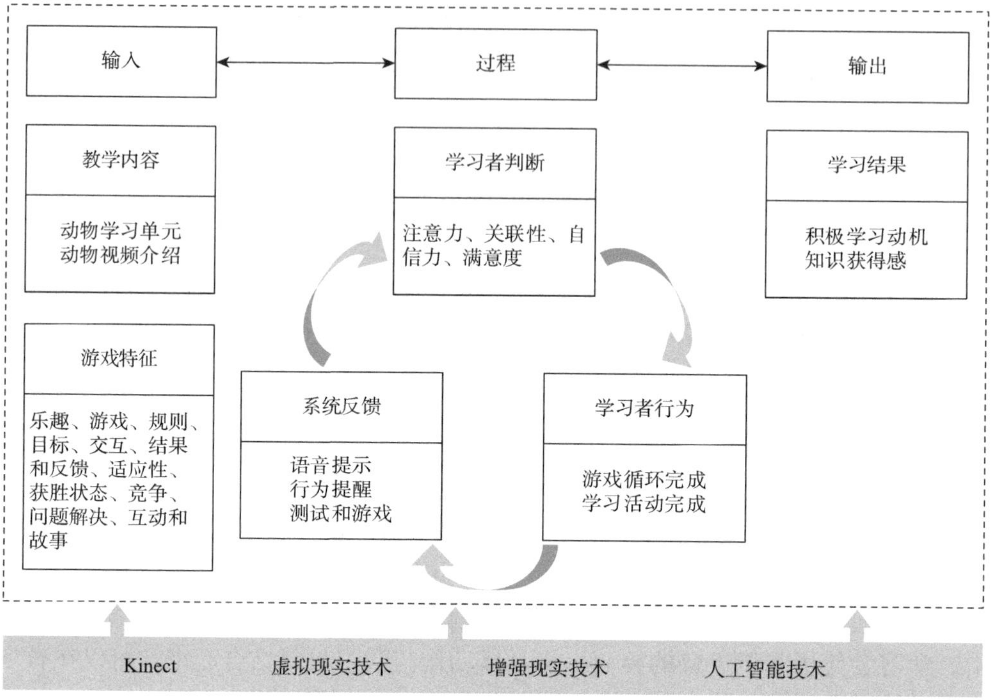

图 3-5　基于人工智能的游戏化教学模式

教学点缺少师资的教学地区，强调专门性以促进教育公平和均衡发展；名师课堂主要针对教师教学能力不强、专业发展水平不高的问题，通过网络研修共同体等方式，强调共享性促进教师专业发展；名校网络课堂针对有效缩小区域、城乡、校际之间教育质量差距的迫切要求，强调开放性，以满足学生对个性化发展和高质量教育的需求。

传统教学模式或线上教学存在明显的不足：传统教学以知识的灌输为主，存在“满堂灌”现象，难以顾及学习者的个体化差异；线上学习者可在任何时间、任何地点进行线上学习，可以充分利用碎片化时间，能够满足学习者个性化的学习需求，但是线上教学师生交流之间存在“延时”，情感交流缺乏，教师很难掌握学习者进度和学习效果。随着人工智能技术的发展和教育信息化的升级，集人工智能教师、线下现场教师和名校线上教师于一体的三师课堂拓展了教学的外延，将线上教学、线下教学和智能化教学相融合，三者优势互补，成为智慧教育支撑体系的重要一环，推动教育资源朝着优质化方向发展。

在三师课堂的教学模式中，名校线上教师主要负责知识点的讲授，实现优质资源的融合；线下现场教师主要完成课堂互动并辅助线上教师完成知识的讲授，与线上教师结合重塑知识体系；人工智能教师主要根据课堂实况智能推送教学资源，并且依托设备完成学习者成长轨迹的记录，满足学习者个性化的学习需求。依据目前信息技术的发展，这样的教学模式需要依托相应的技术得以实现，包括物联网、5G 技术和流媒体技术完成线上课堂的直播点播，人工智能教师依托人工智能技术和可穿戴技术等完成指导。三师课堂中的教师之间优势互补，共同提高教学效果，实现教学资源的均衡发展、优质化发展（图 3-6）。

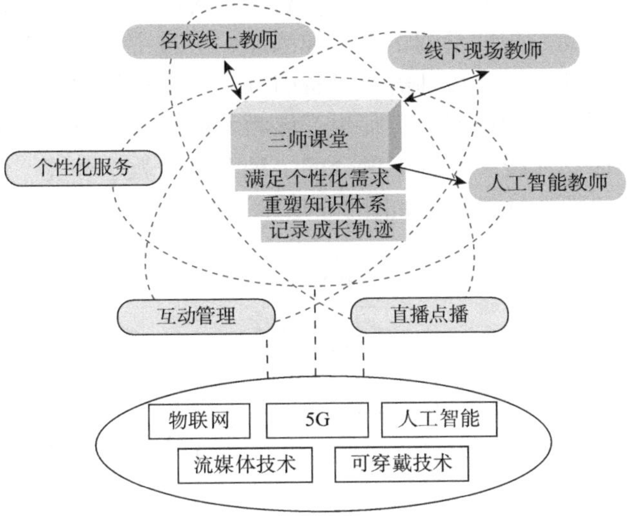

图 3-6　三师课堂的架构

3.3　人工智能视阈下教学过程的进化

教学是一项复杂的活动，需要适应社会环境和学习者等各种因素带来的差异。教学过程是实现教学目标的重要手段，是全面提高教学质量的重要途径。技术的发展，特别是人工智能技术的发展给现代社会带来了革命性的变化，教师乃至教育领域的各个要素正面临前所未有的变革，表现在更加多样化的学习者、更加丰富的教学资源、更加灵活性的教学过程和更加开放的教学环境。为了更好地应对时代变化带来的机遇与挑战，教师需要更新教育理念和知识，教育领域的教学准备、教学内容和教学实施亦随之更新。

传统的教学过程模式一般包含组织教学、复习检查、讲授新课、巩固练习、布置作业五个环节。在传统课堂上，教师按照设计好的梯度由易到难讲授知识来教学生，学生通过回答教师的问题参与课堂教学；学生解决问题大多依赖教师、教科书等；学习目标重在对知识的理解与记忆、对习题的应用与分析等；大多数学生能够按预期完成作业，但他们的实践能力欠缺，对学习的兴趣表现一般；传统课堂对教师的能力要求一般表现为能够讲授知识，优秀教师能够吸引学生的注意力。智能时代背景下的教学过程中，学生通过自主性、个性化的方式探索问题的解决方案，并在知识创造过程中理解知识及其原理；学生以多种方式参与到课堂中，主动以查询信息、团队讨论、与教师讨论等方式解决问题；学习目标为提升学生的创造力、学习能力、独立思考与解决问题能力、团队合作能力、搜索教学资源的能力；主动参与课堂的学生兴趣浓厚，通过主动学习发挥自主性，往往能够超过教师的预期效果；教师需要具备引导学生探索问题的能力，能够合理设计课程难度，合理组织管理课堂；师生开展教学的空间不再仅仅局限于物理学习空间即教室内，而是在线上与线下融合的一种混合式教学环境。传统时代的教学过程与智能时代的教学过程对比如图 3-7 所示。

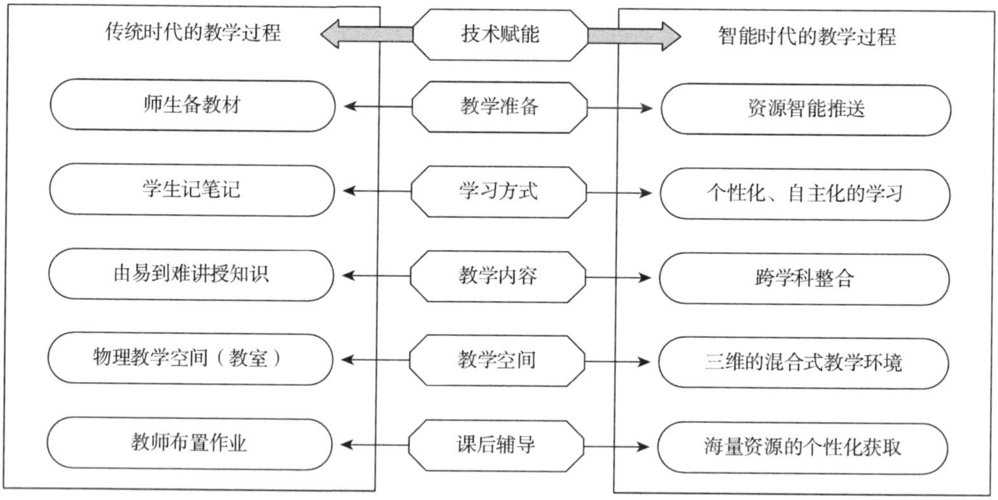

图 3-7　传统时代的教学过程与智能时代的教学过程对比

3.3.1　教学准备："备教材"到"资源智能推送"转变

教学资源是开展教学的主要载体。传统教学以教材为主，教师是教材的讲解者，在教学中处于主导地位。随着学习者对数字技术和人工智能技术的依赖和沉浸式应用，教学资源应以灵活多元的智能推送为主，以适应学习者的多样化和个性化需求。

1. 资源智能推送

面对学习者的多样化和个性化的需求，需要教师采用个性化的学习支持服务和灵活多样的教学资源为教学做准备。自适应学习的推荐系统主要包含领域知识模型和学习者模型，其中，学习者模型是根据学习者的学习风格、认知能力、情感状态、情境或环境等个性化特征进行描述，获取基于深度神经网络的学习者画像，通过大数据分析形成的追踪报告系统了解学习需求；领域知识模型是基于学习者模型采用语义网表示法、概念图知识表示法等自适应推荐的知识资源，以实现资源推送的个性化、专属化和定制化。

2. 面向师生的可用智能教学资源

随着技术的发展和时间的推移，教学过程中越来越多的资源将会通过互联网多渠道、较便利地免费获取。人工智能可模仿人类执行相应的任务，如语音识别、自然语言处理等，人工智能在教育领域凸显了前所未有的价值和意义。结合人工智能技术，师生经常使用的资源[44]如表 3-3 所示。

表 3-3 面向师生的教学资源

资源名称	资源介绍
Google AI Experiments	基于人工智能、增强现实和虚拟现实技术的可供探索的不同实验，学生可自由选择要尝试的实验
Botsify	教师可通过 Botsify 使用人工智能进行在线教学，教师可通过聊天机器人针对教学内容进行交流，为学生提供独特的学习体验
Avatars	学习者通过一些工具（Voki、Tellagami 和 My Talking Avatar）与同伴交流关于某个主题的课程，并将其作为学习体验的一部分
Scratch	由麻省理工学院创建，帮助教师指导小学生编码，为使用 Java 或 Python 所需的复杂技能做准备
Brainly	是一个学习者可以提问和回答家庭作业疑问的平台

3.3.2 教学内容："讲教材"到"跨学科整合"转变

教学内容是开展教学的有力保障。人工智能时代的教学内容将实现从"讲教材"到"跨学科整合"的转变，更加注重学生的综合应用能力。

1. 跨学科整合

《教育部关于实施全国中小学教师信息技术应用能力提升工程 2.0 的意见》提到：利用互联网、大数据、虚拟现实和人工智能等现代信息技术，探索跨学科教学的教育教学新模式[44]。如果高等教育的目标仅仅是把信息装入学生的头脑中，那么图书证或网络连接将是我们唯一需要的工具。当我们重新平衡大学教育的目标时不再过分强调知识内容的传授，而是转向教授新的读写能力和认知能力，我们同样需要扩展我们的教学工具箱。这涉及跨学科的主题研究、基于项目的学习和现实世界的联系[42]。

2. 跨学科整合的典型理念分析

各国纷纷结合本国教育环境与人才培养需求，积极推进跨学科课程整合与应用。

1）芬兰的跨学科整合理念——现象式教学

芬兰的教育被公认为世界上最优质的教育之一。芬兰在《国家课程框架》中提出：自 2016 年 8 月起，面向 7~16 岁学生的所有学校必须在课程大纲中留出一段时间用于跨学科的现象教学，具体时间长短和次数由学校自行决定。芬兰所提倡的“现象式教学”的核心是跨学科教育，即确定某一主题，然后从多角度多视角围绕主题培养学习者的各项技能和能力，突破单一学科固有的线性思维的局限，通过交叉多学科的教育，学习者学到的知识是一个综合体。这样的教学方式有助于学习者建立各个知识领域之间的联系，发现知识之间的本质和意义，不断提高自己解决问题的能力和协作学习的能力。

2）美国的跨学科项目式教学——“+1”教学法

美国跨学科项目式教学领域的专家阿卡西娅·M. 沃伦指出：“+1”教学法是一门通过技术、研究、精准教学和现实应用来激发学生学习兴趣、增强学生学习动机的艺术。其中，“+1”教学法是美国备受欢迎的项目式学习全新教学方法。“+1”教学法以跨学科为背景，结合 21 世纪信息技术，旨在培养学生核心素养，提供了项目式教学的具体实施步骤——项目式学习的计划、管理和评估。

“+1”教学法可让学生融入有意义、有趣的学习活动中，锻炼学生融会贯通、思考探究、解决问题的能力。在实施过程中，教师转变为引导者和设计师，教学重点从死记硬背知识调整为学生用知识创造解决方案和学习新知识。学生则通过自我指导、整合所学知识解决问题，潜能得以激发。通过在教育中架起技术与创新之间的桥梁，突破了课堂上可能存在的限制，转变了教学方式，使教学更好地满足学生的学业需求。“+1”教学法在任何年级、任何学科，无论预算多寡、技术能力强弱都可适用，从而激发学生跨学科的兴趣，让学生融入真实的探索与现实世界的应用中，借助技术创造非凡的学习体验。

3.3.3　教学空间：“物理空间”到“可视化三维学习空间”的转变

教学空间是开展教学的关键场域。传统的物理空间以面对面讲授为主，教师单向灌输，课桌编排形式较常规，学习资源和学习形式单一。融合 5G+扩展现实+人工智能等新技术，在智能化设备的支持下实现身处异地的“面对面”教学，可将教学过程产生的伴随性数据进行三维立体呈现，便于智能分析和数据决策。

1. 可视化三维学习空间的技术架构

教学信息转化成可感知并具有真实感的信息，易于抽象内容具象化、具象内容可视化，教学环境实现自主探究和跨学科整合，驱动学习者积极参与课堂，自主建构内容，打破情感交流障碍，带来沉浸式体验。随着智能技术的发展和教学需求的攀升，整合智能技术的可视化三维学习空间带来全新的即生式、移动式、智能化、镜像化、全息态等体验模式。

可视化三维学习空间的构建是众多技术的综合，需要新兴人工智能技术、智能计算、5G 技术、云计算等的支撑。全息课堂是可视化三维学习空间的呈现，具有以下主要特征：全虚拟、全交互和全动态。按照技术的功能、特点和实现方式，主要有三个部分：虚拟场景的呈现、远程直播或录播教学、对系统数据的查看和存储。从全息课堂的功能来看，则表现为场景全息、活动全息、系统全息和数据全息四个方面，进而实现教与学活动多场景变换的需求，达成个性化适切服务目标，全息课堂功能实现及关键技术如表 3-4 所示[45]。

表 3-4　全息课堂功能实现及关键技术

功能	实现描述	关键技术
场景全息	虚拟学习场景以全息投影的方式呈现，解决由虚拟现实等可穿戴设备带来的不适，提升沉浸感	5G、虚拟现实、增强现实、扩展现实、全息投影、边缘计算
	复杂学习场景的实现，满足教学活动多样化学习场景的需求	
活动全息	异地教学/学习的开展，实现远程“在场”	5G、全息存储、AI（ML）、AIoT
	复现教学活动，学习回顾、分析优化教学，增加动态评价	
系统全息	可视化虚拟场景设备，便于人为干预（故障检测、优化操作等）	区块链、5G、AI（ML）、AIoT、全息投影、扩展现实
	系统内部各运行数据的即时全息可视，智能运行维护与决策干预，掌握情况	
数据全息	教学活动等各数据通过全息技术进行存储，根据记录数据的一部分信息还原整个图像或场景，节省存储空间	5G、区块链、全息存储、扩展现实

2. 可视化三维学习空间的功能描述

1）学习空间的不断升华

近年来，物联网、人工智能、虚拟现实等技术在教育领域的应用越来越广泛，尤其是《教育信息化 2.0 行动计划》的发布，对于技术与教育活动全流程的融合提出了更高要求。人们对教育的研究，也从 1.0 时代基础网络平台、设施的建立和使用，转向 2.0 时代“互联网+教育”“人工智能+教育”等领域的融合创新。未来课堂不局限于某一间教室或者一间实验室，它是一种虚实融合的学习空间，搭载全息和数字孪生技术，构造起全新的教与学生态环境，使学习者沉浸其中，实时交互，以多种方式进行知识的主动建构，提升认知与学习效果。这样的学习空间在数字孪生技术发展的不断加持上，可实现孪生系统和服务系统的完美融合，可进行超自动化的智能管理。相比传统的学习场景，孪生学习空间系统的各项功能，将达到质的飞越，实现学习空间领域的不断升华。

2）教育内容的特定推送

应用特定情境的反馈促进人的思维发展。随着学习方式和社会需求多样化的发展，越来越多的学习活动采用游戏化的设计方式，在实现学生“做中学”的同时，更多的是对学生行为进行观察，来判定其心理素质、性格特征和学习风格等。在孪生技术支持下，数据呈现与运算将更具有说服力。例如，利用游戏来测试用户行为和推进体验：当游戏者进入场景，在秘钥开启场景的那一刻，触发“非玩家角色”（non-player character，NPC）。游戏者的思想通过脑机接口，开始对环境进行操控，脑机接口自动将感应到的脑波传导到游戏中，转换为游戏语言并触发剧情发展。随着游戏者选择、生理数据变化和意念转变，将引发无数种剧情。服务器则对整个游戏数据和用户的脑波等各项生理变化及时进行分析、评价和总结并反馈给服务和交互平台。在游戏的过程中，后台管理人员可以将整个游戏的三维场景进行全息投影，分别以第一视角和第三视角，观察学生即游戏者个人形象的孪生体及其在游戏中的表现。当游戏结束后，会生成数据报告，被允许的后台管理人员可以根据需要提取数据和历史信息等。设置这样的游戏化特定学习场景，可以有效地预测行为驱动，进而了解学习者的应变力、反应力、意志力和社会生存力等，也有助于人的思维能力等的发展。

本章参考文献

[1] 陆石彦. 论人工智能时代的教师角色再造[J]. 江苏高教，2020，（6）：97-102.

[2] 李政涛. 当教师遇上人工智能[J]. 人民教育，2017，（13）：20-23.

[3] 项贤明. 在人工智能时代如何学为人师？[J]. 中国教育学刊，2019，（3）：76-80.

[4] 肖庆顺. 人工智能时代的教师角色重塑[J]. 天津市教科院学报，2019，（4）：5-11.

[5] Chen L，Chen P，Lin Z. Artificial intelligence in education：a review[J]. IEEE，2020，8：75264-75278.

[6] 余胜泉. 人机协作：人工智能时代教师角色与思维的转变[J]. 中小学数字化教学，2018，6（3）：26-28.

[7] 联合国教科文组织. 反思教育：向“全球共同利益”的理念转变？[M]. 北京：教育科学出

版社，2017.
[8] 宋灵青，许林. 人工智能教育应用的逻辑起点与边界——以知识学习为例[J]. 中国电化教育，2019，（6）：14-20.
[9] 余宏亮. 数字时代教师角色的变革与重塑[J]. 内蒙古社会科学，2018，39（5）：172-176.
[10] 刘磊，刘瑞. 人工智能时代的教师角色转变：困境与突围——基于海德格尔技术哲学视角[J]. 开放教育研究，2020，（3）：44-50.
[11] 吴秀娟，张浩，倪厂清. 基于反思的深度学习：内涵与过程[J]. 电化教育研究，2014，35（12）：23-28，33.
[12] 陈鹏. 共教、共学、共创：人工智能时代高校教师角色的嬗变与坚守[J]. 高教探索，2020，（6）：112-119.
[13] 陈琦，刘儒德. 当代教育新心理学[M]. 北京：北京师范大学出版社，2007.
[14] 傅维利，于颖. 教师职业道德的独特品性及其价值实现[J]. 教育研究，2019，40（11）：151-159.
[15] 袁振国. 未来教育对教师的挑战[J]. 课程教材教学研究（小教研究），2017，（Z5）：93.
[16] 李政涛. 生命自觉与教育学自觉[J]. 教育研究，2010，（4）：5-11.
[17] 李政涛. 人工智能时代的人文主义教育宣言——解读《反思教育：向“全球共同利益”的理念转变》[J]. 现代远程教育研究，2017，（5）：3-11.
[18] 杜威 J. 民主主义与教育[M]. 王承绪译. 北京：中国轻工业出版社，2014.
[19] 程岭. 教学模式创新发展的核心要素——以十大名师名家为例[J]. 教育研究，2016，37（9）：93-97.
[20] 宋佳煊. “全面数字化”解锁艺术的共享时代[EB/OL]. https://baijiahao.baidu.com/s?id=1698022460811902143&wfr=spider&for=pc，2021-04-25.
[21] Al-Kurdi O，El-Haddadeh R，Eldabi T. Knowledge sharing in higher education institutions：a systematic review[J]. Journal of Enterprise Information Management，2018，31（2）：226-246.
[22] Seba I，Rowley J，Delbridge R. Knowledge sharing in the Dubai police force[J]. Journal of Knowledge Management，2012，16（1）：114-128.
[23] Siddique C M. Knowledge management initiatives in the United Arab Emirates：a baseline study[J]. Journal of Knowledge Management，2012，16（5）：702-723.
[24] 王素，姜晓燕，王晓宁. 全球“数字化”教育在行动——各国纷纷出台国家数字化发展战略来布局科技与经济发展，并重点推动教育领域的数字化变革，以抢占未来发展先机[N]. 中国教育报，2019-11-15.
[25] Hashim H. Application of technology in the digital era education[J]. International Journal of Research in Chemistry and Environment，2018，2（1）：1-5.
[26] Ma S，Steger D G，Doolittle P E，et al. Improved academic performance and student perceptions of learning through use of a cell phone-based personal response system[J]. Journal of Food

Science Education，2018，17（1）：27-32.

[27] Kaklauskas A. Student progress assessment with the help of an intelligent pupil analysis system[J]. Intelligent Systems Reference Library，2015，81：175-193.

[28] 孙众，吕恺悦，骆力明，等. 基于人工智能的课堂教学分析[J]. 中国电化教育，2020，(10)：15-23.

[29] Yang F，Frederick W，Li B. Study on student performance estimation，student progress analysis，and student potential prediction based on data mining[J]. Computers & Education，2018，123：97-108.

[30] Dai Q H，Chen Y Z，Hua G R. Relationship Between Big Data and Teaching Evaluation[R]. 3rd International Conference on Education and Social Development（ICESD 2017），2017.

[31] Samaher A J. Smart system to create an optimal higher education environment using IDA and IOTs[J]. International Journal of Computers and Applications，2020，42（3）：244-259.

[32] Radianti J，Majchrzak T A，Fromm J，et al. A systematic review of immersive virtual reality applications for higher education：design elements，lessons learned，and research agenda[J]. Computers & Education，2020，147：1-16.

[33] Uskov V L，Bakken J P，Pandey A. The ontology of next generation smart classrooms[J]. Springer International Publishing，2015，41：3-14.

[34] Aguilar J，Sanchez M，Cordero J，et al. Learning analytics tasks as services in smart classrooms[J]. Universal Access in the Information Society，2018，17（4）：693-709.

[35] Huang L S，Su J Y，Pao T L. A context aware smart classroom architecture for smart campuses[J]. Applied Sciences，2019，9（9）：1837.

[36] MacLeod J，Yang H H，Zhu S，et al. Understanding students' preferences toward the smart classroom learning environment：development and validation of an instrument[J]. Computers & Education，2018，122：80-91.

[37] Lui M，Tissenbaum M，Slotta J D. Scripting collaborative learning in smart classrooms：towards building knowledge communities[J]. Proceeding of the International Conference of Computer Supported Collaborative Learning（CSCL），2011，（1）：430-437.

[38] Slotta J D，Tissenbaum M，Lui M. Orchestrating of complex inquiry：three roles for learning analytics in a smart classroom infrastructure[C]. Learning Analytics and Knowledge. ACM，2013.

[39] Chen Z，Song X，Zhang Y，et al. Intelligent recognition of physical education teachers' behaviors using kinect sensors and machine learning[J]. Sensors and Materials：An International Journal on Sensor Technology，2022，34：1241-1253.

[40] Chang Y H，Lin Y K，Fang R J，et al. A situated cultural festival learning system based on motion sensing[J]. Eurasia Journal of Mathematics，Science & Technology Education，2017，13（3）：571-588.

[41] Prensky M. Digital Game-Based Learning[M]. New York：McGraw-Hill，2001.
[42] 奥恩 J E. 教育的未来（人工智能时代的教育变革）[M]. 李海燕，王秦辉译. 北京：机械工业出版社，2020.
[43] Chang Y H，Hwang J H，Fang R J，et al. A Kinect-and game-based interactive learning system[J]. Eurasia Journal of Mathematics，Science and Technology Education，2017，13（8）：4897-4914.
[44] 教育部. 教育部关于实施全国中小学教师信息技术应用能力提升工程 2.0 的意见[J]. 中华人民共和国教育部公报，2019，（3）：60-64.
[45] 朱珂，张莹，李瑞丽. 全息课堂：基于数字孪生的可视化三维学习空间新探[J]. 远程教育杂志，2020，38（4）：38-47.

第4章　人工智能助推教师专业发展的优化策略

百年大计，教育为本；教育大计，教师为本。随着信息化水平新发展，知识获取方式和传授方式、教和学的关系都发生了革命性变化，这对教师队伍能力提出了新的更高要求。《中共中央 国务院关于全面深化新时代教师队伍建设改革的意见》中指出：教师主动适应信息化、人工智能等新技术变革，积极有效开展教育教学[1]。此外，教育部启动了人工智能助推教师队伍建设行动，从未来教师培养创新、教师智能教育素养提升、教师智能助手应用、教师智能研修、教师大数据建设与应用等方面发力，通过人工智能助推教师教育改革、助推教育教学创新、助推教师管理优化。

4.1　人工智能时代教师专业知识的学习策略

倘若要推进教师专业化，就必须证明存在着保障专业属性的“知识基础”，阐明教师职域里发挥作用的专业知识领域与结构。

——舒尔曼《知识与教学：新改革的基础》

但凡能提及教师知识的地方，就无法避开舒尔曼在教师知识领域中的成就与贡献：对教师知识的分类和 PCK 概念的提出[2]。其中，PCK 是学科知识和教学法知识的“交叉区域”，被认为是教师专业的一个独特特征，代表了教师对学科知识的最深层次的理解，在教学中发挥重要的作用，即教师能够将内容知识与适当的教学方法相结合，以便学习者能够理解学科。总之，学科教学知识就是把学科知识转化为易于他人理解的知识。

随着信息通信技术的发展，Koehler 和 Mishra 于 2005 年提出了整合技术的学科教学知识（TPCK）[3]，用来描述教师使用技术开展有效教学所需的知识。TPCK

一被提出，就被许多学者和实践者所接受。在过去的十几年中，TPCK 受到了学界的高度关注，随之相关的文章也逐步增多。2009 年开始，已有文章对 TPCK 的本质开展了有趣的争论，从认识论的维度来看分歧点可分为整合的观点和变革的观点[4]。其中，整合观点的代表者是 Koehler 和 Mishra，他们认为 TPCK 是由 PCK、TCK 和 TPK 交叉综合而成的[5]。变革观点源自 Angeli 和 Valanides 提出的信息通信技术相关的 PCK 模型，认为 TPCK 是一个独特的知识系统，超越了组成要素的简单综合[6]。然而，两种观点一致认为 TPCK 是舒尔曼的 PCK 概念的延伸。

4.1.1　可持续发展的 TPACK

良好的教学需要了解技术与教学法和教学内容之间的关系，作为对舒尔曼的学科教学知识的延伸——TPACK 试图确定教师在教学中进行整合技术所需知识的系统，即在特定的教育情境下，技术的整合得益于对教学内容、教学法和潜在技术的全面协调，因此，在教学实践过程中，教师的 TPACK 能力对教学效果具有一定的影响。随着 TPACK 概念的提出，在相应技术的推动下，关于 TPACK 的研究一直处于持续发展的状态，典型代表的发展历程如图 4-1 所示。该发展历程主要从 TPACK 内涵梳理和相关模型两大维度展开。

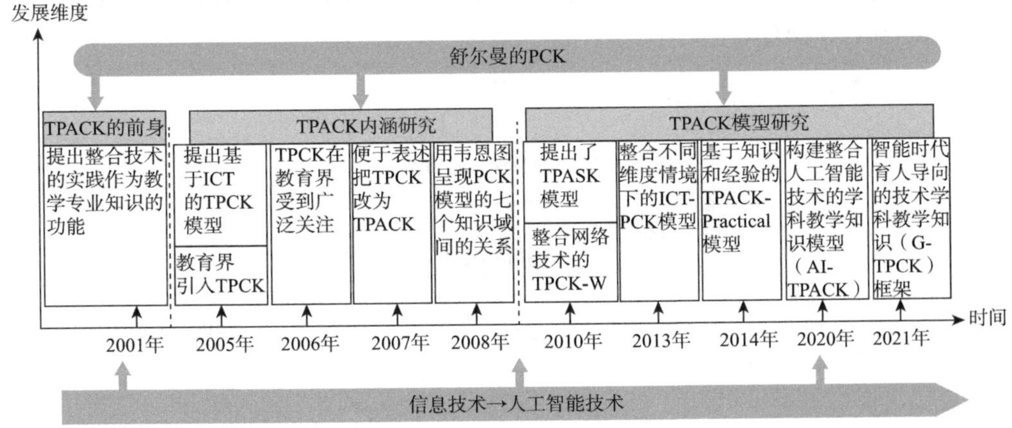

图 4-1　可持续发展的 TPACK

早在 2001 年，Pierson 就使用 TPCK 这个术语来定义教师的技术整合，提到教师使用不同的技术和使用技术的能力和怎么使用技术与教学实践存在一定的关系[7]，为后续开展 TPCK 相关的研究奠定了基础。

1. TPACK 内涵研究

2005~2008 年,教育界开始了对 TPCK 或 TPACK 内涵的研究。2005 年,Koehler 和 Mishra 提出了 TPCK 作为教师使用技术开展有效教学的知识系统。与此同时，Angeli 和 Valanides 提出了与信息通信技术相关的 PCK 或技术增强的 PCK，并把 TPCK 作为一种独立的知识系统，教师需要具备一定的能力来适应 TPCK，包括：确定与信息通信技术相关的教学主题的能力；以适当的技术形式呈现教学内容的能力；选择合适的教学策略的能力；以学习者为中心的策略开展教学的能力。2006 年，TPCK 引起教育界的广泛关注，以“中国知网”为数据源，可检索出大量相关文章。2007 年，为了便于表述与记忆，把术语 TPCK 改成了术语 TPACK，TPACK 表示 TK、PK 和 CK 之间不是孤立存在的，而是作为一个整体存在。2008 年，用韦恩图呈现七个知识域间的关系，如图 4-2 所示，七个知识领域如下：①学科内容知识 CK，即教师要学习或教授的学科知识；②教学法知识 PK，即教师对教学过程和教学实践或教学方法深入了解的知识；③技术知识 TK，即关于对技术、工具和资源的某些思考与使用的知识；④整合技术的学科内容知识 TCK，即对技术和教学内容相互影响和约束方式的理解；⑤整合技术的教学法知识 TPK，即对当特定技术以特定方式来使用以及对教学和学习如何改变的理解；⑥学科教学知识 PCK，即与舒尔曼的使用于特定内容的教学方法一致的知识理念；⑦整合技术的学科教学知识 TPACK。

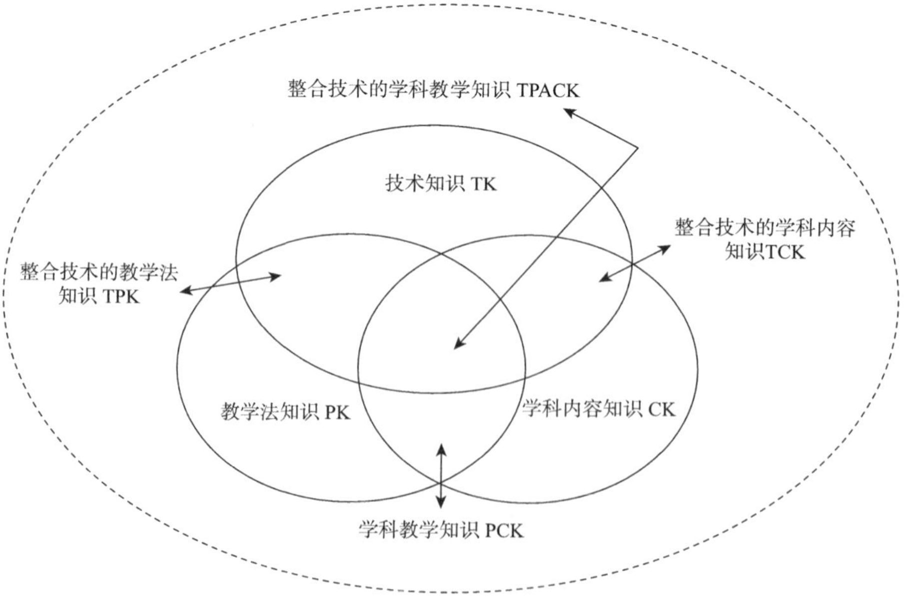

图 4-2 TPACK 模型

2. TPACK 模型研究

2010 年开始，教育界开展了对 TPACK 模型的系统研究，关于整合信息技术的 TPACK 模型的文献较多，本章研究选取一些具有代表性的成果进行介绍。Lee 和 Tsai 在网络技术推动在线教学的基础上提出了整合网络（Web）技术的教师 TPCK 模型 TPCK-W，并应用于实践教学中[8]。同年，Jimoyiannis 将 TPACK 中的教学内容细化至科学领域，提出了整合技术的科学教学法知识 TPASK（technological pedagogical science knowledge）的模型，为学科教师的专业发展提供了支持[9]。2013年，Porras-Hernández 和 Salinas-Amescua 提出了整合不同情境层次的 ICT-PCK 模型，该模型包含情境知识的两大维度，即范围和参与者，其中范围包含微观层面的情境、中观层面的情境和宏观层面的情境，参与者包含学生与教师的内在与外在情境[10]。2014 年，Yeh 等基于教师的实践经验对教师知识的发展的重要性，提出并验证了 TPACK-P 模型，包含教师在 5 个教学领域（学习者、学科内容、课程设计、实践教学和教学评价）中的 8 个知识维度（使用信息通信技术评价学习者、使用信息通信技术理解学习者、使用信息通信技术理解教学内容、使用信息通信技术制定课程技术、使用整合信息通信技术支持教学策略、使用信息通信技术表征、使用信息通信技术实现教学管理、把信息通信技术融入教学情境中），为教师开展教学实践提供了一定的借鉴意义[11]。

随着技术的发展，教学环境和依托的技术也经历了持续的发展变化，即实现了传统信息技术→人工智能技术的过渡。以人工智能技术为代表的新型技术促逼教育系统走向智能时代的新形态，促使教师的认知结构与教学方式发生变革，那么教师的专业知识发展也需与时俱进。2020 年，闫志明等提出了整合人工智能技术的学科教学知识（AI-TPACK），为 TPACK 注入新内涵，对教师运用人工智能技术发展能力、开展教学实践和开发智能学习环境等层面具有借鉴意义，以使教师更好地适应人工智能时代的新需求[12]。2021 年，杨鑫等提出了以育人为导向的技术学科教学知识（G-TPCK）框架，从育人的角度阐释了单元知识元素和复合知识元素的具体内涵，从知识元素视角阐明了智能时代教师“匠师”→“人师”→“智慧之师”的专业发展历程，以适应人工智能时代教师知识框架的新需求[13]。

4.1.2 整合技术的学科教学知识 TPACK 的系统综述

本章研究以中国知网为数据源，为了全面理解关于 TPACK 的理论基础和实践价值，使用术语“TPCK”或“TPACK”或“整合技术的学科教学知识”进行主题检索，检索时间设置为 2005 年（即教育界引入 TPCK 开始）至 2021 年 9 月，来源类别勾选 SCI 来源期刊和 CSSCI，搜索参考文献 226 篇，剔除 2 篇无效文献（文中的 TPCK 是指甲苯磺酰–苯丙氨酸氯甲基酮），有效文献共 224 篇。为了使分析更契合研究意图，纳入本章研究的文献需对以下领域具有贡献（至少包含其中之一），即研究内容聚焦于以下三方面：①包含对 TK 的认识；②涵盖教师 TPACK 的相关测量；③提升或培养教师的 TPACK 能力。

课题组两位成员对 224 篇有效文献进行初步筛选，并经过讨论一致认为其中 76 篇能满足该研究需求，剔除的文献主要如下：①关于 TPACK 的研究对象选定为师范生[14~16]或职前教师[17~19]来开展相关研究；②采用相应软件进行的文献综述[20]，如采用 CiteSpace 进行的关键词共现等分析[21]，进行的共词分析和聚类分析[22]；③聚焦教师能力的培养（从 TPACK 到计算思维能力的培养来剖析教师的信息化教学能力[23]）或评价[24]，对整合技术的学科教学知识涉及较少；④以整合技术的学科教学知识 TPACK 为理念进行的课程改革[25]或课程设计[26]或课程整合[27]。

随后，课题组 3 位成员（标记为成员 A、B、C）对 76 篇文献进行认真阅读，对于每篇文章的摘要和研究目的进行认真研读与标注，然后 3 位成员对 70 篇文献的摘要进行持续比较分析（constant comparative analysis）[28]，持续比较分析是定性分析的核心，以确定关于 TPACK 研究的不同主题。这样分析的目的是将 70 篇文献分为不同的类别。成员 A 与 B 对摘要分析确定主题的一致率为 92%，成员 A 和 C 的一致率为 89%，成员 B 和 C 的一致率为 90%。经过共同讨论，最终达成一致，对 70 篇文献确定主题的情况如表 4-1 所示，分为主题 1：对 TK 的研究；主题 2：某一学科的 TPACK 研究；主题 3：教师 TPACK 的调查测量；主题 4：提升教师 TPACK 的策略。

表 4-1 TPACK 相关文献研究的主题划分

编号	年份	作者	研究主题			
			对 TK 的研究	某一学科的 TPACK 研究	教师 TPACK 的调查测量	提升教师 TPACK 的策略
1	2021	杨鑫等	√			√
2	2021	魏志慧等		√		√
3	2021	刘冬萍等				√
4	2021	魏志慧等				√
5	2021	邓国民等		√		√
6	2020	陈菁等		√	√	
7	2020	闫志明等	√			
8	2020	龙丽嫦等		√		

续表

编号	年份	作者	研究主题			
			对 TK 的研究	某一学科的 TPACK 研究	教师 TPACK 的调查测量	提升教师 TPACK 的策略
9	2020	邓晓宇等				√
10	2020	白雪梅等				√
11	2020	张思等		√	√	
12	2020	魏志慧等		√	√	
13	2020	徐小舒等		√	√	
14	2020	徐鹏等				√
15	2019	董艳等	√		√	
16	2019	徐小舒等		√	√	
17	2019	徐鹏	√			
18	2019	蔡慧英等	√		√	
19	2019	赵晓伟等				√
20	2019	于开莲等		√	√	
21	2019	陈振宁等			√	
22	2018	马安琪等			√	
23	2018	杨宝忠等			√	
24	2018	陈君贤				√
25	2018	邓国民		√		
26	2018	刘洋洋等		√		√
27	2018	徐春华等			√	√
28	2017	赵磊磊等			√	
29	2017	白鑫刚				√
30	2017	吴焕庆				√
31	2017	赵磊磊			√	
32	2017	朱洪翠		√	√	
33	2017	徐章韬等				√
34	2016	岳群智等				√
35	2016	王鹴		√		√
36	2016	郝琦蕾等			√	

续表

编号	年份	作者	研究主题			
			对 TK 的研究	某一学科的 TPACK 研究	教师 TPACK 的调查测量	提升教师 TPACK 的策略
37	2016	王纬等		√	√	
38	2016	肖林等		√	√	
39	2016	付丽萍等		√	√	√
40	2015	邓国民				√
41	2015	赵艳等		√	√	
42	2015	常亚慧等		√	√	
43	2015	张静等				√
44	2015	徐章韬等		√		√
45	2016	王济军等				√
46	2015	赵磊磊等				√
47	2015	刘艳华等			√	
48	2015	段元美等		√	√	
49	2015	任秀华等			√	
50	2015	段元美等		√		√
51	2015	郭衎等		√	√	
52	2015	许如聪等			√	
53	2014	尤佳鑫等	√	√	√	
54	2014	冯晓丽等		√	√	
55	2014	宋伟等	√		√	
56	2014	王琦		√	√	
57	2013	张文宇等				√
58	2013	张静				√
59	2013	徐章韬			√	
60	2013	罗忻等				√
61	2013	李海峰				√
62	2013	张宝辉等	√			
63	2013	黄冬明等			√	
64	2013	徐章韬等				√

续表

编号	年份	作者	研究主题			
			对 TK 的研究	某一学科的 TPACK 研究	教师 TPACK 的调查测量	提升教师 TPACK 的策略
65	2012	朱桂琴等			√	√
66	2012	戴锡莹等		√		√
67	2012	池水莲等		√		√
68	2012	徐章韬				√
69	2012	闫志明等				√
70	2009	陈静				√

1. 对 TK 的研究

“技术”一词来源于希腊单词 technè，意思是“工艺”或“艺术”，希腊单词 logos 是指“文字或话语”，它指由人类设计和生产的产品以及人类对这些产品的使用。技术通常被看作人体或人类思维的延伸。作为人体的延伸，如实验过程中的望远镜或显微镜作为人类的延伸，可以帮助人类观察到肉眼很难观察到的细微物质；作为人类思维的延伸，如网络技术或人工智能技术的应用，可以拓展人类的视野，弥补人类某一方面的先天缺陷。技术中介理论认为，教师和技术在塑造学习环境方面都起着关键的作用。根据已有的研究，技术知识不仅指所需的教学设备的操作技术（如可以使用某项技术，有时可以排除故障），还意味着通过技术的直观功能来实现个人和专业目的[29]。在教学过程中，教师可能会以不同于最初设计的方式使用技术，允许教师创造性地使用技术。

通过对 70 篇文献的梳理分析发现：对 TK 的研究共 8 篇，涵盖信息通信技术、数字化技术、创客技术和人工智能技术，这一研究现状与信息技术的发展趋势是相吻合的。张宝辉和张静从信息通信技术视角分析了教师应用技术进行教学的新视点[30]。尤佳鑫等[31]、宋伟和孙众[32]调查测量了数字化环境下不同学科教师的 TPACK。蔡慧英等把创客技术作为智能时代的一种技术形式对教师知识发展的因素进行了剖析[33]。闫志明等[12]和罗强[34]分析了人工智能时代教师所具备的 TPACK 框架结构。从已有文献可以看出，随着技术的发展，教师 TPACK 能力框架需随之更新，以使 TK 能适应教师专业发展的新需求。

2. 某一学科的 TPACK 研究

2006 年 TPACK 概念化，关于 TPACK 的开发和应用研究受到国内外研究者的欢迎。根据一些学者的研究，由于存在不同的内容领域、工具和教学策略，适当的情境化水平是必要的。通过对70篇文献的认真梳理发现：关于某一学科领域的TPACK相关的研究有27篇，主要分布在英语学科、音乐学科、数学学科、物理学科等领域。

在数学学科领域中，肖林等采用案例研究的方法对一名数学教师的TPACK水平进行测量[35]。付丽萍等对同一城市的10所学校的小学数学教师的TPMK进行调查测量[36]。段元美等对某一城市的中学数学教师的TPACK进行测量，并以此提出提升策略[37]。杨宝忠和孟晶以天津市某区小学数学新教师为研究对象，对其TPACK能力测量分析[38]。

在其他学科领域中的参考文献数量较少，但与数学领域有相似之处，包含对英语教师的TPACK能力框架的建构[39]；音乐学科的TPUMK框架来促进音乐教师的专业发展[40]；对民族地区的语文教师的能力进行调查，分析TPACK中技术知识、教学法知识和学科内容知识的现状[41]。

从已有的研究中可以看出，关于某一学科中的TPACK相关研究相对比较丰富，那么教艺术类的教师需要发展与教数学或理科的教师不同的知识体系来胜任技术支撑下的教学吗？即TPACK属于特定领域知识或者通用领域知识，这是一个具有挑战性的理论问题。

3. 教师TPACK的调查测量

在社会科学研究中定性方法和定量方法同样受到关注。从对70篇文献的分析可以看出，关于对教师TPACK调查测量的文献共计34篇，其中采用定量方法对影响因子进行测量的文献共计31篇，定性方法的文献共计2篇，混合方法的文献共1篇。其中，定量研究是在自然环境中进行的，以观察参与者在真实环境中的行为和表现。除了情境发挥重要作用外，研究者也非常重要，通过观察、访谈或对作品的分析进行研究。定性研究2篇文献主要通过对教师的日志、深度访谈[42]及反思数据[43]等文本数据的分析，探究教师TPACK框架的影响因素。

定量研究可用于支持教育理论框架的结构验证，以检验理论结构之间的关系，评估干预结果以及了解师生的具体认知和效能。国内外关于TPACK定量研究的发展比较迅速，许多研究者试图验证、修改或完善TPACK框架及探究各因子之间的关系，并扩大其在教学实践中的应用。通过对31篇定量文献的研读得出，关于TPACK测量的研究主要分为三个部分：第一，主要探究TPACK因素或因子和其他要素（如自我效能感[44]）之间的关系，如TK、CK、PK、PCK、TCK、TPK和TPACK之间的关系[45]。第二，制定或修改完善教师TPACK的测量量表，如数学学科的M-TPACK量表，并探究因素之间的相互关系[46]；中学英语EFL-TPACK评价指标体系的构建[47]；对新加坡学者Chai等编制的TPACK量表进一步修订，并探究因子之间的关系[48]。第三，采用问卷的方法对教师的TPACK现状进行调查，如采用问卷的形式对高校教师进行现状调查分析[49]；对某市的 505 名小学教师进行调查与访谈探究教师的 TPACK 现状[50]。

4. 提升教师 TPACK 的策略

在 70 篇文献中关于提升教师 TPACK 策略研究的文献共计 34 篇，通过对文献的认真研读发现，提升教师 TPACK 策略的研究主要分为三部分：其一，通过在线实践社区等在线教育领域促进教师知能体系的重塑[51, 52]；在数字化时代，越来越多的教育环境依赖于在线教育渠道，这样的策略迎合了时代的需求，为教师的专业发展注入新的活力。其二，通过课程整合的视角提升教师的 TPACK 能力，如以“课例研究”为载体，确定教师的 TCK→TPK→TPACK 发展路径[53]；通过设计学习技术的新型教师教育课程发展教师的 TPACK[54]；通过信息技术与英语课程的整合提出促进教师的专业发展[40]。其三，根据调查测量结果提出相应的提升策略，如根据对小学数学教师的调查提出结合区域特点的深度融合策略[55]；通过对卓越教师的知识能力结构的调查提出集教学反思、教学实践共同体和终身学习于一体的培养策略[56]；阐明了智慧时代教师发展的关键知识元素，为教师专业发展提供具有时代意义的理论参考[34]。

本章研究按照时间顺序梳理了近十几年的 TPACK 研究进展，并按照不同的主题进行划分。对 TPACK 中 TK 的认识需随着时代的发展而迭代更新。为了使教师的发展更契合学科需求，探究某一学科领域中的 TPACK 发展是非常必要的。测量评价是为了更好的发展，关于教师 TPACK 测量的研究是非常丰富的。提升教师 TPACK 的策略需要结合时代特色，融合跨学科素养、人工智能素养等要素挖掘更丰富的策略实施。

4.1.3　整合技术的学科教学知识的新画像

Koehler 和 Mishra 认为，运用技术进行教学过程中不能仅考虑三个核心元素，还需要关注多种知识之间的相互作用[5]。SECI 理论从认知论和存在论维度分析了知识之间的转换过程，即认识论包括显性知识和隐性知识，存在论包括个体、团体和组织，知识之间的相互作用分为社会化（socialization）、外在化（externalization）、组合化（combination）、内在化（internalization），即成为 SECI 知识创造模型，如图 4-3 所示。整合技术的学科教学知识和 SECI 知识创造理论相结合可促使多种知识的相互转换。

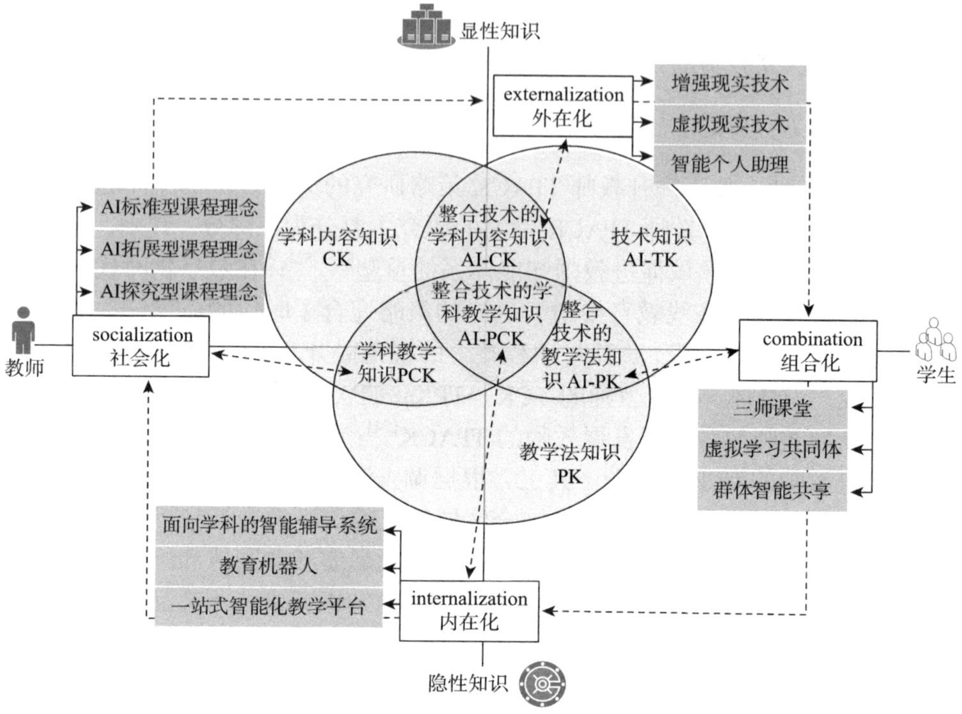

图 4-3　整合技术的学科教学知识的新画像

1. 设计学科教学知识 PCK，实现知识的社会化

根据 Koehler 的观点，PCK 的核心是教师通过多种途径解释教学主题以适应不同概念和学生的先验知识。根据优必选 AI 教育理念，教师参照开设的 AI 标准型课程理念、AI 拓展型课程理念和 AI 探究型课程理念实现教学知识的社会化，即实现从教师个体的隐性知识到教师个体显性知识的转换。

AI 标准型课程融合了人工智能及机器人算法等，以培养学生计算思维和问题解决的能力；AI 拓展型课程可采用项目式教学模式（problem-based learning，PBL），以任务驱动学习为主线，根据真实问题进行研究分析并应用人工智能知识解决问题，全面提高综合素养能力；AI 探究型课程在跨学科探究的基础上，引入真实的问题情境，实现纵深式探究，激发学生的创新思维的培养。

2. 设计整合技术的学科知识 AI-CK，实现知识的外在化

根据 Koehler 的观点，AI-CK 主要是指教师要了解人工智能技术和教学内容相互影响和相互作用的方式，主要规划哪些智能技术最适合学科内容以及智能技术如何支配或者改变学科内容，反之亦是如此。技术通常被看作人体或人类思维的

延伸。人工智能技术在教学中的应用通过借助文字、图片、视频、虚拟仿真实验等将隐性知识表征为显性知识，也有助于教师将知识从个体传授给学生，实现知识的外在化，即实现教师个体隐性知识到师生间显性知识的转换。

增强现实技术在科学课程中的应用，允许学生以多维方式感知科学现象，运用视觉手段使科学的抽象概念具体化以更好地解释科学信息，让学生沉浸于真实的户外环境探索中，提高学生对环境科学信息的理解[57]。虚拟现实实验室旨在模拟真实教学实验室的沉浸式体验，允许学生操作化学实验设备来获取知识的有效性，并提供亲密和直观的交互[58]。智能个人助理通过使用学生的声音、视觉（图像）和情境信息等，通过自然语言处理来回答问题、提出建议以提供帮助，具有高度的交互性和智能性，为学生提供动态脚手架，支持不同领域的学习[59]。在教育环境中，增强现实技术、虚拟现实技术及智能个人助理通过真实世界和虚拟世界的互动，易于隐性知识的显性化，提高学生的理解和学习动机。

3. 设计整合技术的教学知识 AI-PK，实现知识的组合化

根据 Koehler 的观点，TPK 是指使用特定技术，对教学和学习如何改变的一种理解。设计整合技术的教学知识，采用适当的教学设计和教学策略，创建智能环境支持下的教学新样态，将教学进行系统整理，实现知识的组织化和体系化，实现从师生间显性知识到师生间隐性知识的转换。

依托群体智能共享、虚拟学习共同体和三师课堂，构建智能环境教学新样态。其中，教学内容是在教学过程中的知识和信息，通过智能教学系统实现内容的精准化定制和个性化推送。教学方法是在教学过程中使用的不同原则和策略，智能技术的影响，可采用多种多样化的教学方式。

4. 设计整合技术的学科教学知识 AI-PCK，实现知识的内在化

设计整合人工智能技术的学科教学知识，借助人工智能技术在实践中教学，在现有知识的基础上讲授新知识或者更新对旧知识的认知，从而获得个人新的隐性知识，实现知识的内在化，即实现从师生间的显性知识到师生间隐性知识的转换。

整合人工智能技术和机器人在教学中的应用为学科教学知识的传授提供了新视角。在政策层面，美国倡议把人工智能教育纳入"全民计算机科学"中，旨在通过学习计算机科学培养学生的计算思维能力。在实践层面，面向科学、数学、语言和其他学科的智能辅导系统为学生提供交互式机器辅导。机器人可以教学生编程、数学、思维、解决问题等方面，通过友好的界面、强大的吸引力和普遍的可用性，深受不同年龄段学生的喜爱。例如，教育机器人 Cubelets 通过组装机器人模块（感知模块、思考模块、行动模块）来培养学生的机器人技术、编码能力

和设计思维。一站式智能化教学平台将课程与实践结合，可实现个性化私人定制式的引导学习。通过设计整合技术的学科教学知识，学习者可以实现知识的跨越式创造，并将知识内化为头脑中的隐性知识。

人工智能等信息技术是使教育（尤其是高等教育）教学规模扩大的关键技术，在教学中班级人数达到数万人的情况并不少见。为了不断测试学生的学习效果，问题的自动生成也是可能的。例如，那些旨在评估词汇量的问题，谁、什么、何时、何地、为什么的问题和多项选择问题，使用 WordNet、维基百科等电子资源就能够得到高效解决。随着在线课程的爆炸式增长，这些技术肯定会被急切地用于在线教育。尽管这些技术对教育系统的长期影响尚不清楚，但学习者可以通过人工智能社区在很短的时间内学到很多内容。信息技术特别是人工智能技术的发展为学习者提供了一种创新的方式来推进学习者的发展。

智能辅导系统（intelligent tutoring system，ITS）是一个以计算机为基础的学习系统，试图适应学习者的需要[60]。智能辅导系统通过学习者与系统之间的适应性互动来培养和评估学习，包含对特定领域的教学知识和学习者的知识。当学习者与系统之间产生交互时，系统将根据学习者的情况个性化选择和推送合适的学习内容。例如，卡耐基认知辅导系统（Carnegie cognitive tutor）[61]已经在美国高中用于帮助学生学习数学，其他智能辅导系统已开发用于地理、电路、医疗诊断、计算机素养和编程、遗传学和化学方面的培训。认知导师系统使用软件来模仿优秀的人类导师的角色。例如，当学生有数学问题时可提供提示，根据提示要求和答案，认知导师提供具体情境的反馈。

App 在高等教育中的应用呈现逐步上升趋势。一种名为 SHERLOCK 的智能辅导系统开始被用来教空军技术人员诊断飞机的电气系统问题[62]。南加州大学信息科学研究所开发了更先进的基于虚拟人物的训练模块，以训练被派往国际岗位的军事人员在与来自不同文化背景的人打交道时的恰当行为。新的个性化辅导算法，如贝叶斯知识追踪，使个性化掌握学习和问题排序成为可能[63]。

4.2 人工智能时代教师专业素养的养成策略

《中共中央 国务院关于全面深化新时代教师队伍建设改革的意见》和《教育信息化 2.0 行动计划》的发布，对于学校和教师来说意义重大，这从国家战略层面对教师的使命与职责赋予了更为深刻的内涵和更为深远的价值。教师的专业素养是教育中备受关注的重要问题之一。随着技术的快速发展和教育需求的不断增长，教师的专业素养也在不断提高。随着教学空间的升级、教学环境智能化的实现和教学内容的跨学科融合，未来的教学将会受到多样化媒体的支持，教学方式呈多样灵活性的选择。一些国家对学生提出了要求，如高阶思维能力的培养和新信息技术的有效使用，要求教师使用新的教学方式来培养这些技能，这意味着教师不得不更新自身的教学理念和教学方式，获得更具专业化的教学知识。因此，教师必须加强自身的专业素养，以适应未来社会发展的需求。

4.2.1　教师专业素养发展的典型构成、阶段、模型

世界上许多地方的教育教学系统将处于或正在处于巨大的变革之中。教师期望学生达到更高的标准要求，保证学生会学习、能学习，期望自身能适应社会变化从而更好地教学，而且这种期望正在逐步升级。技术的发展和社会的快速变化正在迫使教师朝专业化方向发展，促使教师专业素养的提升。

1. 美国宾夕法尼亚州滑石大学的教学框架职责构成

宾夕法尼亚州滑石大学是美国北部最大的学院之一，继承了师范学校的传统，致力于学生的智力发展、领导能力和公民责任，为学生提供了全面的学习体验，创新地将学术指导与增强教育和学习机会相结合，帮助学生在生活、职业生涯和公民参与中取得成功。其中，宾夕法尼亚州滑石大学把教师教育中的专业职责划分为：教学反思、保持准确的教学记录、与家人沟通、与学校或社区合作并做出贡献、专业成长与发展、专业素养呈现，每个组成涵盖的具体内容如表 4-2 所示。

表 4-2　宾夕法尼亚州滑石大学《学生教学手册》中的教学框架职责划分[64]

职责编码	构成成分	具体内容
a	教学反思	阐明对课程目标的理解
		基于数据阐述教学的优缺点
		从内容理解的角度分析学生的参与度
		鼓励不同学生群体参与教学
		撰写课程反思并完善后续教学
		接受反馈并实施建议
		制订书面改进计划
b	保持准确的教学记录	记录并更新学生作业的结果
		系统收集学生进步的消息
		采用设备分析不同学习风格学生的表现
		保持非教学活动的记录

续表

职责编码	构成成分	具体内容
c	与家人沟通	保持所有情况下的机密性
		向孩子父母或照顾者传达积极的信息和关切
		让家庭成员或照顾者参与教学计划
d	与学校或社区合作并做出贡献	与不同的群体成员建立融洽的关系
		寻求其他专业人士在教学方面的帮助
		参与学校相关的活动
e	专业成长与发展	参加学生教学研讨会和其他必要的教学活动
		参加所有学校和地区必需的专业发展项目
		呈现至少参与一个专业组织的证据
		将专业出版物中的信息整合到日常教学中
		阐明包含批判性自我在内的教育哲学
		评估个人文化视角及其与他人互动的影响
f	专业素养呈现	按照教学计划开展教学
		在学校中衣着得体
		保持个人卫生和整洁的仪容仪表
		按时完成教学、任务和其他工作
		按照学校或学区规定的方式完成工作
		遵守学校和班级规则
		对教师职业使用相关的道德准则
		遵循适当的程序报告学生的安全
		负责任地对待学校和个人财产
		具有挑战陈旧的态度
		确保所有学生获取公平的成功的机会

2. 英国教师专业能力的发展阶段

许多国家都经历了教师专业素养概念化的四个历史阶段，即：前专业化阶段、自主专业化阶段、学院式专业化阶段和后现代阶段[65]。各个阶段呈现不同的特点，教师专业素养不是固定的，而是需要在不同的时间、不同的地点、不同的方向上赋予新的内涵。

1）前专业化阶段

教学被认为管理要求较高但技术简单，一个人能通过实践学徒制成为教师。教师指导如何教学并且能够维持课堂秩序，通过观察别人来学习教学，实现从学生→实习教师的转变。在这个时期，教师实际上是业余的，只需执行具备丰富知识的上级的指示。因受到儒家教学观念和学校及家庭权威的影响，前专业化阶段的教学形象在许多东亚国家仍然占据主导地位。

2）自主专业化阶段

20 世纪 60 年代开始，许多国家教师的地位与前专业化阶段相比有了显著的提高，如加薪政策的实施，教师教育越来越深入大学内部。在英格兰和威尔士，教师在课程开发和决策方面享有前所未有的自主权，他们教授的课程内容不再受考试要求的限制，激发了教师对课程开发的兴趣。随着技术的发展，数学、科学和其他学科的教育创新如雨后春笋般涌现。教师获得了一定程度的物质奖励、职业保障以及国家对他们的信任。课堂教学逐渐成为以儿童为中心的教育，开放课堂和进步方法形成了与封闭课堂和传统方法之间的对照。这时期的一个原则是教师有权选择自己认为最合适的教学方法。

3）学院式专业化阶段

教师教学内容的扩展和快速变化，使得教师个人很难跟上学科发展，因此团队合作和知识协作变得越来越重要。教学策略的扩大、情境认知、合作学习、基于计算机的探究、学生的自我评估和基于档案袋的评估都在影响着教学领域。没有一种方法可以决定性或全面性地证明其在科学上优于其他方法，重要的是如何选择和组合策略，以满足特定的和独特的学生群体的需求。文化呈现出多元化，这也向教师提出了挑战，要求教师对课堂具备广泛的理解，基于先前的知识和学习方式修改他们的教学实践，这对教师提出了更高的要求。

4）后现代阶段

始于 20 世纪 70 年代前后，是由经济学和传播学的发展所驱动的，这一时期的技术是以通信领域的电子和数字革命为主，以此导致信息传播的即时性和全球化的可用性，使得信息的传播实现了不受时间和空间的限制。随着跨国际交流的发展，知识和信息呈现激增的趋势，不同文化和体系间的联系也日益增加了。新技术正在进一步打破学校教育的壁垒，因为学生和家长可以独立获取的信息越来越多，学校正在失去对学习的垄断。

3. 我国典型的教师专业素养发展模型

从相关教师专业发展的研究文献来看，与教师专业素养相关的概念包括教师专业化和教师专业发展。根据叶澜的观点，就广义而言，专业化和教师专业发展是相同的，均表示教师专业能力提高的过程。若区别使用时，可以从个体、群体与内在、外在两个维度上进行区分，教师专业化主要强调教师群体的外在的专业性提升，而教师专业发展则是教师个体、内在的专业性的提高过程。图 4-4 粗略地勾勒了教师专业化与教师专业发展关注的重心轮廓[66]。

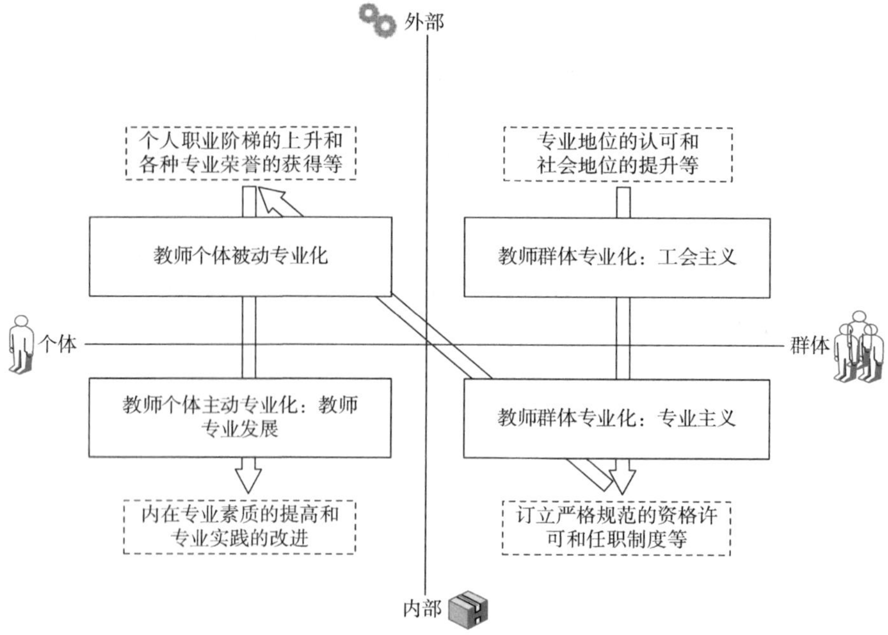

图 4-4　教师专业化与教师专业发展关注的重心

马超山和张桂春将教师的专业结构分为动力系统（思想品德）、知识系统（知识素质）、能力系统（能力素质），并对每个系统维度进行详细划分[67]，如图 4-5 所示。

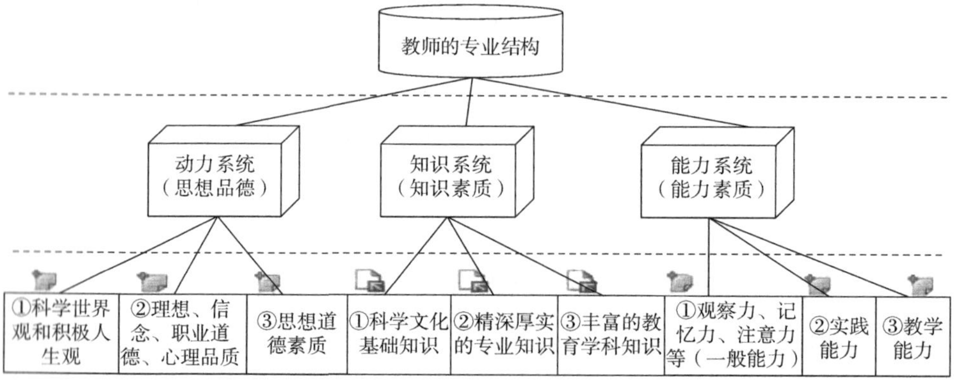

图 4-5　教师的专业结构

以时间为轴向，依据“自我更新”取向的教师专业发展过程划分为五个阶段[66]：①“非关注”阶段，是指进入正式教师教育之前的阶段，时期可追溯到孩提时期；②“虚拟关注”阶段，主要是指师范学习阶段师范生的发展状况，至多只是“准教师”；③“生存关注”阶段，主要是指刚刚入职的教师，这是教师专业发展的关键时期；④“任务关注”阶段，度过了初任期后，逐渐步入了“任务关注期”，教师的专业结构诸方面呈现出稳定、持续发展的特点；⑤“自我更新关注”阶段，教师的专业发展动力转移到了专业发展自身，不再受到外部评价或职业升迁的限制，直接以专业发展为导向（图 4-6）。

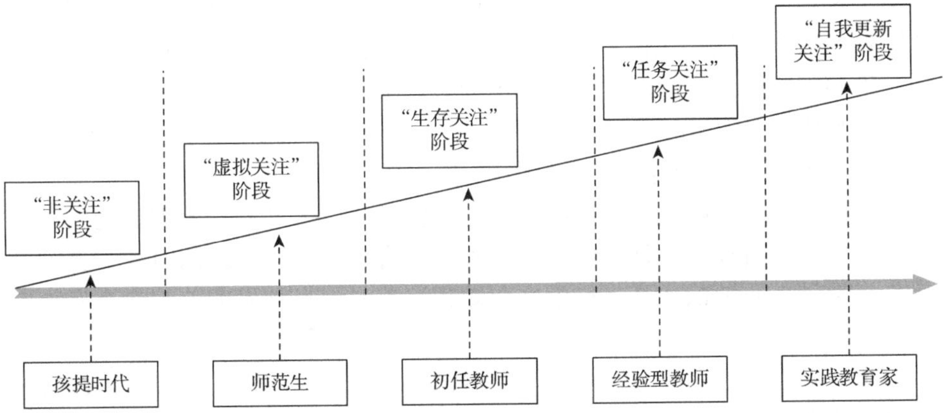

图 4-6 “自我更新”取向的教师专业发展过程

4.2.2 人工智能时代教师的专业素养

第四次工业革命正在急剧地改变着全球的社会和教育，21 世纪的教师不是“教书专业人士”而是“学习专业人士”，设计、协调和反思是他们的主要职责。新时代为教师专业发展与专业素养提出了新诉求、赋予了新内涵。传统模式培养的教师难以适应 21 世纪新时代的智能教育，未来社会要求人才具备高阶思维、复杂问题解决能力、创新力与领导力，这对学校的教育目的提出了更高层次的要求。

1. 教师的专业素养分类

1）已有教师的专业素养分类

有相关研究尝试对教师专业素养进行分类。有学者多年来对专业素养划分为三种解释：其一，专业素养作为一种职业价值观；其二，专业素养作为一种意识形态；其三，专业素养作为一种专业变革和控制话语的职业精神[68]。把专业素养作为一种职业价值观，是基于信任、能力、强烈的职业认同感和合作的基础上对专业素养的乐观描述。把专业素养作为一种意识形态，是对 20 世纪七八十年代职业价值观的一种悲观评判。专业化的目的是促进专业从业者自身在工资、地位和权力方面的职业私利，以及职业管辖区的垄断保护。专业素养作为专业变革和控制话语的职业精神已出现在管理人员的组织环境中。

关于专业素养的解释还包括描述性定义，涉及专业工作的性质和特征，包括工作质量和指导行动的标准行为，如 Hargreaves 和 Goodson 将其描述为实践型专业素养，因为它将任何形式的专业素养置于教师的个人实践知识中，如学科专业知识，因此将教师的角色限制在课堂能力的问题上[69]。绩效文化和绩效管理已深深根植于教育系统和学校的政策和实践中，使用绩效是一种衡量学生学习成果和教师绩效的策略。绩效文化依赖于技术，技术通过绩效指标高度选择性的绩效对象来提供关于组织运作的消息。就学校而言，绩效的作用就是通过提高教学标准和质量来明显改善学生的学习效果。

2）智能时代教师的专业素养分类

在智能化的教育体系的新环境中，随着脑科学、云计算、人工智能、可穿戴设备等新理论与新技术的日趋成熟和完善，教育行业输入了新的血液，教师的专业理念、学科专业知识素养、科学文化知识素养和信息技术素养都将会发生极大的改变[70]。

专业理念更新：人机智能协同。机器已学会像人类一样去学习，仍保持教育学生像机器那样学习的状态需变革。人工智能技术的推动下，学校的角色和职能正在改变，对教师的需求要变革，教育教学系统需重塑。学校是培养教师专业发展的基地，教学是学校最基本的任务。在教学中，教师需在多元资源智能推送的驱使下开展教学，需注重三维学习空间支持下的个性化学习需求，培养跨学科素养，提升创新思维和创新能力。

学科文化专业知识素养：跨学科整合。学科专业知识是开展教学的有力保障。传统的教学以单纯的知识灌输为主，学习者被动接受，学习者的主动性被忽视，教学以知识的死记硬背为主。人工智能背景下的教师能力结构将发生变革，人机智能协同将是教育教学的新样态。人工智能技术与教学内容、教学媒体的深度融合，突破传统教育形式的限制，提供跨学科与跨媒体的智能教育服务供给。教师必须改变固有的教学方式，实现教育的互联互通，形成新型教育体验。跨学科整合不是简单的多学科，而是对两个以上学科知识体系和技术进行整合以创造出新知识。在具体教学过程中，以跨学科理念引领教学，将计算思维、编程、人工智能、大数据、3D 技术等内容和工具融入课程之中，推进“人工智能+教育发展”的新格局，持续助力培养学习者的创新思维和创新能力，引领教育信息化发展新方向。

专业技能新扩展：信息技术素养。人机智能融合下的自适应学习。未来无人机将不再通过简单的遥控以及程序控制的方式进行自主控制，而是向人机智能融合的交互控制发展，甚至朝着全自主控制的方向发展。随着无人机系统智能化水平的提高，更多的有人系统将与具备人机智能融合与自适应学习能力的无人机系统相结合，从而实现无人机系统与有人系统的高效协同。随着无人机系统的智能化、信息化水平的不断提高，人机智能融合与自适应学习水平将不断得到提升。未来的无人机系统将通过无人机平台间的交互、无人机系统间的交互、人机功能的动态分配、任务协同综合现实、脑机接口等技术，最终实现高效的人机协同。

2. 智能时代提升教师专业素养的策略

《中共中央 国务院关于全面深化新时代教师队伍建设改革的意见》[1]对提升教师专业素质能力做了详细设计与规划：面对新形势、新要求、新任务，教师队伍建设还不能完全适应，需要优化教师队伍规模结构、知识结构和学历结构，全面提升教师专业素质与能力。闫建璋和李笑笑的研究主要从知识结构视角提升智能时代教师的专业素养。结合已有研究，为了促进教师知识的有效形成，需要从主观层面对教师身份的认同开展自我研究和扎根教育实践；在客观制度环境层面，共同营造教师教育者发展的良好健康的环境[71]。

1）加强教师的身份认同

身份认同是教师教育者对社会及个人所赋予教师教育者的角色期待产生了心理上的理解和认同感、归属感[72]。教师的身份认同本质上是一种角色认同，包含教师职业中不同方面的角色认知，是对教师如何看待自己的工作、如何赋予工作意义并在工作中发挥作用的透视。已有研究把教师职业认同概念化为三个方面：个人层面（即教师作为具备个体技能和认识论信仰的个体）；情境层面（即教师作为学校社区的成员）；境脉层面（即教师作为社会文化社区的成员）[73]。与教师学科角色相关的职业身份认同包含三个方面：第一，教师在教育目标中的角色概念，其中教育目标的角色概念包括两种取向：以培养学生的学科知识和技能为主要关注点的取向；以学生的福祉和全面发展为关注点培养学生广泛兴趣的取向。第二，教师对自己在教学中角色的看法，即对教学方法的认同。教师可以采用以学生或学习为中心的取向，更加强调学生在知识建构和学习过程中的积极作用；或者采用以内容或教师为中心的取向，更加注重教授一套固定的知识和技能。第三，教师对他们与专业知识库相关的角色的认同。教师可以将自己定位为在学科知识和技能方面的具有坚实基础的学科专家，或者将自己定位为重视学生的学习并重视学科学习体验方面的教学专家。

新教育实验的教师成长，是基于新教育生命叙事理论与方法，通过阅读、写作、交往的专业发展理论与方法，激发教师职业认同的内在动力，并提升教师的专业素养，为教师“赋能”。在教育内容上，新教育实验为教师和学生提供了大量教科书和课程外的教育资源，极大地扩展了师生的学习与生活空间；在教育方法上，新教育实验形成了教师通过生命叙事进行教育反思的模式，提供了教师成长的平台和榜样的示范；在组织形式上，新教育实验建立了网络师范学院和“种子教师”计划等教师成长的自组织，对教师成长有鲜明的积极意义。在智能时代，已有研究对教师角色转型的指向进行了详细的研究，从教育教学、学习服务、技术应用和主题属性四个维度进行详细阐述[74]，具体包含内容如图 4-7 所示。

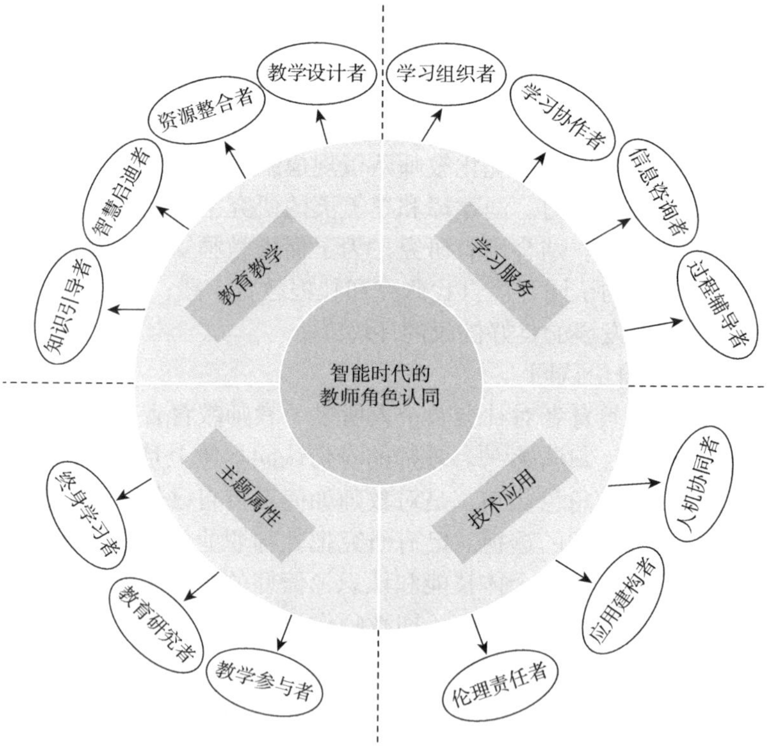

图 4-7　智能时代教师角色转型的指向

在教育教学层面，随着学习者获取知识的便利性和可行性，教师从知识的传授者转变为知识引导者；教师不再是课堂上知识的灌输者，而是智慧的启迪者；进入智能时代学习者不缺学习资源，而是缺乏对资源的整合能力，因此教师应该成为资源的整合者；良好的教学设计有助于提高教学效果，教师需要具备良好的教学设计能力。

在学习服务层面，教师需为学习者提供灵活多样的学习活动，因此教师应具备学习组织能力；在学习过程中，因引导学习者开展有效的沟通合作，促进学习者深度学习的发生，因此教师应具备学习协作的能力；获取有效资源如大海捞针，如何确保学习者在知识的海洋中遨游不迷失航向，需要教师帮助学习者在获取资源的过程中提供适当的信息咨询服务；为了提高学习者学习的积极性和主动性，适时的反馈是非常重要的，在学习过程中，教师应该依据学习者的学习情况提供可靠的反馈数据，为学习者提供适当的过程性帮助，因此教师应该具备学习辅助的能力。

在技术应用层面，随着智能技术在教育教学中的应用，传统的幻灯片为主的教学方式已不能适应学习者的个性化需求，因此在教学过程中应该充分发挥智能技术的优势，实现教学中的人机协同是非常必要的，因此教师应该成为人机协同者；随着《中国教育现代化 2035》《教育部办公厅关于开展人工智能助推教师队伍建设行动试点工作的通知》等文件精神的宣扬，探究智慧环境下课堂教学模式创新，促进大学生深度学习，实现价值塑造、知识传授和能力培养三位一体的课程思政育人目标，培育新时代学生的创新意识、创新能力，以现代信息技术推动新文科教育质量提升的“变轨超车”，因此教师应成为智慧技术的应用建构者；在教学过程中，大数据为教学提供了便利性，但大数据是一把双刃剑，需要师生共同维护技术的合理应用，引导学生规范正确地使用技术，因此教师应该成为技术应用的伦理责任者。

在主题属性层面，教学过程的发生需要同时具备教师的教和学生的学，应该以教学共同体的身份共同参与教学，即教师应该成为教学参与者；教学与科研属于教师的一体两翼，只有同时具备才能健康发展，因此应借助智能技术和大数据技术挖掘教学规律，开展进一步的教育教学研究，即教师应该成为教育研究者；高等教育将被迫在持续不断的技术变革中为人们整个职业生涯服务，做到这一点，大学必须从各个方面进行重新思考，把终身学习作为重中之重，人们只有具备终身学习的机会才能应对变化的时代和工作环境，因此教师应该成为终身学习者。

2）培养教师的系统性思维

教师专业发展是通过改进教育政策和教育实践来提高标准和能力的一个过程。教育本身是一种奖赏，赋予我们精神家园，让我们以富有、被尊重的方式生活。在智能时代，机器善于理解复杂系统的元素，以及这些变量之间是如何串联的，但是机器并不擅长把这些信息应用到不同的情境下。当然，计算机并不能够在各种编码库中进行思考，并参与到某种系统性思考中去，但是当人类参与其中的时候，就会有巨大的创新飞跃，这些是机器无法企及的。

系统性思维对任何人来说都是一种关键的认知能力，对于任何试图发现新知识、创造新事物的人来说也是如此，对教师更是如此，如沃特斯基金会（Waters Foundation）等教育组织正致力于将此类系统性思维练习引入 K-12 课堂中，并将其嵌入语言、数学和社会学习中，因此教师智能时代的系统性思维是提升教师专业素养的关键。系统性思维是一种关键的认知能力，对于智能时代的人们来说，应该具备科技素养、数据素养和人文素养等新的读写能力。这是人类学的基础，也是人类的核心课程。若要教育学生做到这点，教师还需要更高层次的认知能力，以供其在智能时代下使用。

技术应用到教育中产生的另外一个现象就是数据大爆炸。2010 年，《经济学人》杂志报道，通过将“智能”传感器植入荷兰奶牛的耳朵来关注他们的健康和活动。我们现在了解的就是通过物联网把“智能”的物件与我们家庭的每个部分、我们的衣服和我们的环境联系起来。据不完全统计，到目前为止，我们的世界已拥有 500 亿个智能物体。通过智能传感器生成的数据产生的信息量是庞大的，我们湮没在数据之中，因此需要具备数据素养来甄别数据的可用价值，系统化地了解、解释和分析数据，使我们能够从爆炸化的数据中找到有意义的信息。

3）促进教师适应智能时代的环境氛围

随着机器人可以像人类一样爬楼梯、分析股票、语音识别与翻译、为肿瘤学家提供建议等，我们应该步入了智能化时代。教师处在这新时期，需要在智能化时代的氛围中汲取营养、主动转型、更快适应时代变革需求。在世界范围内，需要我们积极主动营造智能环境、改变教育模式的证据有很多：新的机器人算法交易平台正在席卷金融行业，据估计，该软件将在未来 10 年内将取代 1/3 或 1/2 的金融工作岗位；北京外国语大学网络教育学院研制的教师素养提升平台入选“国际人工智能与教育大会”，平台提供信息化教学理论、方法和实践精品慕课，利用人工智能技术推送自主思考和测评练习，实现“自适应”学习；平台还提供从学习过程、教学交互到结果评价等系列学情数据，供组织者和研修教师全方位掌握研修动态和效果。

我们生活在一个数字化智能的时代，学生们面对的是数字化的未来，机器人、人工智能驱动的机器等将逐渐吞噬当下的许多人力工作。应用基本事实的常规工作需求将越来越少，所以教育必须跟上变化的步伐。为了让毕业生在工作场所具备防御机器人的能力（robot-proof），教育结构应主动适应时代的变化，如重新设置课程体系等。这样的教育模式不再仅专注于用极其新颖的事实装满学生的头脑，而是启发引导他们用新的思维引擎重新适应，用创造性的心态和思维灵活性去矫正，去发明、发现或创造对社会有价值的东西。培养劳动力的时代已过时，需要培养创造者的时代已悄然来临。教育的新模式必须考虑到学习并不是以取得毕业证为重点，而是必须不断磨炼自身的思维能力、技术和科技知识，去主动适应时代的变革发展。

4.3　人工智能支持下的学习共同体重构策略

4.3.1　来自佐藤学共同体探索的启示

1. 学习共同体的发展及构成要素

学习共同体有着悠久的教育历史。杜威多次提到民主和教育领域的共同体。他认为，共同体共识（包括目标、知识、信念、期望等）本身就具有教育意义。许多研究人员和实践者在体制改革和发展过程中建立了不同的学习共同体，形成了实践共同体、学习者共同体、合作共同体、教师专业发展共同体等。同时，学习共同体理论和实践的逐步完善模糊了学习共同体的界限。

1）共同体概念

共同体是社会学中的一个基本概念。1881 年，德国著名社会学家、哲学家斐迪南・滕尼斯将共同体与社会的概念区分[75]。社会指在一个区域的人和平地生活在一起，但本质上不是在一起，而是分开的。共同体指居住在同一居住环境的所有有关成员，与周围的人一起按照习惯本能地或逐渐地发展。与共同体相比，社会更像是一个由契约关系约束的机械的、有目的的联盟。

共同体和社会是两个对立的概念。工业革命条件下，社会迅猛发展，社会结构不断变化。因此，共同体当然已被社会所取代。在此过程中，建立了共同体理论。人与人之间的密切互动和社会中精神意识的共性之路成为研究者的研究方向[76]。

2）学习共同体的发展

学习共同体的哲学基础通常被认为是杜威对人类学习社会的理解。一些研究者认为，这种哲学思想早在公元 1 世纪就存在了，甚至从柏拉图时代就开始了。博耶于 1995 年发表的《基础学校：学习共同体》报告书，首次采用“学习共同体”的概念。他认为，有效的学校教育的第一个也是最重要的因素是在学校中建立一个真正的学习共同体。他指出，要在学校建立一个以学习为本的共同体，学校教师必须有共同的愿景；能够相互沟通；每个人都是一样的；有规则约束；照顾学生；有愉快的气氛。20 世纪 90 年代以后，随着信息通信技术和教学理论的发展，学生社会在教育领域的应用发生了新的变化，学习共同体成为众多实验研究的课题。研究人员不仅关注学校，而且关注所有学生的社会水平。

在学习共同体的发展过程中，共同体经历了一个“社会化”的过程。首先，“共同体”的概念是专门在人与人之间的社会关系的背景下发展起来的，可以是政治的、经济的、文化的或教育的，换言之，在现阶段，它是为公众利益而提出的，如“欧洲共同体”。当这一概念被引入教育领域以形成“学习共同体”时，“共同体”一词在教育领域的意义是有限的，重点放在教育上[77]。社会文化学说设想将学习融入整体文化背景，逐渐将共同体观念超越学校。正是随着互联网信息技术的发展，建立跨行业、跨区域的学习共同体成为现实。

3）学习共同体的构成要素

学习共同体的构成要素有哪些，它们的关系是什么？目前，研究人员还没有就学习共同体的基本要素达成共识，不同学者提出的有三因素的理论、四因素的理论和五因素的理论。

三因素的理论。决定学习共同体的因素包括助学生、学生和信息。助学生通常是指在共同体中学习的教师、专业人员和合格的教师[78]。学生是社会中从事个体学习、合作学习、交流思考的成员。信息是指在学习共同体的学生与学生之间、学生与助学生之间的信息交流。信息交流不仅包括知识和技能的交流，还包括感情的交流。这让人想起班杜拉的观点，即行为、个性和环境是一种互动学习系统。一些研究者认为，在教育学领域，根据学习的特殊性和学生的参与程度，在共同体社会的三个要素（相互干预、共同的事业和共享的技艺库）的基础上，学习共同体至少包括以身份构建为发展目标的参与者、促进参与者成长的共同目标（并非完全相同的目标）和互动的交往[79]。

四因素的理论。根据一些评论者的观点，真正的学习共同体至少包括：①追求发展的人，包括学生、教师和其他学习者。②总目标是促进参与人数的增长，使他们能够互相协助，负责任地参与培训活动，以达到共同目标。③在平等的基础上进行互动交流、分工和合作，发展竞争，增加知识、感情和能力。④通过参与者之间的交流、讨论和确定，开展活动，使参加者有机会获得学习经验和生活经验。

五因素的理论。一些评论者认为，学生共同体由五个要素组成：①学习主体（包括个人或群体）；②共同愿景；③课程知识（如文字资料、书籍、视听资料、多媒体课程及互联网资讯）；④规则；⑤学习活动分工。这个观点针对具体的学习环境，强调课程知识的重要性[80]。一些研究人员还根据参与者的需求和满意度，研究学习共同体的组成部分，如成员、信任、互惠和交流。社会心理学特别是群体心理学为本章研究提供了足够的理论依据和支持[81]。

根据不同学者对社会学因素的分析，不难得出结论：对学习共同体组成部分的分析是基于不同的理论：从社会学方法、从教育学的角度和从心理学的角度等。这些讨论有助于更好地了解学习共同体的特点。学习共同体必须至少有几个参与者，与发展目标相关的共同体活动（包括活动内容，以及与内容相关的工具和材料）和活动（互动或个人）。

2. 佐藤学的学习共同体的提出

作为一名实践研究大师，佐藤学遍访全球 2 000 多所中小学，听课达到 10 000 多节。他是世界上基础研究领域中最有影响力的人之一。佐藤学的“学习共同体”概念和方法给正在经历教育危机的日本的教育带来了希望。

1）日本教育危机下的学校改革方案

20 世纪 70 年代开始，日本公立学校出现了逃学、学校欺凌、师生对抗等现象。为了应付这种情况，“自由教育政策”在日本发展迅速。1998 年《学习指导要领》提出学生在自由环境下的“生存能力”概念，自由教育政策得到全面落实。日本中小学实行五天制，大大减少了中小学的教学时数，以及减少教科书和教材的内容，特别是必修课，降低教学难度，增加综合训练课程，提高学生的学习兴趣。然而，这种改革并没有取得预期的效果，反而导致社会对学生学习能力下降的谴责。

针对这种教育危机，佐藤学在 21 世纪末发表了《逃避学习的日本儿童们》的教育报告，对日本的教育问题进行了深入分析[82]。他认为，日本的教育问题不在于学习内容的“数量”，而在于学习的“质量”。在此基础上，佐藤学继承了杜威的共同体观念，着手对日本公立学校进行理论和实践研究。佐藤学总结了公共教育存在的问题，重新审视了公共教育的功能和特点。他认为，公共教育应体现“公共性”、“民主性”和“卓越性”的原则[83]。在此基础上的“学习共同体”是 21 世纪学校发展的概念，也是未来学校发展的概念：作为儿童共同学习的空间；教师等专业人员互相学习的地方；家长与市民参与学校教育互相学习的场所。

2）活动系统

学习共同体方略就是活动系统的构成。这项活动制度以倾听为本，以课堂为导向，扩展至学校教师的培训及校外家长的共同参与。

课堂上的“活动系统”旨在为儿童提供积极、合作和有意义的教育。所有班级，从小学三年级开始，应建立相互学习和非专业学习之间的联系。

实现每一个孩子在课堂上的“受教育权”的责任不在于班级和教师，而在于每一个孩子、在于每个班级的所有教师、校长和教育管理部门。

在学校领域，除了定期的每月和每周的员工会议外，所有其他会议都被取消。研究问题由教师自己解决，案例研究的主要目的不是追求优秀的教学，而在于每个儿童学习能力的提升。关于学校与家长的关系，我们可以取消每个学期一次的课堂参观，转换为“家长参与”及协助教师建构教学的“学习参与”，家长与教师共同负责子女的教育；另外，学校应为市民及共同体教师提供合作及参与综合培训的机会。

佐藤学认为，如果学校开展系统化的活动，就不会寻求有意识地、自然地理解和实际地实现“公共哲学”、“民主主义”和“卓越性的寻求”。

3. 佐藤学的学习共同体理论对课堂学习的理解

1）关于学习和协同学习

什么是学习？佐藤学在接受采访时表示，学习来得更早，比教育更重要。他从苏格拉底的思想出发，认为学习是三方互动和对话，是与客观世界（文化实践）的对话，是与他人的对话（社会实践），是与自我的对话（反思实践）。真正的学习是一个对话和教育的过程，和别人一起工作，我们会发展自己的想法。从这个意义上来说，学习原本就是合作性的，原本就是基于与他人合作的“冲刺与挑战的学习”。学习是从已知世界出发，探索未知世界之旅；是超越既有的经验与能力，形成新的经验与能力的一种挑战。

真正的学习是对不懂的东西的学习和思考，真正学习的地方应该是平静、开放和温暖的。课堂上经常大声说“我会”的学生通常不太善于学习。善于学习的学生喜欢冷静地思考和倾听。倾听比说话重要得多。如果你只关心自己，你就听不到别人、无法思考，学习的本质也就体现不出来。

在此基础上，真正的课堂教学是协作式教学，它包括相互倾听、有挑战性和符合学科性三个要素。倾听别人的声音是学习的起点，倾听得认真，学生思考得就更投入。

2）倾听：课堂教学方式变革的方案基础

在整个学校系统中，班级无疑占据了中心位置。因此，佐藤学认为“如果课堂改变了，学校就会改变”，课堂被认为是最重要的教育机构，他力求突破在课堂教学方面的改革。佐藤学认为，建立“相互倾听”是改革的优先事项之一。他认为倾听对共同体建设至关重要。这是因为相互倾听的关系可以创造一种对话和交流的语言，为建立共同体做准备。

在实践教学过程中，教师们已经习惯了教学法，并且做得很好。如果他们不采用教学法，而是采用“倾听法”，那么在这类课堂上该怎么办呢？此外，很多学生都很喜欢自我表达，但不想听。如何提高激情和倾听的表达？这些操作阶段一定会遇到的问题是传统课堂所遗留下来的，可谓积重难返，那么如何打开突破口呢？这对课堂中的每一个人来说都是一种挑战。佐藤学设计了一个“活动（任务）—协作学习—表达分享”的系统，建议教师通过将“倾听”分为“倾听—串联—反刍”三个阶段，使“倾听”成为课堂教学的核心内容。

从表面上看，合作学习的效果不如教师的“上课”，但这并没有影响学生的学习效果。教师的责任不是处理课本，而是让每一个学生都能在课堂上学习。我们要努力达到的不是书本上知识的学习效果，而是丰富每个学生的学习经验。

佐藤学一直主张改变训练环境。他一再强调，那种以黑板和讲台为中心、众多儿童整齐划一地排座的课堂；以学科为中心，让儿童掌握教师传授的知识和技能，通过考试来评估他们的方式已经陈旧不堪。20 世纪 80 年代以来，西方发达国家已经放弃了这种训练方法。这种一个教师面对几十个学生的方式，无法产生与学生联结的教学方法，形式上强调教师的权威性，教师倾向于传授现有的知识，而学生倾向于接受和记忆，这使得学习效果较差。此外，只有教师和少数有天赋的学生才能参与这种教学方法，而且他们中的大多数人都很难真正参与和深入学习活动。改变“秧田式”的座位方式，接受四人小组，改变学生环境和比赛心态，让每个孩子至少有一个搭档。如果他们有困难，他们总能找到心理支持和帮助的对象。学习环境的变化，不仅改变了儿童座椅的物理空间，也改变了儿童的心理状态，使其“更安全、更稳定、更平静”。同时，地点的改变也改变了课堂的权力结构，改变了教师在课堂上的地位“独白”，为孩子们提供了更多的对话、相互学习的机会，实现了孩子们自主合作学习的常态化。

佐藤学对逃避学习的深入研究发现，那些盲目地把注意力放在自己身上的教师，“讲授和严格限制学生，但不反思和改进他们的学习方法”。学生离开课堂、教师的主要原因是教师不听学生的话，而且他们之间很难建立一种倾听关系。因此，课堂教与学的矛盾越来越尖锐，越来越成为主要矛盾。为了改变这一状况，我们必须着手改革教师。只有教师以身作则，以温和开放的态度对待学生，接受他们，不仅要用耳朵听，还要用眼睛看，仔细观察学生的语言、表情和行为，并从复杂的社会关系的角度来理解学生的社会关系，才能改变教学环境。“倾听”学生是指在三个方面接纳学生的发言：一是认识该发言是文中的哪些话语所触发的；二是认识该发言是其他儿童的哪些发言所触发的；三是认识该发言同儿童自身先前的发言有着怎样的关联。“倾听”代表了教师对学生深刻的理解和接纳，学生就可以呈现出真实的、自然的状态，才能进入真实的学习。

在传统课堂上，教师往往以自己的教学设计为核心展开教学。教育机构经常强调学科逻辑和教学框架逻辑。这种逻辑简化、抽象，甚至排除了中学教育过程的抽象化，也就是说，在中学教育过程中，学生的学习过程是徒劳的。佐藤学建议引入高素质的“教学理念”，充分理解教学的逻辑、空间和过程，而不是“教学架构”。这种方法使所有学生都能明确学习过程，使教师能够充分了解学生的动态，不断适应和深化基础和教学特点，大大提高了教学效果。关于如何实施教育项目的问题，根据维果茨基的“最近发展区理论”，佐藤学认为，教育主题取决于学生的发展现状，应是“在教师和同龄人的帮助下，学生可能的发展水平”，并尽可能具有挑战性。佐藤学研究了大量的日本教学，发现中小学的日本教师往往设计的主题过于简单。由于可即时解答的科目并不复杂，学生很快便失去学习兴趣，而那些有趣而复杂的科目，才会激发他们的思考和互助。因此，问题主题的设计原则具有一定颠覆性，因为根据教师的经验，不精通基础主题的学生很难学习复杂的主题。

佐藤学认为，学生的思想不是直线上升的，而是呈现波浪形态。课程的前半部分对应于教科书的水平，后半部分的核心则是挑战。因此，未能充分了解上半部分课程内容的学生，在解决课程后半部分的问题时，有可能进一步整合他们以前的知识。他们可能无法在课程结束时解决这个难题，但他们很可能能够熟悉所有课程中教师希望他们拥有的课本知识。因此，在日本共同体学校学习成功的关键是要解决学习挑战性的课题。

4.3.2 学习共同体——教师专业共同体

1. 教师专业共同体的原型与内涵

1）教师专业共同体的原型

教师专业共同体是教师自发组织的，以提高教师专业能力和促进教师专业发展为根本宗旨，注重教师互相共享教学经验知识，达到优化知识结构、提高反思能力等目的的教师学习共同体，该共同体的学习形式不受限制。教师专业共同体的起源同样可以追溯到教育家杜威的“雏形的社会”，共同体的“专业化”的具体研究则是始于 20 世纪 80 年代，大部分强调将学校和机构作为教学改进的场所[84]。通过文献的查阅，我们了解到教师学习共同体的原型有以下两个。

a. 实践共同体

温格等提出的“实践共同体”的概念是“教师专业共同体”这个领域的原型[85]。他们借助“合法的边缘性参与”说明了个体与共同体之间联系的重要性，同时强调了“学习即实践参与”。在之后，实践共同体在情景认知教育观的领域中成为不可或缺的元素。概括地说，一个实践共同体是诸多个体、个体之间的相互关系以及个体与关系之间的有机组合，这些个体以不同的身份长时间地相互介入，共同思考与实践，追求共同的目标。

Roth 指出：“这些年来，实践共同体的思想作为一个理解认知和学习的分析工具已居主导地位。实践共同体的特征是共同的实践、对话、行为、道德标准、观点等。”[86]因此，实践共同体成为我们理解知识的产生和分享的重要环境或平台，也正因为如此，我们对情景认知的研究转向了共同的知识创造的领域。

实践共同体更注重实践，这种实践是指参与者进行与专业领域相关的实践，并在事件中获得自我发展。我们理解实践共同体可以从两个方面进行：一方面，个人的知识建构和组织身份的完善在实践共同体内同时产生又相互影响，这种建构和完善必然受到共同体内其他成员的影响，这是我们理解知识产生的基础[87]。在这里我们也要说明，基于环境是如此的重要，共同体带来的并不一定全部都是有益的影响，这也是共同体的一部分。另一方面，实践共同体理论的完善也同时告诉我们，要想不断地创造新的知识，只有一条途径，那就是不断地实践和对实践做出解释。我们的组织者或者培训人员在实践共同体中也同时参与到学习的实践中并在实践中完善自身学习者的身份。

“实践”和“身份”是实践共同体进步中交错的两条主线，二者互相影响与促进，实践共同体的形成过程同时也是身份的协商过程[88]。与实践共同体相比较而言，学习共同体更强调通过获取知识和应用知识相互协调来达到个人进步，二者都强调学习的社会性质，即学习资源（经验）是镶嵌在共同体之中的，共同体成员的社会互动使他们获得的经验得以扩展和传递，是“个体和共同体构成了一个嵌套的互动网络”。

b. 知识建构共同体

知识建构共同体主要关注新思路的产生与固有思路的改进，共同体成员目标是创造对于共同体有价值的思路，方式是建构性的互动过程。在共同体之中，思路的产生和改进过程是由各个成员共同完成的。国际教育界知名专家 Berger 认为，知识建构不单单只是提高个人的知识，更重要的是为共同体建构具有价值的隐性知识[89]。在这个共同体中，成员针对共同关心的事业或领域寻找和厘清需要解释的诸多问题，以此为基础展开对应的研究活动，产生原始的认识，并将这些认识作为共享知识在共同体中公开，而后共同体其他成员一起对这些知识进行质疑、阐释、优化、扩展和创新，最后讨论出新的方向。知识建构共同体具有以下几个特征。

第一，关注重点在新的问题，而非知识点[90]。一直以来的讲授式教学或者部分主题探究式的教学活动往往都是围绕着某个观点或者知识点来组织课堂教学活动的，在知识建构共同体中，成员始终关注在新的问题上，并根据问题寻找相关的合适的知识。

第二，关注思路的改进，而非某一确切性的答案。我们目前的教学改革方案中，一种重要的思路是让学习者结合问题来展开课程并以此完成知识建构。但现实情况是，学习者知道需要解决自己所提出的问题，因此，他们总是先去寻找答案，然后再提出问题，这一类知识点往往是参考书中就有的内容，这就失去了探究的意义。根据知识建构共同体的理念，学习者最重要的是由学习者先行对现象进行猜想，然后根据我们所提供的或者学习者自己找得到的途径去验证并改进自己的猜想[91]。通常的问题都不是一次性就可以解决的，真实的事件往往是有很多因素在其中，这就可以不断地引导学生探究问题的本质，达到探究的目的。

第三，强调共同体组织知识创造，而非仅仅是个人知识构建。现有的教学活动中对成员的考核依然关注于成员本身能力的考核。知识建构共同体模式更注重学习者在和同伴的互动交流中贡献自己的知识帮助集体知识创造。在共同体之中，每个学习者不只是建构自己的知识，而且在共同组织建构集体的公共知识或隐性知识。学习者们则是通过共同推进公共知识的增长从而得到个体知识的进步。

2）教师专业共同体的内涵

美国国家教师发展委员（National Staff Development Council）提出的教师专业共同体更注重日常教学实践与持续学习，这样的共同体目的是共享教学思路、改进教学计划，并共同处理教学中出现的实际问题。为了提高教学质量，落实学校关于学生发展的目标，这些团队设计了相应的规则并不断改进该规则，以期在这种规则下，成员的日常教学实践得到有效的改善。

Stoll 和 Louis 通过大量的文献研究总结了教师专业共同体的特征，即教师专业共同体是一个团队，其中的成员以一种持续、反思、合作、包容、关注学习、促进发展的方式共享和改善他们的日常实践，这种进步方式存在的基础是一种共同的事业[92]。

DuFour 等认为教师专业共同体中，教师通过开展协作研究、实践探究等方式共同改进教学质量以帮助学生提高自我能力，在这个过程中教师始终保持着学习的状态[93]。

欧用生认为教师学习共同体是由教师自发建立的一个组织，这个组织不仅以共同的事业为基础，同伴之间的友谊也很重要，在这个组织里，成员可以在一个平等、和谐的氛围中针对专业问题进行交流互动，彼此分享、批评、认可并达成共同认识[94]。

刘庆生和肖莉凤提出教师专业共同体的成员不是普通的教师，而是一些充满热情，具有改进意愿的教师，他们热衷于同其他同事进行教学经验的交流，在这种交流中采取一定的方法建立共同的想法，并进一步全身心地投入提升专业知识，在这样的契机下，这群教师默契地约定按时进行讨论交流与共享，不断地观察同伴的教学策略，并对自身进行改进提升。这样的群体以教学质量提升为目的，每个人都愿意持续地改进自我[95]。

丁琴芳和张淑密认为教师专业共同体的重点仍然在学习，在学习的基础上因为相同的目标，按照每个成员不同特色的教学方法，彼此进行分享、学习、激励，最终达到提升成员的个人知识与共同体的共同知识的目的[96]。

已有研究从不同的角度来阐释教师专业共同体的定义，包括学习目标、学习团队、学习氛围、最终结果等，但相同的是教师的学习，这也就是说教师专业共同体的本质仍然在于学习。总结以上表达思路我们可以得出教师专业共同体的两个方面的内涵：第一，提升教学能力是成员们共同追求的目标。共同体中的培训者、管理者及各位成员通过不断地观察、模仿和改进，提高了自身的专业能力，同时又帮助整个共同体进步，最终促进每位成员教学能力的提升。第二，合作是教师专业共同体良性运转的前提与保障。在共同体中的成员处于一种平等的环境中，每个人都愿意分享自己的成就，并不带有恶意地评价他人的教学方式，他们共同思考、相互学习、分享与支持。同时，他们通过共同参与活动相互影响相互促进，进而形成对学习共同体较强的认同感和共荣感。据此，本章研究认为，教师专业共同体是这样的团队，他们以促进学生学习和对某些领域或问题的关注为主题，以一种合作与相互支持的方式学习、研究、实践和反思，以持续改善教育教学实践。

2. 教师专业共同体的特征

国内外研究人员从文献研究的角度探讨了哪些共同体是有效的，通过案例研究和理论发展，形成了有效专业群体特征的普遍共识。本章研究通过对相关立场的分析和总结，认识到有效的专业共同体主要表现在四个方面：①领域和共同价值观（目标和信念）；②协同探究（进程）；③合作（结构）；④联合管理和外部支持（支持条件）。

1）领域和共同价值观（目标和信念）

第一，领域和利益也与集体实践的结果直接相关，这可以让教师们感到合作的共同责任，并从真正的意见交流中准备“有意义的话”。小组内的知识交流是小组成员之间基于社区和利益的经验和专门知识交流。教学的具体内容可以包括以下几个方面：持续学习和教学；组织集体学习，传播新知识和学习拥有共同的信念；支持教师运用新的或复杂的教学方法。

第二，共享的价值观和远见。共享的价值观和远见也可以理解为成员的共同理解和目标。Wenger 指出，每个共同体都需要一些关键要素，包括“一个共同的核心，即共同的远见、理解和价值观的承认”[97]。事实上，共同远见和共同目标感对共同体实践至关重要。然而，共同体的价值观和远见并不是自然的，而是以谈判为基础的。价值观和概念通常是成员通过协商或共同努力达成的“共识”，这也是共同体形成和维持的主要原因。共同的价值观和远见是建立在学生理解的基础上的。持续关注学生的学习是专业群体的关键特征之一。专业与职业的最大区别在于专业是以服务对象的需求为导向的。教师的决策和选择必须为学生的学习提供持续的帮助和支持。这一观点得到了大多数研究人员的支持。Hord 认为，专业共同体有一个“不可动摇的焦点：注重所有学生的学习”[98]。Gray 等认为，专业共同体有一个权威的思想基础，即对教师教学和学生社会化的思考[99]。威斯康星州学校组织与重组中心也认为，共享的规范与价值是指对学生的福祉，是全校教师所具有的共识。

2）协同探究（进程）

第一，实际参与。“学习就是实际参与”是共同体对学习的基本假设。教师实践参与的过程是成员交流思考、个人实践交流、业务研究和实验及结果监测的综合过程，包括互动交流和思想交流。教师之间的沟通和对话可以促进教育系统的沟通和重组，提高教师的专业水平，降低教师的孤立程度。实践对话是关于教育、解决问题和应用新知识的持续讨论；这也意味着教师对他们所做的事情有信心，包括个人自我批评和共同体批评。这些对话的结果是共同体的基本信仰、规范和价值观在个人和集体实践层面的发展和落实。

第二，行动研究与实验。这意味着教师应进一步学习其他教师，交流经验，运用新思想和新信息解决问题，满足学生的学习需要，提高他们的实践技能[100]。换言之，教师培训并不局限于教师之间的经验交流，而是发展一套维持学生高水平学习的教学方法。Bolam 等认为，反思性专业探究是社区实践的一个组成部分，包括就教育问题不断进行讨论，并与同事定期监察实践活动，互相监察及合作制定课程[101]。通过频繁的接触，成员将个人隐性知识转化为知识共享，运用新的思路和信息解决问题，以满足学生的需求。

第三，持续研究。持续的研究和开发涉及两个方面：一是研究内容的连续性和实施过程。共同体研究应当借鉴教师的日常教学实践。教师在教学实践中遇到各种问题，教师不断思考、分享、提出各种问题进行研究[102]。这些问题是共同体中需要持续不断研究的。活动过程方面，以行动研究和试验为主要活动方式的共同体，要求成员在持续不断的周期性循环中从事以下工作：收集现有学生学习水平的数据，为不断进步和解决学习中的薄弱环节而不断发展观念和策略，落实这些观念和策略，分析变化所产生的影响并发现什么是有效的什么是无效的，在下一个持续改进的环节中应用新的知识。这个过程本身就是一个由许多活动组成的持续过程。二是教师发展的可持续性。它涉及两个方面：教师人格的可持续发展和相互联系的知识的可持续发展。持续的相互支持意味着社区成员必须互相协商，培养知识的意义，切实参与社区发展和不断承认社区的个性的做法和经验。在“获取”和“再建构”知识概念的背景下描述了教学知识的发展过程。共同体的“知识”描述了社区成员如何单独或集体地采取有意义的实际行动（不同方式的创造性方法）作为“领导”、“讲师”或“先进教师”，提升他们的实践能力，改变他们的身份认同。

3）合作（结构）

第一，协调配合。在专业团体的实践中，必须建立合作模式，使教师之间的交流超越“对话”，付诸实践。首先是共同体组织和结构。它阐述了成员的互动、规则和成员构成，是成员之间收集和交流信息的形式和工具。这是在网络平台上或通过其他渠道进行的直接通信。共同体应查明并创造机会，促进和便利组织内部和组织之间的意见交流，这使教师能够建立有意义的交流。

第二，合作文化。共同体合作文化表现在以下几方面：①集体负责。集体责任意味着所有教师都对学生的成绩以及共同体所有成员的教育进步和发展负责。

一方面，成员对学生的学习成绩负有共同责任。这种集体责任有助于保持投资承诺，因为它可能会对那些没有完成公平任务和投资的人施加压力，他们在活动过程中也逐渐被孤立。另一方面，他们对同一级别的工作成果负有共同责任。这些责任有助于加强教师在教学方面的互助，并成为额外任务的志愿者。他们也分担对同龄人行为的责任。学校成员齐心协力为学生制定学校教育和学习标准，而且很可能解决和帮助教师表现不佳的问题。②集体认同。集体认同是对集体整体内容及其构成相似性的认同。这是一种集体意识，让团队成员走到一起。集体认同是在共同体实践的框架内形成的，研究重点是认同共同目标和实践、共同决策和领导、尊重、信任和相互依存[103]。承认共同的目标和做法意味着集团成员致力于实现个人或共同的目标。个人目标和共同目标并不总是一致的。但是，在长期的一般实践中，成员在方向和问题上变得更加一致，个人发展目标在很大程度上反映了集体目标。

4）联合管理和外部支持（支持条件）

社会和人力资源基础。社会和人力资源基础反映了社区成员的知识结构和能力水平，以及他们保持高水平群体学习的能力。由于共同体的知识价值在于其成员，当教师群体的共同知识基础相对薄弱，知识类型、观点和思维方式相对单一时，他们从新的角度和新的层次对共同体其他成员的做法提出批评和思考的可能性也很小。在知识和技能基础扎实的学校，通过共同体小组成员的共同研究和实践，通过对教学问题的分析和研究，使“教学实践变得清晰”。最后，教学活动可以用来开发新的、更全面的知识以解决更复杂的问题。

3. 教师专业共同体构建中存在的问题

随着大量教师研修工作的展开，不同形式的教师专业共同体的组建，广大教师们认识到专业共同体比以往的教师培训方式更为方便、开放，活动内容更贴近实际和公平自主，这也再次肯定了教师专业共同体在促进教师教育中的重要作用。但是，我们也应该注意到目前教师专业共同体仍存在比较多的问题，大多数共同体没有达到教师专业共同体的标准，这些问题来自教师个人、共同体组织及奖惩制度等多方面[104]。

1）教师专业共同体的组织内驱力不足

教师专业共同体的成员是普通的在职教师，然而，很多教师在形成了一套完善的教学方法之后，认为这套方案足够支撑教学活动，不愿意探索新的方案，听不进去别人的教学理念，进而故步自封。但是，新时代对教育改革的呼声越来越大，新的学习者思维方式也在不断变化，用老方法教新学生显然是不合时宜的。除此之外，教师行业面对的各方面压力都不小，如职称的评定、家庭的问题或者健康问题等。这些外在的压力使得教师忙于奔波，没有精力投入学习，而在共同体中又没有严格的制度约束，导致教师没有了学习和研究的热情。从教师专业共同体组织管理的角度来看，由于成员的加入更多是依靠教师自愿参与并学习，在活动中，对教师的要求也只限于一些用于激励教师的规范措施，更多的是感染作用，并没有明确的规则[105]。因此，教师专业能力的提升要求教师要有高度自主的发展意识。

从共同体对教师的推动作用方面来看，教师的个体发展进步是教师专业共同体的组织学习的基础和发展的动力，教师只有先进行个体的学习，才能为集体学习做出理论和实践贡献，才能提高共同体的深度，使共同体更具有针对性。没有教师自我的进步，教师专业共同体同样会丧失前进的动力，也就谈不上帮助教师进步，这就会形成一个恶性循环。

总结来看，目前教师群体比较普遍的心态是，凭借已有的学科知识，应付当前阶段的课堂教学没有太大困难[106]。即便稍微有一些不足之处，也几乎不会影响到自己在学校的地位和引起学生的不满，周围的同伴即便看到这种情况，也大多会选择以和为贵，并且，本身教学质量的好坏，就不能以个别因素来判断，很难明说质量是否下降。同时，教师短时期来看不存在失业风险，工作上的进步又十分的艰难。这也导致了教师个人专业发展动力不足。要想以更优化的方式使教师形成合力促进教学质量提高，教师内驱力这一问题是不容回避的。

2）教师专业共同体中教师合作不足

美国学者 Lieberman 和 Mace 在对教学文化做了大量研究之后得到了这样一个结论：教师个人主义文化是教师发展、教师专业发展的一个重要影响因素，教师个人主义可以说是教师文化一个不可或缺的组成部分[107]。教师个人主义的一个核心表现就是受这种文化取向影响的教师更愿意单打独斗，对合作分享意愿不强，最明显的表现就是不愿意接受其他教师的评论。造成这种现象的原因有以下两点。

第一，教师的工作更多是由个人来完成的。每位教师都需要独立完成教育教学工作，这个是没有任何人可以取代的，这就导致每位教师在教学工作中面对的问题都不是普遍现象，或者说至少与普遍现象有细微的区别，面对这些细微不同的区别，其他教师的经验可能很难帮助教师来解决自己的难题[108]。并且，教师在面对一些工作的难题时，需要花费大量的精力去解决，这些解决的细节不是一两次分享就能说得清楚的。这两点原因导致分享者与学习者两个角色看待问题的角度出现分歧，进而去质疑这种分享工作的作用。

第二，在同一学校或区域的教师成员存在竞争关系。教师在大量的教学工作之后形成了自己独有的教学方式，并且这种教学方式帮助教师取得了良好的效果，那么教师理所当然地认为自己的教学方式是有效的甚至是领先的，一方面来说教师认为自己的教学方式更适宜于自身情况，不关心其他的教学方式，另一方面来说教师也担心这样的教育教学优势被其他教师获取之后在工作上超越自己[109]。因此教师不愿意完全分享自己的教育教学方法和经验，这样，双方都会保留自己的观点，分享工作会再次走向形式化直至消失。

3）学校激励制度缺失

学校激励制度的不健全也是建立有效教师专业共同体的重大障碍之一。从组织学习的角度看，制度是组织学习过程某一方面的结果，同时，制度也是组织学习的重要保障，因而有效的制度显然能够促进教师专业发展。假使教师发展活动丰富、有趣、有效，教师具有足够的兴趣和动机，那么激励机制缺失的问题也许就不会凸显，因为压根不需要。现实情况则是学校的部分制度甚至阻碍了教师的成长，不利于教师专业能力的提升，原因如下：第一，教师学习制度不完善；第二，教师评价制度不足；第三，教师激励制度片面。

4.3.3　人工智能支持下的教师专业共同体重构

教师专业共同体在人工智能时代有所不同，是指教师在智能时代社会发展脉络下，以学习者的个性化知识提升需求作为目标，以融合教学能力、信息技术能力以及多学科专业能力的知识为基础，以提升教学活动的专业能力为基本要求的专业化提升共同体[87]。教育质量的提升基础是教师专业能力的不断发展，因此，审视教师专业共同体发展在人工智能时代的实践问题，探寻提升教师专业共同体构建的有效路径，是我国教师教育现代化的重要助推力。

1. 教师专业能力的重构

1）创设 SECI 模型交互空间

知识创造的螺旋模型强调，知识的产生和创新活动是在显性知识和隐性知识、个体知识与群体知识不断转化和补充的过程中进行的[110]。该模型主要通过社会化阶段、外在化阶段、组合化阶段和内在化阶段来帮助学生分享知识，并确保他们知识共享、互相启发，促进“隐性知识”和“显性知识”的不断循环和螺旋式增长。在用虚拟技术建立虚拟共同体时，不仅要建立内部共同体，促进教师之间的交流，在同一地区工作的专业人员，也要安排和管理教师与不同学科和机构的教师沟通和互动。发展教师的共同体教育，培养他们的共情能力和其他专业技能有很多种方法。例如，在互动场所开发安全系统时，可以激发教师的积极性，通过物质鼓励和精神发展来学习，并在许多方面提高他们对学习的自豪感[111]。为了促进教师隐性知识的成长，在 SECI 模型的概念下，转化隐性知识是孔凡哲研究的核心内容。因此，要提高教师的培训水平，不断完善教师的知识结构，就必须鼓励教师之间长期有效地合作，加强产学研一体化，鼓励教师不断改进教师的教学方法[112]。

2）开展教师职级制建设以激发能力发展新动力

实现这一目标的有效手段是完善共同体教育专职教师的管理制度，引入分级制，建立以教育改革利益为导向的机制，有效防止教师失业，在共同体教育系统中全职工作，并继续其职业发展。小学全日制教师分级制度，指根据共同体学校教师的总体水平和能力，确定不同的教师班级。教师按其专业技术素质获得基本工资，教育署会按每名教师在共同体学校的评分，向他们发放结构工资[113]。这种薪酬结构是在原有个人收入和学校支助部门资源之间重新分配补贴和福利的过程。在实施排名制度时，地方教育当局应制定具体规则，对教师排名进行评估，既要考虑到人工智能时代对教育工作者提出的时代需求，也要考虑到专职教师适应人工智能时代所应具备的时代素养与变革思维。根据本条例，共同体的全日制教育应分为三个层次：高等教育、中等教育和初等教育。在此基础上，将成立一个专门的教师评估小组，确定教师在共同体教育方面的任务数量，他们适应人工智能时代的能力和适应信息技能的能力，以及学习者的满意度[114]。

3）研制新时代专业标准以树立能力发展风向标

在人工智能时代，现有标准的某些要素已经不能满足教师技能发展的新要求。所以，新时期教师专业标准的不断发展和专业技能的培养，将是促进教师专业成长的适当途径。为了制定适应新时代的专业标准，我们首先要让教师和教职员有机会充分利用教师和教职员的资源。在制定新标准的过程中，要积极借鉴生活经验、工作经验[115]。此外，在制定新时期的专业标准时，不仅要及时了解开明教师的视觉需求并吸引他们参与到制定专业标准的过程中，也可以促进普通教育系统师生之间的积极互动，以便既考虑到“教育”的需要，又考虑到“学习”的需要，使得制定的标准真正满足专业成长的需要。其次，教学标准必须反映教师队伍的发展动态。负责制定教师新标准的成员，应积极探讨发展时代出现的新课题，积极研究其他国家的最新研究成果，强调教师持续专业培训的能力，协助教师提升专业技能，适应人工智能时代的变化，不断重塑[116]。

2. 支持成员的个性化教学

教师在个人背景、所处发展阶段、面对问题等方面都有非常大的差异，未来智能化的教师专业共同体要解决这些差异，必须形成支持个性化学习的智能系统。这里所述的个性化学习包括以下部分。

1）个性化资源

平台中设置专家系统，预存适应各种不同需求的海量学习资源。根据学习者需求，系统将智能投放最适合学习者需求的内容供学习者学习[117]。同时，学习者对课程资源的呈现形式有不同的偏好，系统将可提供诸如视频、文本、混合等多种资源的呈现形式自动推送给学习者。

2）个性化流程

根据每个人思维与接收方式偏好不同，不再安排整齐划一的学习流程，而是推荐适合学习者的个性化流程，如先研讨后学习、先实践、再总结、再实践等不同学习体验。

3）个性化学伴或学习环境

学习伙伴与学习环境是重要的学习要素，对于学习者十分重要，网络研修共同体可以为学习者推送偏好相同和思维方式不同的学习伙伴组成学习共同体，既提升学习共同体的协同性，又可获取他人不同的思想启发。

4）个性化评价

教师专业共同体将根据个体发展水平不同给出针对学习者自我提升的评价标准。除现有评价外，个性化评价更关注学习者的提升速度和行为改变。

5）个性化管理

教师专业共同体会出现个性化的督学和个性化的干预，主要目的是对学习者学习行为的矫正。根据学习者在共同体的学习前情况及学习情况，通过对过程数据的分析，在识别行为的基础上对学习者进行干预，对于表现良好，学习积极的个性化学习者予以激励，鼓励其更大地挖掘共同体的功能以及自身的潜力；对于学习行为明显懈怠的学习者进行督促，寻找其研修过程中出现的问题，帮助其解决，并尽快地回到研修的正常步伐中；对于停滞不前的学习者疏通激活，更新学习观念，助力其正确地认识到个性化学习的重要性及成就感，寻找学习突破口，使其尽快学习起来[118]。个性化管理，一方面要顾及偏好；另一方面对于太偏于一种学习方式的个体要进行引导，使其接触更多的学习方式，扩宽自身的学习能力。

4.4　组织化的群体智能共享进化促进策略

教师之间的知识交流不仅有助于发现和显现教师的个人知识，而且有助于提高教师的个人能力，以及将教师的个人知识转化为社会知识，并进一步丰富和扩充教师共同体的实践性“知识库”，为学校教学组织的发展提供重要的知识资源。尽管认识到教师个体、教师团体和学校组织交流知识的重要性，知识共享过程仍然受到若干因素的阻碍，教师的个人知识不能更好地传递和传播给群体[119]。因此，重新审视教师知识共享的价值意蕴，在此基础上探讨促进教师知识共享的途径对促进教师知识共享、教师个人和学校组织发展具有重要的现实价值和意义。

4.4.1 从个人学习到群体学习

1. 组织学习的内涵

组织学习的概念源自 Argyris 对组织学习的定义，组织学习是“发现错误，通过重构组织的使用理论来识别和纠正错误，并将其应用于未来行动”的过程，包括四个阶段：发现（discovery）、发明（invention）、执行（production）和推广（generalization）[120]。从那时起，研究人员一直在研究该主题，认为这是一个很好的解释机制，可以提高竞争优势和推进创新活动。大多数研究人员在学习过程中研究组织，认为从知识的角度组织学习是知识生产、精炼、促进和传播的四个阶段，并指出组织学习是知识存量和知识流量之间作用的结果。Carmeli 等将有组织的学习视为获取、学习和发展的动态过程，是整合和利用内部和外部的知识和经验，来促进组织的运作，有的研究人员倾向于将组织研究视为改变组织行为的可能过程[121]。例如，Lee 指出组织学习要求个体在组织与环境互动的过程中学习并理解行为或行动的因果关系[122]；Bingham 和 Kahl 认为，组织学习意味着过去经验中知识和行为的一种系统改变[123]。

2. 组织学习的维度划分

已有的研究探讨了组织学习的各个方面，其中，探索式学习（explorative learning）和利用式学习（exploitative learning）一直得到国内外学者的广泛关注。探索式学习是指根据现有知识探索新的或未知的知识[124]，它的特点是研究、实验、冒险、发现和创新；利用式学习是指直接使用、转换和发展现有知识，其特点是选择、高效、应用和实施。此外，在组织内的训练，分为内部训练和外部训练，内部训练以学习者发展为重点，外部训练的重点是快速灵活地扩展组织的知识库。根据直接从组织获得的经验或知识，组织学习分为经验学习和团队学习两个维度，包括组织维度、内容测量、时间测量和空间测量。在此基础上，Bingham 和 Davis 提出了“组织学习顺序”的概念，即经验学习和替代学习会按照规律出现两种学习顺序，播种型顺序（先替代学习后经验学习）和独奏型顺序（在经验学习之后再经验学习）。值得注意的是，与组织学习相关的理论研究，逐步从特定组织的静态学习风格研究转向不同学习风格之间的协调互动，如作为经验和替代学习的补充或替代[125]。

自 1991 年 March 引入组织学习领域的二元论后，探索式学习和利用式学习概念被讨论[126]。组织的双元学习聚焦在两个问题，第一，探索式学习和利用式学习是否是一个连续体的两个端点？第二，若双元学习是组织学习的不同方面，那么二者如何达到平衡？在此基础上，于海波等提出探索式学习是个人和组织层面的知识积累的过程，将个人的新知识整合或转化为知识，逐步改变组织特征[127]（如组织策略）；相反，利用式学习将知识从组织层面转移到个人层面，并将组织知识转化为个人知识[128]。从经验学习的角度看，探索式学习是在他人经验的基础上进行的，利用式学习是在自己经验的基础上进行的。Beckman 和 Haunschild 认为开发新的合作伙伴被视为探索式学习，而强化现有合作伙伴的联系被视为利用式学习[129]。随后的实证研究结果表明，不同工作经历的研究团队构成更倾向于探索式学习，而相同工作经历的团队构成则倾向于利用式学习[130]。

4.4.2 知识耦合研究

1. 知识耦合的概念与内涵

最初，耦合是一个物理概念，它意味着两个或两个以上系统或两种操作之间的密切交互。从协同的角度看，相互作用和协调的程度决定了系统由无序向有序转变的趋势。耦合的基本前提是链接对象之间存在某种连接，从而更改了链接要素的原始属性，链接要素是指“所有相互关联的要素和影响相互作用的要素”。

关于知识之间的联系的研究，目前的研究大多是以“Nonaka”发表在《哈佛商业评论》上的研究为基础，该文的结论是，知识可以分为显性知识和隐性知识，知识创造的过程可以分为以下阶段：显性知识到显性知识、显性知识到隐性知识、隐性知识转化为外部知识、隐性知识转化为内部知识。知识创建过程由四个阶段组成：社会化过程、外部整合过程、组合形成过程和内部整合过程。知识耦合的本质是焦点组织与外围成员的互动过程，以及如何将隐性知识转为显性知识的过程，而知识的隐性、黏性及难以感知性等特征，又强调了它与社会背景的不可分离性，因此，需要深入探究焦点组织与外围成员在知识互动和沟通中的创造过程。为了深入理解知识耦合的概念、内涵，现有的学者从不同的维度对知识耦合进行了解读。

从知识型学习组织的角度看，知识耦合包括创造、获取、整合、分配和应用知识以提高本组织的业务效率和竞争力。因此，许多组织利用知识管理实践来交流经验和专门知识，并通过知识整合产生新的知识。该理论强调了战略伙伴关系在从其他组织获得知识和资源方面的作用：一方面，发展不同类型的知识耦合能力；另一方面，这些知识被充分吸收和利用。现有的学者已经定义了知识耦合的概念。Inkpen 和 Tsang 认为，知识耦合是在正式和非正式关系中形成的知识集合，它有助于创造和分享新知识，并为个人知识转化为组织知识奠定基础[131]。Eisenhardt 和 Graebner 将知识耦合定义为交流和整合个人知识以创造新知识的过程[132]。

Cummings 和 Holmberg 将知识耦合定义为组织通过知识共享获得自己和其他知识并创造新知识的过程[133]。在这里，知识共享意味着同时发生而不是彼此之间的两个紧密相连的过程，即知识的传递和整合[134]。Helfat 和 Winter 将知识耦合定义为将自己的专有技术和知识与一般知识和知识相结合的多个不同组织，可以被团队合作伙伴理解，从而使组织从新知识中受益[135]。

Kogut 和 Zander 指出，知识要素不仅应保持在个人层面，而且应纳入组织层面的规则，以防被竞争对手复制[136]。因此，对现有知识库的重组和新知识创造的过程被视为学习和整合新知识的重要手段，但通过与外部成员的新合作获得新知识并非易事。此外，这些研究还指出，知识的相互关系是企业以不同的形式、类型和来源组合知识的能力。在此基础上，还涵盖了设计机制、开发过程和知识转移方式[137]。

一般来说，知识之间的相互关系被视为一种组织能力或知识整合、吸收、利用和创造的过程；在不同的文献中，学者也使用了不同的术语，如知识联系或知识联想、知识创造、知识重组等。同时，在综合现有研究的基础上对知识进行整合，包括：①各种形式的知识，类型和职能分布在组织内外的不同机构之间；②无论采用何种方法或程序，知识的引用都是为了创造新的知识；③从知识创造或整合的角度来看，知识引用的最终目的是创造竞争优势，增强组织的组织能力。

2. 网络视角下知识耦合的形成机制

在以往对知识相互作用机制的研究中，学者试图结合知识创造理论、过程论和潜力论研究组织显性和隐性知识的发展过程和相互作用。近年来，学者们开始从社交网络、关系、结构和感知的角度研究知识形成的机制。Uzzi 和 Lancastr 指出，与个别组织相比，网络中不同组织之间隐藏的知识流动和联系更容易实现[138]。这些研究的一个主要内容是网络整合可能导致社会关系瓶颈的产生，这将增加分享知识和经验的机会，并进一步加强网络成员之间的信任。此外，组织间的分配也可能影响知识流动、组织间互动的深度和广度以及知识整合的动机。因此，这些关于知识的组织间联系的发现和结论与关于知识内部联系的结论相似。例如，Porac 和 Thomas 认为，知识提供者和接受者只有在有共同的认同感或归属感的情况下才能自愿参与知识共享和整合[139]。

Das 和 Teng 指出，各组织之间的知识差距也影响到知识管理的形成，这与知识库中知识来源和接受知识者之间的差距有关[140]。Crossan 等指出，如果知识提供者和知识接受者之间存在着巨大的知识差距，知识接受者可能无法有效地利用和整合知识提供者的知识[141]。知识持有者和接受者需要协调知识，以促进知识的转让和学习。他们认为，新的知识情景与自然情景在环境、文化、战略、决策等方面的一致性越高，技术融入一个新的整体就越简单。Zollo 和 Winter 指出同样的知识，在特定群体之间有默契地进行知识吸收和整合，还取决于知识重叠的程度[142]。组织之间的空间距离可能也会成为知识交流、沟通及融合的障碍[143]。在最初的集群管理研究中，各组织关注该区域，以实现知识转移等外部效应。在这种情况下，基本逻辑是利用嵌入区域或群体关系中的社会资本来发展知识纽带。Cohendet 等提出，这种合作有助于建立一个共同的知识库，使知识成为机构记忆的一部分，然后消除组织间的空间距离[144]。但是，知识相关组织之间的空间距离可能会影响当事人发展这种社会关系的能力或意愿。这是因为不同区域的知识之间的相互关系会由于距离遥远而导致更高的成本[145]。此外，有证据表明，个别组织之间的有效互动机制可能比之前的互动机制更好，因为知识通常必须适应新的条件，才能有效地整合。

研究表明知识来源和接受者的社会相似性的日益增长将有助于知识的交流和它们之间的过程，从而导致成功。Higgins 和 Rodriguez 指出，当双方具有相似的社会身份时，知识的转移就更容易了[146]。Porac 和 Thomas 指出，与不同的组织相比，类似的组织更容易控制和模仿，从而有效地整合了不同方面的知识[139]。Baum 和 Berta 说，处于类似地位的群体更容易被吸收和整合，这可以被视为一种知识系形式[147]。此外，知识来源与知识接受者之间的亲密关系也可能影响知识耦合的成功[148]。

4.4.3　智能共享进化的群体配置模型

1. 群体配置与知识耦合

知识耦合的本质在于核心组织和外围成员之间的互动过程，以及无形知识如何转化为有意义的知识。知识的无形性、附着性和完整性突出了它们在社会背景下的不可理解性。因此，有必要深入研究焦点组织与相邻组织在协作和知识共享过程中的互动过程。本章研究将知识的关系分为互补性知识耦合和辅助性知识耦合。其中，互补性知识耦合意味着当新的知识要素结合在一起时，它们的价值或效率会提高。辅助性知识耦合被视为知识要素与其他类似知识要素融合的程度。

现有的研究表明，辅助性知识耦合通过积累更多的知识、发现、选择而获得新知识，提取和应用原始知识系统，明确现有知识的准确性和有效性，改进现有的技术类别和知识系统，并提高现有的创新能力[149]。因此，辅助性知识耦合不会破坏现有的结构和知识库。特别是，首先，辅助性知识耦合发挥“知识处理器”的作用，在群体内识别和选择类似的知识。其次，辅助性知识耦合可以针对类似的知识和信息，适应群体的特殊性，并通过系统评估和澄清相关知识和信息，促使发现新的机会。最后，辅助性知识耦合将有助于分析和深入交流小组内的经验，使各组织和伙伴受益，更新现有的社会互动经验。

互补性知识耦合产生的新知识与现有的知识结构、原则和系统有很大的不同。它的有效执行不仅有助于提高本组织学习经验的能力，改变对高风险的抵抗力，并改变已有知识模型或过程来解决问题，同时它还可以开辟新的知识和能力领域，弥补内部知识库的空白和不足。首先，互补性知识耦合为创新或通过新知识恢复现有能力提供了新的机会[150]。其次，相互加强的知识联系可有助于组织学习和产生新的想法。最后，互补性知识耦合有助于团队成员实现知识共享的“面对面”实践，鼓励共同体成员整合并加强其测试、配置和创新能力、建设能力。

2. 知识耦合与组织创新能力

从知识的角度看，组织技术创新是知识获取、知识整合、知识发展和知识积累等一系列过程[151]。有学者认为，这是一个分享重要和隐性知识的过程。在这一过程中，创新主体采取适当的措施或与其他参与者互动，以扩大和产生新的知识。同样，知识的引用意味着组织及其准成员（如政府、研究机构、信息技术公司等）通过互动，不断调整其知识与成员意识子系统之间的关系，这就是为什么一些学者认为，创造新知识决定了组织创新活动的水平。相反，群体成员间建立知识壁垒、限制知识流动、隐藏已有知识作为溢价能力，是导致群体组合失败的重要原因。

在这种相似知识的拥有者中，知识耦合应该通过类似的“知道什么”（特定知识领域的意义和问题）和类似的“知道如何”（理解重要性与任务之间的因果关系）过程联系起来。此外，新知识与组织的现有知识越相似，在组织吸收能力的影响下，新知识就越容易被理解、吸收和应用[152]。同时，具有类似知识领域等经验可能会使搜索过程更具有可预测性和有效性。这些论点表明，辅助性知识耦合（特别是技术知识之间的耦合）有助于现有知识的交流和组合，并鼓励对已有知识的利用。同时，已有研究表明，组织之间所具有的相互辅助性，会对知识元素如何运作具有相似性的理解，进而在旧有或现有解决方案的“邻居”中寻找新的解决方案来加以辅助[153]。

与前者不同，互补性知识耦合可以通过测试新的技能和技术来促进科学创新。因此，获得更多的知识有助于扩大创新活动的范围，提高创新研发的效率。但是，这也会提高知识引用的成本。在互补的知识网络中，整合互补的技术活动或科学互补领域可能需要很长的时间，这比将类似的知识领域整合到互补的知识耦合中更为复杂，也需要付出更大的努力。但是，如果组织和合作伙伴之间存在知识的互补性，它们的共同知识库有助于各组织在知识转让过程中建立联系和协调。此外，不同领域的共同知识可以帮助其他参与者理解独特但互补的知识集的价值[154]。

3. 群体配置对组织智能共享进化作用机制的模型

本书在这些研究分析的基础上，提出了影响组织知识发展的群体概念模型，如图 4-8 所示。

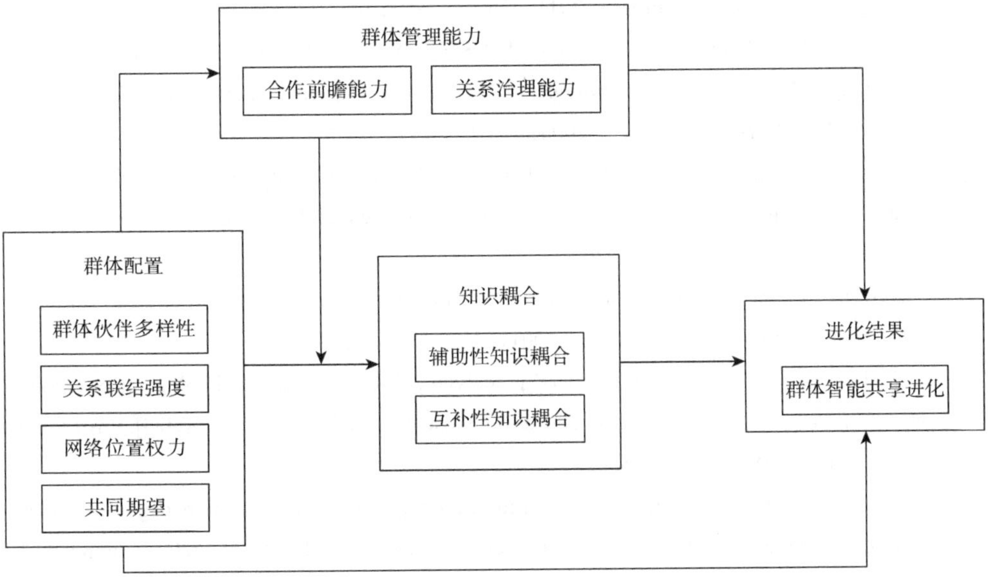

图 4-8　影响组织知识发展的群体概念模型

其中群体伙伴多样性、关系联结强度、网络位置权力和共同期望会对群体管理能力和组织进化产生直接影响；同时，群体配置也会对知识耦合（辅助性知识耦合和互补性知识耦合）产生影响，进而对组织进化产生影响。换句话说，群体配置对组织智能共享进化的作用机制是通过知识耦合实现的。最后，群体管理能力（合作前瞻能力和关系治理能力）对群体配置各维度与知识耦合（辅助性知识耦合和互补性知识耦合）之间的关系起着调节作用。

本章参考文献

[1] 中共中央 国务院关于全面深化新时代教师队伍建设改革的意见[EB/OL]. http://www.gov.cn/zhengce/2018-01/31/content_5262659.htm，2018-01-31.

[2] 舒尔曼 L S. 实践智慧：论教学、学习与学会教学[M]. 王艳玲，王凯，毛齐明，等译. 上海：华东师范大学出版社，2014.

[3] Koehler M J, Mishra P. What happens when teachers design educational technology? The development of technological pedagogical content knowledge[J]. Journal of Educational Computing Research, 2005, 32: 131-152.

[4] Oliver M. Handbook of technological pedagogical content knowledge (TPCK) for educators[J]. Learning, Media and Technology, 2011, 36 (1): 91-93.

[5] Koehler M J, Mishra P. Introducing TPCK[C]//AACTE Committee on Innovation and Technology. Handbook of Technological Pedagogical Content Knowledge (TPCK) for Educators. New York: Routledge, 2008: 3-29.

[6] Angeli C, Valanides N. Pre-service teachers as ICT designers: an instructional design model based on an expanded view of pedagogical content knowledge[J]. Journal of Computer-Assisted Learning, 2005, 21 (4): 292-302.

[7] Pierson M E. Technology integration practice as a function of pedagogical expertise[J]. Journal of Research on Computing in Education, 2001, 33 (4): 413-429.

[8] Lee M H, Tsai C C. Exploring teachers' perceived self-efficacy and technological pedagogical content knowledge with respect to educational use of the World Wide Web[J]. Instructional Science, 2010, 38 (1): 1-21.

[9] Jimoyiannis A. Designing and implementing an integrated technological pedagogical science knowledge framework for science teachers professional development[J]. Computers & Education, 2010, 55 (3): 1259-1269.

[10] Porras-Hernández L H, Salinas-Amescua B. Strengthening TPACK: a broader notion of context and the use of teacher's narratives to reveal knowledge construction[J]. Journal of Educational Computing Research, 2013, 48 (2): 223-244.

[11] Yeh Y F, Hsu Y S, Wu H K, et al. Developing and validating technological pedagogical content knowledge-practical (TPACK-Practical) through the Delphi survey technique[J]. British Journal of Educational Technology, 2014, 45 (4): 707-722.

[12] 闫志明，付加留，朱友良，等. 整合人工智能技术的学科教学知识（AI-TPACK）：内涵、教学实践与未来议题[J]. 远程教育杂志，2020，38（5）：23-34.

[13] 杨鑫，解月光，苟睿，等. 智慧教育时代教师 G-TPCK 框架研究[J]. 现代教育技术，2021，31（8）：32-41.

[14] 王煜，孔令钰，郭承育. 地方院校数学师范生 TPACK 的年级差异性分析——以青海省为例[J]. 数学教育学报，2021，30（3）：90-95.

[15] 郑志高，张立国. "设计学习"促进师范生 TPACK 发展的实证研究[J]. 中国电化教育，2019，（6）：86-94.

[16] 赵磊磊，李玥泓，谢鉴知. 地方高校信息技术师范生 TPACK：影响因素及建构策略[J]. 现代远距离教育，2018，（3）：29-36.

[17] 白浩，周青. 职前教师 PKM 与 TPACK 水平的相关性研究——基于定量分析与定性分析相结合的方法[J]. 现代教育技术，2020，30（5）：54-59.
[18] 王辞晓，吴峰. 职前教师 TPACK 水平的绩效分析与改进路径[J]. 现代远距离教育，2018，（2）：62-71.
[19] 张哲，张海，王以宁. 职前教师的 TPACK 发展影响因素研究[J]. 现代教育技术，2016，26（1）：46-52.
[20] 皇甫倩. 美国新型教师 TPACK 测评工具的研究述评及启示[J]. 外国教育研究，2017，44（8）：36-50.
[21] 徐金雷. 国际学科教学知识的文献计量研究[J]. 课程·教材·教法，2018，38（3）：132-138.
[22] 吴忭，胡梦华，胡艺龄. 教师信息化专业发展研究主题与热点评述——基于 2000-2017年国际期刊论文的共词分析[J]. 开放教育研究，2018，24（1）：82-90.
[23] 徐章韬. 教师信息化教学能力的政策内容、演进逻辑及可能走向[J]. 现代教育技术，2021，31（5）：44-51.
[24] 张哲，陈晓慧，王以宁. 基于 TPACK 模型的教师信息化教学能力评价研究[J]. 现代远距离教育，2017，（6）：66-73.
[25] 张静，杨文正. 面向 TPACK 发展的职前教师教育课程例析与重构[J]. 教育理论与实践，2016，36（5）：41-44.
[26] 侯涛，李淑静. 超越 TPACK：一门美国文学类课程的教育技术融合特色[J]. 外语电化教学，2018，（3）：59-64.
[27] 苏春景，高亚男. 信息技术与小学语文课程整合的现状及对策研究——以烟台市芝罘区部分小学为例[J]. 现代教育技术，2015，25（3）：43-49.
[28] Glaser B G，Strauss A L. The Discovery of Grounded Theory：Strategies for Qualitative Research[M]. Chicago：Aldine，1967.
[29] Jamieson-Proctor R，Finger G，Albion P. Auditing the TK and TPACK confidence of pre-service teachers：are they ready for the profession?[J]. Australian Educational Computing，2010，25（1）：8-17.
[30] 张宝辉，张静. 技术应用于学科教学的新视点——访美国密歇根州立大学马修·凯勒教授[J]. 开放教育研究，2013，19（2）：4-11.
[31] 尤佳鑫，孙众，宋伟. 数字教材的技术接受度与教师 TPACK 能力的相关分析——基于结构方程模型的实证研究[J]. 电化教育研究，2014，35（11）：102-108.
[32] 宋伟，孙众. 数字教材环境下小学教师 TPACK 与自我效能感、技术接受度的关系——一项结构方程分析[J]. 中国远程教育，2014，（9）：39-46.
[33] 蔡慧英，谢作如，李渔迎，等. 创客教育教师准备好了吗——智能时代创客教师知识发展的影响因素探析[J]. 远程教育杂志，2019，37（3）：86-94.
[34] 罗强. 智能时代教师知识结构的发展框架及其实现路径[J]. 现代教育技术，2022，32（7）：

31-39.
[35] 肖林，白彦芝，于波. 小学数学专家教师 TPACK 水平的个案研究[J]. 教育理论与实践，2016，36（5）：37-40.
[36] 付丽萍，王丽珍，薛莉. TPACK 框架下信息技术与区域小学数学深度融合的策略研究——基于大同市十所小学数学教师 TPMK 现状的调查[J]. 基础教育，2016，13（1）：80-91.
[37] 段元美，闫志明，张克俊，等. 初中数学教师 TPACK 现状的调查与分析——以烟台市为例[J]. 现代教育技术，2015，25（4）：52-58.
[38] 杨宝忠，孟晶. 小学数学新教师 TPACK 现状——以天津市某区为例[J]. 数学教育学报，2018，27（4）：53-57.
[39] 徐小舒，蔡基刚. 基于三维模型的我国高校专门用途英语教师能力框架研究[J]. 西安外国语大学学报，2019，27（3）：69-74.
[40] 王鹡. 信息技术与音乐课程整合——基于 TPACK 音乐学科化的视角[J]. 教育研究与实验，2016，（5）：77-81.
[41] 王纬，杜天明，陈振兴，等. TPCK 视阈下民族地区语文教师职业能力现状调查[J]. 当代教育与文化，2016，8（2）：66-70.
[42] 陈菁，李丹丽. 中介调节视角下高校英语教师技术教学内容知识的发展[J]. 外语与外语教学，2020，（5）：22-32，148.
[43] 张思，邓露，邓伟，等. 网络研修社区中教师对话反思的认知网络分析——以语文"齐心协力教师工作坊"为例[J]. 电化教育研究，2020，41（7）：42-47.
[44] 赵磊磊. 农村教师技术感知、自我效能及 TPACK 的关系研究——基于 SEM 的实证分析[J]. 全球教育展望，2017，46（7）：88-99，128.
[45] 徐小舒，孙以琳，蔡基刚. 我国高校专门用途英语教师技术教学内容知识能力框架研究[J]. 外语与外语教学，2020，（1）：51-60，147-148.
[46] 郭衎，曹一鸣. 信息技术环境下数学教师教学知识调查研究与影响因素分析[J]. 教育科学研究，2015，（3）：41-48.
[47] 朱洪翠. 中学英语教师 EFL-TPACK 素养研究——基于江苏省 2015 年初中英语教学观摩研讨会的课例分析[J]. 基础教育，2017，14（3）：78-85.
[48] 陈振宁，桑国元. 青南藏区基础教育阶段教师 TPACK 知识的实证研究[J]. 青海民族研究，2019，30（1）：185-190.
[49] 王晶心，王胜清，陈文广. 基于 TPACK 的高校教师混合式教学胜任力模型研究[J]. 中国远程教育，2022，571（8）：26-34.
[50] 赵艳，赵蔚，李绿山，等. 学习分析视域下小学教师整合技术的学科教学知识（TPACK）研究——以东北 C 市为例[J]. 现代远距离教育，2015，（5）：42-48.
[51] 赵晓伟，沈书生. 在线教育中教师 TPACK 塔式认知层次构建策略[J]. 现代远距离教育，2019，（3）：49-55.

[52] 邓国民. 基于在线实践社区的教师 TPACK 发展模式[J]. 电化教育研究，2015，36（12）：109-114.
[53] 徐章韬，刘郑，刘观海，等. 信息技术支持下的学科教学知识之课例研究[J]. 中国电化教育，2013，（1）：94-99.
[54] 张静. 面向 TPACK 发展的设计型教师教育课程——缘起、模式及启示[J]. 远程教育杂志，2013，31（5）：83-88.
[55] 付丽萍，王丽珍，薛莉. TPACK 框架下信息技术与区域小学数学深度融合的策略研究——基于大同市十所小学数学教师 TPMK 现状的调查[J]. 基础教育，2016，13（1）：80-91.
[56] 徐鹏，王以宁. 整合技术的卓越教师知识能力结构研究[J]. 中国电化教育，2020，（2）：89-93，101.
[57] Ds A，Rmy B. The effect of augmented reality technology on middle school students' achievements and attitudes towards science education-science direct[J]. computers & education，2020，144：103710.
[58] Reeves S M，Crippen K J，Mccray E D . The varied experience of undergraduate students learning chemistry in virtual reality laboratories[J]. Computers & Education，2021，175（12）：27-32.
[59] Winkler R，Söllner M，Leimeister J M. Enhancing problem-solving skills with smart personal assistant technology[J]. Computers & Education，2021，165（5）：1-15.
[60] Self J. The defining characteristics of intelligent tutoring systems research：ITSs care，precisely[J]. International Journal of Artificial Intelligence in Education，1999，10：350-364.
[61] Ritter S，Fancsali S. Carnegie learning's cognitive tutor[C]. Education Data Mining，2015.
[62] Lesgold A，Lajoie S，Bunzo M，et al. A Coached Practice Environment for an Electronics Troubleshooting Job[M]. Hillsdate：Erlbaum，1990.
[63] Yudelson M V，Koedinger K R，Gordon G J. Individualized bayesian knowledge tracing models[J]. Artificial Intelligence in Education，2013，（7）：171-180.
[64] Creasy K L. Defining professionalism in teacher education programs[J]. Online Submission，2015，2：23-25.
[65] Hargreaves A. Four ages of professionalism and professional learning[J]. Teachers & Teaching，2000，6（2）：151-182.
[66] 叶澜. 教师角色与教师发展新探[M]. 北京：教育科学出版社，2001.
[67] 马超山，张桂春. 教师素质结构模型初探[J]. 辽宁师范大学学报，1989，（4）：33-36.
[68] Evetts J. The management of professionalism[C]//Gewirtz S，Mahony P，Hextall I，et al. Changing Teacher Professionalism：International Trends，Challenges and Ways Forward. Hoboken：Routledge，2008：19-30.
[69] Hargreaves A，Goodson I. Teachers' professional lives：aspirations and actualities[C]// Goodson I，Hargreaves A. Teachers' Professional Lives. London：Falmer Press，1996：1-27.

[70] 李兆义，杨晓宏．“互联网+”时代教师专业素养结构与培养路径[J]．电化教育研究，2019，40（7）：110-120.
[71] 闫建璋，李笑笑．教师教育者的知识结构探析[J]．教师教育研究，2019，31（4）：28-33.
[72] 郑丹丹．教师教育者专业身份认同剖析[J]．江苏高教，2014，（3）：113-115.
[73] Chere-Masopha J. Personal landscapes of teacher professional identities versus digital technology adoption and integration in Lesotho schools[J]. International Journal of Learning，Teaching and Educational Research，2018，17（3）：28-42.
[74] 郭炯，郝建江．智能时代的教师角色定位及素养框架[J]．中国电化教育，2021，（6）：121-127.
[75] 滕尼斯 F. 共同体与社会——纯粹社会学的基本概念[M]．林荣远译．北京：商务印书馆，1999.
[76] 莫兰 E. 社会学思考[M]．闫素伟译．上海：上海人民出版社，2001.
[77] 裴新宁．“学习者共同体”的教学设计与研究——构建主义教学观在综合科教学中的实践之一[J]．全球教育展望，2001，（3）：10-15.
[78] 赵健．学习共同体——关于学习的社会文化分析[M]．上海：华东师范大学出版社，2006.
[79] Howard M O，McMillen C J，Pollio D E. Teaching evidence-based practice：towards a new paradigm for social work education[J]. Research on Social Work Practice，2003，（2）：234-259.
[80] Simpson G. The Meaning of Evolution[M]. New Haven：Yale University Press，1949.
[81] Savin R，Leavey M，Madden N. Team-assisted individualization：mathematics teacher's manual[Z]. John Hopkins University，Center for Social Organization of Schools，1983.
[82] 陈静静．追求高质量的学力——日本东京大学佐藤学教授访谈录[J]．全球教育展望，2008，（7）：3-5.
[83] 佐藤学．课程与教师[M]．钟启泉译．北京：教育科学出版社，2003.
[84] Stoll J，Bolam R，Mcmahon A，et al. Professional learning community：a review of the literature[J]. Journal of Educational Change，2006，7：221-258.
[85] 温格 E，麦克德马 R，施奈德 W M. 实践社团：学习型组织知识管理指南[M]．边婧译．北京：机械工业出版社，2003.
[86] Roth W-M. Heeding the unit of analysis[J]. Mind，Culture，and Activity，2007，14（3）：143-149.
[87] 泰勒 R. 课程与教学的基本原理[M]．施良方译．北京：人民教育出版社，1994.
[88] 鲍曼 Z. 共同体[M]．欧阳景根译．南京：江苏人民出版社，2003.
[89] Rose R. The social construction of reality by Peter L. Berger; Thomas Luckmann[J]. The Modern Language Journal，1967，51（5）：307-308.
[90] 纪德奎．论教师专业素养的提升：礼仪的视角[J]．中国教师，2007，（12）：47-49.
[91] 邓涛．西方教师专业合作研究述评[J]．外国教育研究，2007，（4）：37-41.
[92] Stoll L，Louis K S. Professional learning communities：divergence，depth and dilemmas[J]. District Administration，2007，16（5）：862-864.

[93] DuFour R, Eaker R. On Common Ground: The Power of Professional Learning Communities[M]. Bloomington: Solution Tree（Formerly National Educational），2005.
[94] 欧用生. 台湾学校教育跨世纪的改革[J]. 教育发展研究，1999，（2）：76-80.
[95] 刘庆生，肖莉凤. 高校要创建自由、公正与公平竞争的学术氛围[J]. 中国高等教育，2000，（23）：21-22.
[96] 丁琴芳，张淑密. 对职业教育中数学教学的思考[J]. 教学与管理，2003，（9）：75-76.
[97] Wenger E. Community of Practice: Learning, Meaning, and Identity[M]. Cambridge: Cambridge University Press，1998.
[98] Hord S M. Professional learning communities：what are they and why are they important?[J]. Issues About Change，1997，（6）：23-45.
[99] Gray J，Kruse S，Tarter C J. Enabling school structures，collegial trust and academic emphasis：antecedents of professional learning communities[J]. Education Management Administration & Leadership，2016，44（6）：59-82.
[100] Ebert C L. An assessment of prospective secondary teachers' pedagogical content knowledge about functions and graphs[J]. American Educational Research Association, 1993, 5（3）: 12-16.
[101] Bolam R，Stoll L，Greenwood A. The Involvement of Support Staff in Professional Learning Communities[M]. McGraw-Hill：Open University Press，2007.
[102] Eaker R，Dufour R，Burnette R. Getting Started：Reculturing Schools to Become Professional Learning Communities[M]. Bloomington：National Educational Service，2002.
[103] Grossman P L，Wilson S M，Shulman L S. Teachers of substance：subject matter knowledge for teaching[C]//Reynolds M C. Knowledge Base for the Beginning Teacher. New York：Pergamon，1989：23-36.
[104] 朱嘉颖. 伙伴合作对教师学习的影响：一个有关教师实施专题研习教学的探究[D]. 香港中文大学博士学位论文，2005.
[105] 张晓蕾. 教师如何一起学习？探究中国大陆课程改革背景下学校教研组（TRGs）的教师学习[D]. 香港中文大学博士学位论文，2014.
[106] 曾艳. 中国大陆新课程改革背景下学校教师领导与教师学习的互动研究：基于北京市两所小学的案例研究[D]. 香港中文大学博士学位论文，2013.
[107] Lieberman A，Mace D P. Teacher learning：the key to educational reform[J]. Journal of Teacher Education，2008，59（3）：226-234.
[108] Reynolds M C. Knowledge Base for the Beginning Teacher[M]. Oxford，New York：Pergamon Press，1989.
[109] 李琼. 教师专业发展的知识基础——教学专长研究[M]. 北京：北京师范大学出版社，2009.
[110] 竹内弘高，野中郁次郎. 知识创造的螺旋——知识管理理论与案例研究[M]. 李萌译. 北京：知识产权出版社，2006.

[111] 陈向明. 对教师实践性知识构成要素的探讨[J]. 教育研究，2009，（10）：65-71.

[112] 孔凡哲. 基础教育新课程中“螺旋式上升”的课程设计和教材编排问题探究[J]. 教育研究，2007，（5）：63-68.

[113] 罗莎莎，靳玉乐. 智能时代教师角色的危机、成因及其应对——基于场景理论的视角[J]. 教师教育研究，2020，（3）：53-59.

[114] 胡艳. 专业共同体视角下的教研组建设——以北京市某区中学教研组为例[J]. 教育研究，2013，（10）：37-43.

[115] 李燕玲. 创新研修模式引领区域教师专业发展[J]. 基础教育参考，2012，（11）：49-53.

[116] 毛齐明，蔡宏武. 教师学习机制的社会建构主义诠释[J]. 华东师范大学学报（教育科学版），2012，（6）：20-22.

[117] Carroll D. Learning through interactive talk：a school-based mentor teacher study group as a context for professional learning[J]. Teaching and Teacher Education，2005，21（5）：457-473.

[118] Korthagen F A. Commentary professional learning from within[J]. Studying Teacher Education，2009，（2）：196-198.

[119] de Lima J A. Forgetting about friendship：using conflict in teacher communities as a catalyst for school change[J]. Journal of Educational Change，2001，（2）：97-122.

[120] Argyris C. Organizational learning and management information systems[J]. ACM SIGMIS Database，1982，13（2/3）：113-123.

[121] Carmeli A，Brueller D，Dutton J E. Learning behaviours in the workplace：the role of high-quality interpersonal relationships and psychological safety[J]. Systems Research & Behavioral Science，2010，26（1）：81-98.

[122] Lee F. When the going gets tough，do the tough ask for help? Help seeking and power motivation in organizations[J]. Organizational Behavior and Human Decision Processes，1997，72（2）：336-363.

[123] Bingham C B，Kahl S. Anticipatory learning[J]. Strategic Entrepreneurship Journal，2014，8（2）：101-127.

[124] 林筠，王蒙. 交互记忆系统对团队探索式学习和利用式学习的影响：以团队反思为中介[J]. 管理评论，2014，26（6）：143-150，176.

[125] Bingham C B，Davis J P. Learning sequences：their existence，effect，and evolution[J]. Academy of Management Journal，2012，55（3）：611-641.

[126] Gao G Y，Xie E，Zhou K Z. How does technological diversity in supplier network drive buyer innovation? Relational process and contingencies[J]. Journal of Operations Management，2015，36（5）：165-177.

[127] 于海波，郑晓明，方俐洛，等. 如何领导组织学习：变革型领导与组织学习的关系[J]. 科学学与科学技术管理，2008，（3）：183-188.

[128] 杨炎轩. 从教研组到教师团队：组织结构理论的视角[J]. 教育发展研究，2009，（4）：57-60.

[129] Beckman C M，Haunschild P R. Network learning：the effects of partner experience heterogeneity on corporate acquisitions[J]. Administrative Science Quarterly，2002，47（1）：92-124.

[130] Tang T Y，Fisher G J，Qualls W. Interfirm alliance configuration as a strategy to reduce shareholder risks[J]. Journal of Business Research，2016，69（3）：1199-1207.

[131] Inkpen A C，Tsang E W K. Reflections on the 2015 decade award—social capital，networks，and knowledge transfer：an emergent stream of research[J]. Academy of Management Review，2016，41（4）：573-588.

[132] Eisenhardt K M，Graebner M E. Theory building from cases：opportunities and challenges[J]. Academy of Management Journal，2007，50（1）：25-32.

[133] Cummings J L，Holmberg S R. Best-fit alliance partners：the use of critical success factors in a comprehensive partner selection process[J]. Long Range Planning，2012，45（2/3）：136-159.

[134] Jacob J，Duysters G. Alliance network configurations and the co-evolution of firms' technology profiles：analysis of the biopharmaceutical industry[J]. Technological Forecasting and Social Change，2017，120（7）：90-102.

[135] Helfat G E，Winter S G. Untangling dynamic and operational capabilities：strategy for the（N）ever-changing world[J]. Strategic Management Journal，2011，32（11）：1243-1250.

[136] Kogut B，Zander U. Knowledge of the firm and the evolutionary theory of the multinational corporation[J]. Journal of International Business Studies，2003，24（4）：625-645.

[137] 雷辉，聂珊珊. 权变视角下联盟组合配置战略对绩效的影响[J]. 系统工程，2015，33（9）：1-8.

[138] Uzzi B，Lancastr R. Relational embeddedness and learning：the case of bank loan managers and their clients[J]. Management Science，2003，49（4）：383-399.

[139] Porac J F，Thomas H. Taxonomic mental models in competitor definition[J]. Academy of Management Review，1990，15（2）：224-240.

[140] Das T K，Teng B S. Instabilities of strategic alliances：an internal tensions perspective[J]. Organization Science，2000，11（1）：77-101.

[141] Crossan M，Lane H，White R，et al. An organizational framework：learning from intuition to institution[J]. Academy of Management Review，1999，24（3）：522-537.

[142] Zollo M，Winter S G. Deliberate learning and the evolution of dynamic capabilities[J]. Organization Science，2002，13（3）：339-351.

[143] 文金艳，曾德明. 标准联盟组合配置与企业技术标准化能力[J]. 科学学研究，2019，37（7）：1277-1285.

[144] Cohendet P，Kern F，Mehmanpazir B，et al. Knowledge coordination，competence creation and

integrated networks in globalised firms[J]. Cambridge Journal of Economics，1999，23（2）：225-241.

[145] 詹也，吴晓波. 企业联盟组合配置战略与组织创新的关系研究——基于我国汽车行业的多案例研究[J]. 科学研究，2012，30（3）：466-473.

[146] Higgins M J，Rodriguez D. The outsourcing of R&D through acquisitions in the pharmaceutical industry[J]. Journal of Financial Economics，2006，80（2）：351-383.

[147] Baum J A C，Berta W B. Sources，dynamics，and speed：a longitudinal behaviorial simulation of interorganizational and population-level learning[J]. Advanses in Strategic Management，1999，16（6）：155-184.

[148] 王双龙. 联盟关系的多样性对企业创新平衡模式的影响机制研究[J]. 科学学与科学技术管理，2018，39（1）：107-117.

[149] 王栋，魏泽龙，沈灏. 转型背景下企业外部关系网络、战略导向对战略变化速度的影响研究[J]. 南开管理评论，2011，14（6）：76-84.

[150] Enberg C. Enabling knowledge integration in coopetitive R&D projects：the management of conflicting logics[J]. International Journal of Project Management，2012，30（7）：771-780.

[151] Tsai W. Knowledge transfer in intraorganizational networks：effects of network position and absorptive capacity on business unit innovation and performance[J]. Academy of Management Journal，2001，44（5）：996-1004.

[152] Rost K. The strength of strong ties in the creation of innovation[J]. Research Policy，2011，40（4）：588-604.

[153] 沈鹤，余传鹏，张振刚. 科技型小微企业管理创新引进机理研究——基于获得式学习视角[J]. 科学学研究，2018，36（5）：884-892.

[154] 赵健. 基于知识创新的学校组织发展——兼论学习共同体与学习型组织的异同[J]. 全球教育展望，2007，（2）：72-78.

第5章　人工智能助推教师专业发展的应用案例

兴国必先强师，教育发展的首要任务就是要大力振兴教师教育。优化教师队伍结构，构建规模更大、效果更好的教师培训质量保障体系势在必行。本章从人工智能技术助推教师专业发展的几个典型案例切入，从不同方面佐证了人工智能技术支持教师能力提升的可行性和融入教育教学的紧迫性。

5.1　国际视域下教师专业发展的比较分析与应用案例

5.1.1　国内外教师计算思维能力标准解读

1.《计算思维能力标准（教育者）》

美国国际教育技术协会于2018年发布了《计算思维能力标准（教育者）》[1]，这是国际范围内首个以计算思维命名的标准文本，对指引智能时代的计算思维教学具有里程碑意义[2]。《计算思维能力标准（教育者）》旨在为智能时代的教学变革提供路线图，分别从智能时代计算思维教育者的五种身份——计算思维的学习者、教育公平的领导者、围绕计算的协作者、创新与设计的设计者、计算思维与课堂教学融合的促进者入手。具体内容与对《计算思维能力标准（教育者）》解读如下。

1）计算思维的学习者

通过学习与发展对计算思维及其作为跨学科内容的应用，教育者需要不断加强他们的实践水平。教育者发展了计算思维的核心组成部分的工作知识。例如：分解；收集和分析数据；抽象；算法设计以及计算如何影响人们和社会等。其强调在当前一个全新的数字化、信息化的时代中计算思维的强大影响力。教育者作为计算思维的学习者应达成的目标要求见表 5-1。

表 5-1 计算思维的学习者的目标要求

标准一：计算思维的学习者	
1	设定专业的学习目标，以探索和应用教学策略，将计算思维实践整合到学习活动中，从而增强学生对所学的学科和计算思维概念的学习
2	学习认识可以在什么地方以及如何使用计算来丰富数据或者内容来解决特定的问题，能够将这些与基础的计算思维时间和计算机科学概念联系起来
3	利用计算思维和计算机科学概念方面的专家、资源和专业学习网络，不断改进与跨学科领域的计算思维整合
4	在学习计算思维和计算机科学概念的过程中要培养适应力和毅力，对模棱两可或者开放性的问题建立信心，把失败视为学习和创新的机会
5	认识到计算和社会之间怎样进行相互作用，从而为个人或者组织创建机会，减少不公平和威胁

通过标准一中对教育者作为计算思维学习者的设定，第一条设定专业的学习目标，以探索和应用教学策略，将计算思维实践整合到学习活动中，从而增强学生对所学的学科和计算思维概念的学习，明确了教师应该将计算思维作为专业的学习目标，从而探索和应用教学策略，并将计算思维运用到自己的教学活动中，从而提升学生的学习能力。第二条学习认识可以在什么地方以及如何使用计算来丰富数据或者内容来解决特定的问题，并能够将这些与基础的计算思维时间和计算机科学概念联系起来，表明知道计算思维可以在什么地方去使用，并能够将这些与基础的计算思维和计算机科学概念联系起来。第三条利用计算思维和计算机科学概念方面的专家、资源和专业学习网络，不断改进与跨学科领域的计算思维整合，提到了如何进行跨学科领域的整合，指出教育者应该多向计算思维和计算机科学概念方面的专家学习，利用资源和专业学习网络不断改进与跨学科领域的计算思维整合。第四条在学习计算思维和计算机科学概念的过程中要培养适应力和毅力，对模棱两可或者开放性的问题建立信心，把失败视为学习和创新的机会，表示教育者应该建立起信心，不畏惧失败，也要不断学习与创新。第五条认识到计算和社会之间怎样进行相互作用，从而为个人或者组织创建机会，减少不公平和威胁，指出教育者应该认识到计算思维对人类社会发展的重要性和应遵守的伦理道德。

2）教育公平的领导者

所有的学生和教育者都有能力成为计算思想家和计算机科学的学习者[3]。教育工作者应积极对刻板印象进行消除，这种刻板印象会让学生失去精通计算的机会，教育工作者还应该培养一种融合重视独特观点的包容性和多样化的课堂文化；建立学生对计算机的自我效能感和信心；满足不断变化的需求和优势；并解决交互、设计和开发方法方面的偏见。教育者作为教育公平的领导者应达成的目标要求见表 5-2。

表 5-2　教育公平的领导者的目标要求

标准二：教育公平的领导者	
1	为每位学生建立起自信心、称职和积极的计算认同感的身份
2	构建并实施与文化相关的学习活动，且这些活动应针对计算的各种伦理、社会和文化观点，并强调各种角色和团队的计算成果
3	教学方法应选择促进包容性的计算文化，避免刻板印象和确保所有参加学生的公平
4	评估和管理课堂文化，促进学生公平参与，解决排斥现象，反对隐性偏见
5	与学生、家长和领导沟通计算机在我们世界里以及各种角色和职业生活中的影响以及这些技能对学生来说是必不可少的

通过标准二中对教育者作为教育公平的领导者的设定，第一条为每位学生建立起自信心、称职和积极的计算认同感的身份。第二条明确了教育者应培养自身计算思维，构建并实施与文化相关的学习活动，且这些活动应针对计算的各种伦理、社会和文化观点，并强调各种角色和团队的计算成果，说明教育者应该构建并实施与文化相关的学习活动，并且这些活动应该与计算的各种伦理、社会和文化观点相关。第三条教学方法应选择促进包容性的计算文化，避免刻板印象和确保所有参加学生的公平，指出教师应该为学生提供学习支持确保学生在教学中的教育公平，避免因为一些如性别、种族、文化差异等方面的不公平现象的出现。第四条评估和管理课堂文化，促进学生公平参与，解决排斥现象，反对隐性偏见，也表明教师应该通过评估和管理课堂文化从而促进每一位学生公平参与。第五条与学生、家长和领导沟通计算机在我们世界里以及各种角色和职业生活中的影响以及这些技能对学生来说是必不可少的，指出教育者应该及时与学生家长进行沟通，为一切可以促使教育公平的途径做出努力。因此，教育者作为领导者更多的是帮助学生因材施教而不是管理施压于学生。

3）围绕计算的协作者

围绕计算的有效协作需要教育者在开发学生学习机会时融入不同观点和独特技能，并认识到必须明确教授协作技能才能比独立工作的个人取得更好的结果。教育者作为围绕计算的协作者应达成的目标要求见表 5-3。

表 5-3 围绕计算的协作者的目标要求

标准三：围绕计算的协作者	
1	与学生一起进行建模和学习，学习如何制订问题的计算解决方案以及如何提供和接收可行的反馈
2	通过应用有效的教学策略来支持学生围绕计算的协作，包括结对编程、在不同的团队角色中工作、公平分配工作和项目管理
3	与其他教育工作者合作制订计划，开展跨学科的学习活动，以增强学生对计算思维和计算机科学概念的理解，并在新的环境中转移知识的应用

通过标准三中对教育者作为围绕计算的协作者的设定，第一条与学生一起进行建模和学习，学习如何制订问题的计算解决方案以及如何提供和接收可行的反馈，明确了教育者作为协作者应该做到可以和学生一起协作学习，成为学生在学习时的好帮手，而不是像传统课堂中的以教师为中心。第二条通过应用有效的教学策略来支持学生围绕计算的协作，包括结对编程、在不同的团队角色中工作、公平分配工作和项目管理，指出教育者还应该学会使用教学策略去促进这种协作的形成。第三条与其他教育工作者合作制订计划，开展跨学科的学习活动，以增强学生对计算思维和计算机科学概念的理解，并在新的环境中转移知识的应用，说明教育工作者之间也要建立好协作关系，共同制订计划，学习在不同学科领域如何融合计算思维。

4）创新与设计的设计者

计算思维能力可以使学生创造出可以进行个人表达的计算工具。教育者认识到，设计和创造力可以鼓励学生思维成长。努力创造有意义的计算机科学学习体验和环境，从而激发学生以反映自己的兴趣和经验的方式在计算机应用中建立技能和信心。教育者作为创新与设计的设计者应达成的目标要求见表 5-4。

表 5-4 创新与设计的设计者的目标要求

标准四：创新与设计的设计者	
1	设计可以获取、分析和表示数据的计算思维活动，以学习其他内容领域的问题解决方法
2	设计真实的学习活动，要求学生利用设计过程来解决有关技术和人为限制的问题，并捍卫自己的设计选择
3	引导学生认识到在开发具有广泛可访问性与可用性的计算工作时，各种观点和以人为本的设计的重要性

通过标准四中教育者作为创新与设计的设计者的设定，第一条设计可以获取、分析和表示数据的计算思维活动，以学习其他内容领域的问题解决方法，说明了教育者应该通过学习表示数据的计算思维活动从而解决问题。第二条设计真实的学习活动，要求学生利用设计过程来解决有关技术和人为限制的问题，并捍卫自

己的设计选择，明确了教育者作为设计者应该设计计算思维活动让学生在学习时去通过自己的创造力与主动性解决问题，鼓励学生去发散思维创造多样性。第三条引导学生认识到在开发具有广泛可访问性与可用性的计算工作时，各种观点和以人为本的设计的重要性，说明教育者应该重视以人为本的教育，注重个性化教学，让学生在过程中体会到乐趣从而培养兴趣，去锻炼学生使用计算思维的能力。

5）计算思维与课堂教学融合的促进者

教育工作者通过将计算思维实践整合到课堂中来促进学习。计算思维是一项基本技能，因此教育工作者将培养每个学生的能力，使他们认识到自己在环境中应用计算思维的机会。教育者作为计算思维与课堂教学融合的促进者应达成的目标要求见表 5-5。

表 5-5　计算思维与课堂教学融合的促进者的目标要求

标准五：计算思维与课堂教学融合的促进者	
1	评估和使用计算思维和计算机科学课程、资源和工具，以说明学习者的差异性从而满足所有学生的需求
2	使学生能够选择对个人有意义的计算项目
3	使用各种教学方法来帮助学生学会使用计算机要执行的计算步骤或算法的方式来描述问题
4	建立评估计算思维实践和内容学习的标准，使用各种形成性和总结性评价来证明学生对计算机科学和计算思维词汇、实践和概念有符合其年龄的理解

通过标准五中教育者作为计算思维与课堂教学融合的促进者的设定，第一条评估和使用计算思维和计算机科学课程、资源和工具，以说明学习者的差异性从而满足所有学生的需求，明确了教育者作为促进者应该满足学生的需求从而促进学生运用计算思维的过程。第二条使学生能够选择对个人有意义的计算项目，说明教育者应帮助学生去选择对个人有意义的计算项目，授予学生选择对自己有意义的项目的权利。第三条使用各种教学方法来帮助学生学会使用计算机要执行的计算步骤或算法的方式来描述问题，详细指出了如何运用计算思维。第四条建立评估计算思维实践和内容学习的标准，使用各种形成性和总结性评价来证明学生对计算机科学和计算思维词汇、实践和概念有符合其年龄的理解，表明教育者应该建立评估计算思维实践和内容学习的标准，通过各种方式的评价让学生理解与计算相关的概念内容，从而促进计算思维的学习。

2.《计算思维教育者标准》

随着计算思维的快速普及，对计算思维教育者的需求日益增长，美国计算机科学教育相关团体包括教师教育者等，都在努力研究一个可持续的计算思维教育者培养模式，以满足对计算思维教育者的需求。在此背景下，2020 年初计算机科学教师协会联合美国国际教育技术协会共同研制了《计算思维教育者标准》[4]，具体内容见表 5-6。

表 5-6 《计算思维教育者标准》具体内容

标准维度	具体内容	具体分类
计算机科学知识与技能	计算思维教育者展示并不断发展对计算机科学内容的深入了解。他们展示了他们所教年级组对计算机科学概念的熟练程度。将这些概念与计算机科学实践相结合，包括计算思维。了解他们所教的年级组的前后内容进展情况	1a.计算机科学实践应用 1b.计算系统应用知识 1c.模报网络与因特网 1d.使用和分析数据 1e.开发程序和解释算法 1f.分析计算的影响
公平与包容	计算思维教育者积极倡导计算思维课堂的公平和包容，他们致力于实现一种有目的的、以公平为中心的愿景，以改善所有学生的获取，参与和成就	2a.审查计算机科学中的公平问题 2b.尽量减少对包容的威胁 2c.代表不同的观点 2d.利用数据进行决策以提高公平性 2e.使用可访问的教学材料
职业成长与认同	计算思维教育者不断发展他们的知识、实践和专业认同。他们参与更大的计算机科学教育社区，并与其他人合作。发展技能，使所有学生在课堂上有所收获	3a.追求有针对性的专业发展 3b.愿意持续学习 3c.反思和消除个人偏见 3d.致力于为所有学生服务 3e.利用社区资源 3f.参与计算机科学专业学习社区
教学设计	计算思维教育者利用教学内容知识设计学习体验，通过计算思维让学生参与问题解决和创造性表达。他们计划满足个别学生不同的学习、文化、语言和动机需求，以建立学生的自我效能感和能力	4a.分析计算机科学课程 4b.发展符合标准的学习体验 4c.设计包容性学习体验 4d.建立计算机科学和其他学科之间的联系 4e.计划对学生有个人意义的项目 4f.计划教学培养学生的理解力 4g.依靠评估了解教学
课堂实践	计算思维教育者是积极响应的课堂实践者，他们实施基于证据的教学法，以促进有意义的体验，培养计算思维的学习者	5a.利用探究促进学生学习 5b.营造积极的课堂氛围 5c.提高学生自我效能感 5d.支持学生协作 5e.鼓励学生交流 5f.引导学生使用反馈

该标准包含计算机科学知识与技能、公平与包容、职业成长与认同、教学设计、课堂实践五个维度。计算机科学知识与技能维度强调教育者应不断学习计算机科学知识并整合计算思维来提升自己；公平与包容维度强调在课堂中教育者要以平等为中心，帮助每一位学生都能深入学习与参与到有关计算思维的领域，并有所收获；职业成长与认同维度强调教育者的专业发展，教育者之间进行协作帮助学习者有所收获；教学设计维度强调构建更具包容性、开放性与创造性的教学

设计，满足学习者的个性化学习并提升自我效能感；课堂实践维度强调教育者的角色要做到推动实践落地，成为学习者思维与能力的培养者。对于计算思维教育者而言，该标准为教育者阐释了在课堂上如何做以及指导一个新手教育者如何成为具有计算思维能力的教育者，为计算思维教育者专业发展建立基准。该标准的五个维度和《计算思维能力标准（教育者）》的五种角色相对应。

3.《中小学教师信息技术创新应用能力》框架

有研究者在详细解读新标准的能力维度及指标、分析信息技术创新应用特色的基础上，借鉴该新标准的创新灵魂和框架结构，提出了我国中小学教师信息技术创新应用能力框架，以学生核心素养发展为诉求，以给学生学习赋权为出发点，以教师创新型角色为依托，以教学法创新为具体内容，从而构建包含创新设计者、学习促进者、建设性评价者、主动学习者、积极合作者、模范示范者等能力维度的中小学教师信息技术创新应用能力框架，如表 5-7 所示。

表 5-7　《中小学教师信息技术创新应用能力》框架具体内容

<table>
<tr><th></th><th>能力维度</th><th>基本要点</th></tr>
<tr><td rowspan="6">中小学教师信息技术创新应用能力</td><td>创新设计者</td><td>学习目标设计
学习环境设计
个性化学习活动设计
深度学习活动设计</td></tr>
<tr><td>学习促进者</td><td>学生学习能动性激发
学习技术和策略指导
促进核心素养发展
必要的讲解和示范</td></tr>
<tr><td>建设性评价者</td><td>学习评价设计
学生个性化展示
利用技术及时反馈
数据解读和使用</td></tr>
<tr><td>主动学习者</td><td>TPACK 使用
学习社区参与
研究成果学习
新技术学习</td></tr>
<tr><td>积极合作者</td><td>和同事合作
和学生合作
和专家合作
领导型合作</td></tr>
<tr><td>模范示范者</td><td>文化引领
健康生活
道德楷模
数字公民</td></tr>
</table>

第一，该框架的六个能力维度充分体现了“为学生学习赋权”的指导思想。创新设计者维度明确指出，教师应设计能够充分受益于学生学习主动性的学习环境和活动；学习促进者维度表明，教师在学生的学习活动中起着重要作用，要求教师激发学生的学习主动性；建设性评价者维度表明教师在评价中起着建构性反馈作用，帮助学生实现自主学习；主动学习者维度指出，教师在专业发展活动中赋予学习者权力，并积极寻求强化学习理念；积极合作者维度指出教师在职业发展和教学中发挥合作作用，与学生、非学校专家和家长合作，为学生创造积极的学习环境；模拟示范者维度是指教师在技术使用中起主导作用，促进学生和其他群体的发展。

第二，该框架的六个能力维度和基本点始终优先注重培养学生的核心能力，这体现在旨在提高学生核心能力的信息技术创新教学中，适应未来社会发展。例如，创新设计者维度重视培养学生的自主学习能力；学习促进者维度注重培养学生的创新能力、合作能力、表达能力和批判性思维；积极合作者维度非常重视学生合作能力的培养；模范示范者维度注重健康素养、文化素养、数字公民和道德素养的培养。

第三，该框架突出了教师在信息技术创新教学领域的创新作用。与传统教学和教师专业发展中的控制者和被动接受者不同，创新设计者、学习促进者、建设性评价者、主动学习者、积极合作者和模式示范者充分体现了教师的新角色。

第四，该框架强调了教学方法创新的重要性，反映了信息技术创新的关键在于创新的教学方法。这六个技能维度反映了教师应采用自主学习、合作学习、问题学习、行动学习、知识构建学习和复杂问题解决等教学方法，以实现信息技术创新应用的创新[5]。

5.1.2 培养计算思维教育者的典型课程设计分析

1. 基于教育心理学融入计算思维模块的课程设计

计算思维被广泛定义为抽象问题和制订可自动化解决方案的思维活动。在这个越来越以信息为基础的社会中，计算思维正在成为每个人必备的基本技能。为了确保学生在 K-12 级别上发展这种能力，重要的是为教师充分提供有关计算思维的知识，以及如何将其纳入他们的教学中。Yadav 团队在必修的教育心理学课程中设计和实施了计算思维模块，总共分为两个 50 分钟的课程。第一节课向学生介绍了计算思维的定义和五个计算思维概念：问题识别和分解、抽象、逻辑思维、算法和调试。第二节课通过展示计算思维在教学和学习各种内容领域中的应用案例，以鼓励学生提高创造力和解决问题的能力。说明计算思维在教育环境中的应用，以及将计算思维概念纳入 K-12 课堂的好处。最后为职前教师提供了资源和网站，这将有助于他们将计算思维想法纳入自己未来的课堂。还使用了三个开放性问题来评估学生对计算思维的理解。问题一：您将如何解释“计算思维”的概念？问题二：可以将计算思想整合到课堂中吗？如果是，您将如何在计划教的内容领域实施计算思维？如果没有，为什么不能将计算思维融入课堂？问题三：除了计算机科学之外，计算思维还与其他学科有关吗？请提供一些示例，说明计算思维如何影响计算机科学以外的学科。

Yadav 及其同事使用实验方法，研究了计算思维模块对于职前教师对计算思维的理解以及对计算态度的影响。具体来说，一门入门教育心理学课程作为对照组，另一门入门教育心理学课程作为治疗组。对照组收到了该课程的典型内容，其中包括有关更高层次的认知过程的讲座。例如，解决问题、转移、批判性思维和创造力。治疗组收到了计算思考模块。一周后，两组学生在课堂上完成了相同的测验和计算机态度调查。

调查结果表明，将计算思维模块引入课程中可以提高职前教师对计算思维的理解，以及他们对将计算思维纳入自己的教学的思考。具体来说，治疗组参与者的反应变得更加复杂，他们认识到计算思维不仅仅是使用技术。进一步，治疗组的参与者对如何将计算思维整合到他们的未来教学中以促进算法思维、抽象和解决问题表现出更好的理解。相反，对照组的参与者更有可能表明计算思维广泛涉及计算机的使用。最后，治疗组的参与者更有可能报告计算思维对其他学科至关重要，而不仅限于计算机科学。但是，关于职前教师对计算的态度的结果参差不齐。治疗组的参与者更有可能报告计算思维是其他学科的核心，而不仅限于计算机科学[6]。

2. 基于 TPACK 框架重新设计教育技术学课程

Yadav 等指出，TPACK 框架可以用作整合计算思维的有用模型[7]。因此一些学者提供了一个示例，说明如何将计算思维概念、工具和实践融入必修的教育技术课程中，以帮助职前教师与内容和教学法建立联系。

这项工作是在 TPACK 框架下进行的。该研究集中在三个知识体系之间微妙的相互作用上：CK、TK 和 PK。CK 是指主题知识，TK 是指各种技术和适当词汇（如术语）的知识，PK 是指教学方法和过程的知识。这些领域结合起来形成三个额外的结构。PCK 是指表示内容以使其可被他人理解的知识，TCK 是指技术如何创造新的内容表示的知识，TPK 是指关于如何在教学中使用各种技术的知识。当技术、内容和教学方法融合在一起时，结果就是 TPACK——一种支持在特定学科领域有效使用技术的综合知识形式。

将技术集成到教育中，课程向参与者介绍了可用于课堂内容领域的技术、与这些技术有关的教学注意事项以及将这些技术与内容和教学法相结合的教学方法。他们对课程进行了重新设计，目标是在课程活动中使用与计算思维相关的概念、计算工具和实践，以及作为模拟如何将计算思维与特定学科内容和教学法集成的方式。该课程中介绍的计算工具（如交互式白板、概念图软件、Internet 资源、Web2.0 工具、编程）可用于各种教室内容领域（如识字、数学、科学和社会研究）。该课程以混合形式提供，其中一些课程是在线进行的，有些是面对面的。在面对面的会议中，参与者有机会亲身学习，他们体验了各种支持技术思维的低端和高端工具（如棋盘游戏、电子产品和机器人技术）。该调查使用了 Likert-type（李克特量表）的项目来评估职前教师在六个方面的理解：①定义（如计算思维是对计算机如何工作的理解）；②舒适度（如我可以学会理解计算思维概念）；③兴趣（如我觉得计算机科学很有趣）；④课堂使用（如计算思维可以融入课堂）；⑤职业/未来用途（如我期望学习计算技能将有助于我实现职业目标）；⑥知识和信念（如我可以使用现有的课程计划，利用课堂上的计算机辅助教学工具和方法），以及如何使用技术来支持学生计算思维技能的发展。所有参与者在课程的第一天和最后一天完成了调查。调查数据使用定量和定性方法进行了分析。

调查结果显示参与者在计算思维定义、知识和信念以及整个工具方面，都有显著提高。相反，参与者对教室使用、舒适感和兴趣没有明显增加，并意识到计算思维对未来职业目标的重要性。总体而言，结果表明从整个器械的使用前到使用后，但并不是所有与计算思维相关的方面都取得了进步。通过开放性问题的回答，相比之下，调查后的数据通过更详细的回答表明参与者对计算思维概念有了更好的理解。通过开放性问题调查后与调查前的回答相比，调查后参与者的回答更加具体和详细。特别是使用编码和编程活动以及基于问题解决的作业在很大程度上得到了认可。以上结果表明，参加该课程有助于职前教师更好地理解计算思维概念和实践以及它在课堂教学中的价值。

3. 基于实验模拟方法将计算思维纳入科学方法课程

下一代科学标准（next generation science standards，NGSS）框架内的科学和工程实践包括使用数学和计算思维作为科学教育者的八项实践之一。许多教师对计算思维的概念以及如何在自己教学中整合计算思维很迷茫。基于此 Adler 和 Kim 研究者通过建模和模拟的方式将计算思维纳入职前教师的科学方法课程[8]。研究问题①：使用计算思维（通过建模和模拟）是职前教师学习科学内容的有效方法吗？研究问题②：在将计算思维纳入练习后，职前教师会想在未来的课堂上使用这一技能吗？

该研究总共进行了两项内容，旨在通过科学建模方法为职前 K-8 教师使用计算思维通过建模和模拟进行检查。在第一项研究中，职前教师通过一个小时的代码教程了解了编码的基础知识，随后进行了一项练习，他们使用 Scratch 编写了一个太阳系的动画模型。在第二项研究中，他们创建了一个基于网络的模拟，用动态图形特征可视化牛顿第二运动定律（F=ma）。模拟了两辆车之间的比赛，用户可以改变交互式设置，如改变每辆车的质量和力。两项研究的结果表明，在完成练习后，职前教师有效地学习了材料，认为计算思维练习将有利于八年级教育，并计划将计算机思维纳入他们未来的课堂。

该研究的目标是通过模型构建和模拟，将计算思维纳入职前小学和中学科学教师的课程。为职前教师修改了一门科学方法课程，以演示如何使用 Scratch 编程和定制开发的基于网络的模拟来实现这一点。通过这种方式，这些未来的教师将确定如何将计算思维融入他们自己未来的 K-8 课堂。两项研究的结果都表明，计算机辅助教学可以有效地融入科学课堂，并在吸引学生参与课堂方面非常有用。

虽然该研究结果表明，职前教师对在未来的教学中使用计算思维和计划整合计算思维持积极态度，但一项长期的研究可以确定他们是否实际在计算机上使用计算思维、模拟和编码。该研究的另一个局限在于没有对照组。虽然在课堂上的观察以及他们的调查和测试后的结果中看到了非常积极的结果，但对照组将能够有一个可量化的比较组来研究学习材料时的任何表现差异。此外，更大的样本量将使研究者能够报告在课堂上使用计算思维的其他差异，如性别差异。在这项研究中，教育课程增加了女性人数，因此教室里的男性人数很少。最后，希望未来的工作不仅可以修改科学方法课程，还可以将计算思维整合到面向教育者的多个科学和数学课程中，从而为职前教师提供更丰富的计算思维经验，以供他们在未来的课堂中使用。

5.1.3　培养计算思维教育者的典型行动计划

以前有关计算思维的研究主要集中在学生身上，关于将计算思维如何整合到教育中的研究仍然很少。许多有关计算思维的研究主要集中在定义性问题和促进计算思维发展的工具上。尽管计算机科学教育的研究人员最近为不断增长的有关教与学计算思维的知识做出了巨大的贡献，但研究并不总是着眼于教师的观点。同样，很少有研究系统地和全面地检查计算思维对职前和在职教师的影响。

1. 美国培养职前教师计算思维的行动计划

研究人员认为计算思维与阅读、写作和算术同等重要。在美国，培训教师嵌入计算思维的努力集中在在职教师的专业发展上，但对如何让计算机科学和计算思维领域的其他内容领域的职前教师参与进来的理解有限，这一复杂性因很少有机构专门为计算机科学教师提供课程而加剧。此外，计算机科学教师的认证和执照存在严重缺陷，鉴于基层运动蓬勃发展，以及政府推动在中小学课堂上扩大计算机科学学习机会，包括 2016 年 1 月在美国发起的全民计算机科学倡议，教师教育计划解决围绕计算机科学理念的教师培训不足的问题至关重要。在美国，Yadav 团队研究讨论了在职前教师培训中实施计算思维的方法，包括教师教育者和计算机科学教育者如何合作开发帮助职前教师获得计算教育的框架[9]。该框架是由计算机科学教育者和教师教育者形成伙伴关系、开发计算思维知识的教育技术课程，将计算思维概念应用于各种学科领域，从而使教师教授学生计算思维所需要的知识。该框架可用于帮助教育者整合计算思维，阐明教育者应获得的知识、技能和倾向，并建议教育者需要学习的知识，以及主题和课程目标的知识。

2. 英国学者撰写《计算思维教师指南》培养教师计算思维

在英国，随着新的计算国家课程于 2014 年 9 月推出[10]，计算思维已成为英国许多教师的热门术语。“学校计算机”一直站在为这一变革提供建议的最前沿，并为面临在学校开设新学科挑战的中小学教师提供急需的支持。因此伯明翰纽曼大学教育学院 Andrew Csizmadia 等撰写了《计算思维教师指南》，该指南通过描写计算思维的本质、计算思维的概念、与计算思维相关的技术、课堂上的计算思维等方面为所有教师和所有学校提供支持，并帮助他们在课堂上发展卓越的计算教学，旨在帮助他们培养对学校计算思维教学的理解，它提出了计算思维的概念框架，描述了教学方法，并提供了评估指南。该指南介绍了计算思维的本质，并提供了一个词语，教师可以通过它来交流、理解和教授与计算思维相关的重要概念、方法和技术，确定了计算思维在计算课程中的位置，以及如何将其引入课堂。该指南中提到计算思维是一种认知或思维过程，包括逻辑推理，通过逻辑推理解决问题，更好地理解人工制品、程序和系统。它包括：用算法思考的能力；从分解角度思考的能力；概括思考、识别和利用模式的能力；抽象思维能力，选择好的表现形式；从评价的角度思考的能力。

3. 澳大利亚研究提升教师计算思维自我效能感

在澳大利亚，根据澳大利亚数字技术教学大纲，从预科到八年级的所有儿童都必须在课程中学习计算思维[11]。在学校中让学生更多地接触计算思维的过程是复杂的，需要系统性的改变、重视教师的参与和重要资源的开发。面对新的变化，教师不可避免地要面临挑战。如果教师对计算思维有不准确和原生的看法，这将直接影响他们教授这一学科的方式。如果教师觉得教授计算思维没有效果，学生在学习概念时可能会有负面体验。多项研究表明，教师对学生的学习有着深远的影响，不同的教学策略会影响学生的成绩。一般来说，教育工作者将教学策略分为两种主要类型，即以教师为中心和以学生为中心。在以教师为中心的课堂中，教师介绍值得研究的具体事物，并告诉学生如何解释它们。也就是说，学生必须学习、记住教师介绍的事物所规定的含义。然而，在以学生为中心的课堂中，学生有责任找到可以用来创造知识和理解的原因。教师教授计算思维需要各种不同的教学方法。有时以教师为中心的方法有利于引入概念和模型能力，但是，为了让计算学习者巩固理解、转移知识、发展创造力并有机会向同伴学习，以学生为中心的教学法至关重要。建议通过持续的专业发展，教师可以更好地根据学生的需求调整他们的计算思维教学法。将计算思维真正融入当前的中小学课程无疑是一项重大挑战，尤其是对教师而言。专家们表示担心，每当引入新的思想和概念时，有资格教授新课程的教师短缺。教师表达了他们在教授计算思维概念和计算相关科目时面临的挑战。当不得不在课堂上开发新的学习资源和使用新技术时，他们会感到焦虑。一些教师在处理新的和不熟悉的教材时没有信心。缺乏信心与教授该学科的自我效能低有关。班杜拉将自我效能定义为“相信自己有能力组织和执行产生既定成就所需的行动过程”。低自我效能感将对教学绩效和有效性产生不利影响。先前的研究已经应用自我效能概念来调查教师的教学实践。很明显，自我效能信念可以对教师与技术使用相关的教学实践产生积极影响。结果还表明，自我效能水平高的教师更致力于教学，工作满意度更高。因此，培养教师在计算思维方面的自我效能感的潜在好处是多方面的。教师还存在与教授计算思维技能的资源和支持不足有关的问题。为教师提供充足的教学相关资源对于提高学生成绩至关重要。建议创建实践社区可以让教师共享资源并相互提供持续支持。

4. 用结构方程模型评估马来西亚教师对计算思维概念的认知

计算思维概念是马来西亚课程中新引入的概念。研究旨在调查马来西亚教师在教学实践中对计算思维技能整合的看法。根据技术接受模型设计了一份调查表格，并在马来西亚全国分发，以评估教师对计算机辅助教学的看法，其依据是计算机辅助教学的感知有用性、计算机辅助教学融入教学实践的感知难易程度、教师对计算机辅助教学的态度以及他们在课堂上使用计算机辅助教学的意图。共有 166 名小学教师参加了调查，并使用结构方程模型对数据进行了分析。研究试图通过两个重要的决定因素来预测马来西亚教师在课堂实践中整合计算思维技能的意图，这两个决定因素是整合的感知容易度和对计算思维的积极态度。这项研究很重要，因为它强调了影响教师对新兴课程的看法的因素，并且是支持在马来西亚课堂上进行计算机辅助教学的一项努力。

计算思维与读、写、数一样重要，应该融入正规课程。许多研究人员一致认为，这是 21 世纪必须具备的一项关键技能，因为这是一项可以提高一个人高阶思维和解决问题能力的技能。马来西亚教育部认识到掌握计算思维技能的重要性，已将这一技能纳入现有课程，并于 2017 年开始实施经修订的小学课程（KSSR，库里库勒标准）。这一新修订的课程呼吁教师、研究人员和专家为所有教师设计一个培训方案，使他们为潜在的教学和学习挑战做好准备。该研究的目的是提供数据，使各方能够更好地理解教师在适应和交付修订后的课程时可能面临的困境。这项调查的重点是教师在将交际能力融入日常教学实践中的感受。该研究框架由 TAM（technology acceptance model）结构组成，分为 4 个维度，即感知有用性（perceived usefulness，PU）、感知整合容易度（perception easy of integration，PEI）、对计算思维整合的态度（computational attitude，CA）和整合计算思维的行为意向（behavioral intention，BI）。然而，一个项目结构被修改以适应这项研究，因为这项研究正在调查教师的每项技能的技术。在这项研究中，计算思维被认为是新引进的技术[12]。

研究旨在调查马来西亚小学教师对计算思维扫描概念的看法，考虑三个决定因素，即计算机断层扫描的感知有用性、计算机断层扫描整合的感知便利性和教师对新引入的 KSSR 教学大纲中的计算机断层扫描概念的态度。除 H_{2a} 和 H_{2b} 外，所有假设均得到支持。这可能是因为大多数受访者没有参加过与新引入的教学大纲相关的任何正式培训或研讨会。该研究表明，参加过任何与计算机断层扫描相关的培训的教师比例很低。这导致了被调查者对交际教学法的困惑和误解，以及对可以在课堂上练习的交际教学法的无知。这意味着教育部需要做更多的工作，向现有在职教师和职前教师介绍计算思维概念。结果还表明，在教学实践中，认知能力整合的容易程度是认知能力和商业智能的一个重要决定因素，如果新的认知能力概念容易与现有的课程一起实施，教师对实施教学实践的认知和接受程度会更高，这有助于形成对认知能力概念的积极态度，并最终提高在课堂中整合认知能力概念的行为意向。在这些因素的显著影响下，教师很可能会将计算思维的概念整合到他们的教学实践中。教师将概念整合到教学语言中的意图受到概念整合容易程度的影响，这表明教师的培训对他们的能力尤其是在教学语言教学中的能力起着重要作用。研究能够支持相同的发现，并概述了影响教师将交际法概念融入教学实践的因素。在方法上，未来的研究将特别关注在马来西亚课程情境中可以实施的评估工具。我们建议使用一种简单的工具来衡量学习者的学习成果，尤其是小学水平的学习成果，这是任何评估手段都无法比拟的，因为在教师将计算机辅助教学融入日常课堂教学时，计算机辅助教学的整合难易程度是一个重要因素。

5. 中国香港通过教师发展计划培养计算思维

在我国香港地区为中小学教师实施有效的与编程相关的计算思维专业发展课

程仍然是一项挑战。缺乏高质量的关于计算机专业与编程相关的教师发展的实证研究。有学者研究通过为小学教师发展项目的设计和评估提供经验证据来解决这个问题。76 名在职教师参加了一个包括两个 39 小时课程的项目[13]。一门课程侧重于计算机断层扫描开发的基础学科知识和教育学，另一门课程侧重于发展先进知识，同时提供在课堂上实践教学和反思实践的机会。结果表明，参与者对计算思维的概念和实践有了更好的理解，并在两门课程的技术教学内容知识的四个内容知识相关维度中的三个方面有所提高。这三个维度是计算思维开发编程的内容知识、使用基于块的编程环境进行计算思维开发编程的技术内容知识，以及使用该环境在适当的教学环境下教授计算思维开发编程。对参与者自我报告的反思的分析表明，这两门课程和在漫长的第二门课程中获得的教学经验是能力提高的两个主要来源。这项研究证明了提供一个有效的教师发展计划的重要性，重点是计算思维的概念和实践。该计划为教师提供了一段持续的时间，让他们在课堂上练习和反思自己的教学，同时发展他们在编程方面实施计算思维的能力。

让教师做好准备，能够在编程方面进行计算机辅助教学是一项挑战，因为许多教师缺乏计算机科学方面的必要背景知识，甚至那些主修计算机科学或相关学科的人也可能不熟悉基于块的编程环境的使用。然而，梅内克斯在回顾与编程相关的中小学教师发展文献时发现，大多数教师发展项目都是在一周内完成的，项目组织者和当地学校领导之间没有合作，并且侧重于编程内容而不是教学法。同样，在一项关于在职教师对计算思维的看法的调查中，Sands 等发现，许多教师对计算思维技能知之甚少，缺乏如何在课堂上实施计算机思维技能发展的意识。其他研究发现，当要求一些教师在课堂上使用新技术教授计算思维概念时，他们会感到紧张和焦虑。因此，研究人员呼吁为职前和在职教师提供必要的内容知识和教学技巧，以将计算思维的发展纳入其教学实践。高质量的教师发展计划对于建立内容知识、教学方法和信心至关重要，因为教师需要提供与编程相关的课程。已经确定了教师成功发展的几个重要因素：第一，有效的教师发展需要持续的学习时间，而不仅仅是参加研讨会；第二，教师在参与发展项目时应该是知识的积极参与者，而不是被动接受者；第三，需要与学校环境以及实践和反思的机会相联系，发展最好位于实践社区，以便参与者能够参与讨论，提供相互支持，进行同行评估，并反思他们的教学和学习；第四，光有内容知识是不够的，教师还必须学习适当的教学法来促进学生的学习。因此，教师发展应侧重于教学内容知识，它体现了“内容中与其可教性最密切相关的方面”。

研究提出的教师发展计划，旨在培养小学教师在计算机相关编程方面的能力。前三个研究问题产生了积极的结果。第一，该计划被发现在参与者的计算思维概念和实践的知识方面有显著和持续的改进，效果很大。第二，在所有四个与内容知识相关的 TPACK 维度中都发现了显著的改进，其中三个维度（即 CK、TCK 和

TPACK）的持续改进效果较大。与第四个研究问题相关的发现进一步证明了参与者在整个项目中的进步，正如他们在自我反思中所阐述的那样。结果证明了研究提议的教师发展计划在建设教师实施编程教育的能力方面的有效性，重点是发展计算思维概念和实践，以及实践和反思教学。

5.2 教师在线学习社区中会话主题发现及演化分析

5.2.1 教师在线学习社区中的会话活动分析

随着我国教育规模的不断扩大，发展教师教育逐渐成为教育事业繁荣的一大契机，学校、社会呼吁教师提升专业素质能力的呼声日益强烈。互联网的高速发展推动了在线学习社区的诞生及成长，在线学习社区是指用于支持、促进、激发或增强学习和教学的“线上场所”[14]。在线学习社区打破了传统教育的壁垒，为学习者提供了多样化的学习方式，实现了“人人皆学、处处能学、时时可学”，俨然成为学习者获取知识的一种重要途径[15]。在此大背景下，针对教师培训、研修的在线学习社区应运而生。新型“互联网+教研”的形态打破了传统教研过程中教师之间交流的时空界限，扩大了教师学习的规模[16]。教师在在线学习社区中围绕实际教学中出现的问题进行讨论、交换观点，通过共同协作完成学习任务，针对不同的教学问题从多角度思考，细化知识结构，促进自身反思。教师在学习过程中不断地进行会话，产生大量以文本形式为主的交互数据，将数据进行收集与分析，能够快速了解教师在研修中的学习体验、学习关注点、学习态度等信息。

会话作为一种合作活动，其最突出的特点就是交互性极强。在会话过程中，参与者要达到一定的会话数量，同时也要保证会话的质量，确保会话内容与主题的关联性以及话语方式与会话主题的契合程度。完整的会话不单是简单语句的积累，更要体现会话过程的连贯性和结构的层次性[17]。教师在在线学习社区中进行的交互讨论是促进教师在线学习不可或缺的驱动力，这种集体性交互活动能够有效地促进教师个人反思和集体反思；同时，由在线讨论产生的文本数据，也被认为是评定学习者投入程度的重要指标[18]。随着信息技术的发展，基于社交媒体工具、在线学习平台的教师在线学习社区如雨后春笋般涌现，致力于将具有共同学习目标的职前或在职教师汇聚在一起，为教师们提供全新的学习交流场景、优质的视频教学案例以及实时的在线论坛等学习资源，为在职教师参与非正式、及时的专业培训增添了新的途径，助力各层次教师实现专业发展愿景[19]。在线学习社区的管理者作为在线学习的促进者，会在研修的不同阶段，如课前议课、课中研讨、同伴互评、课后点评、反思研讨等时间节点开展灵活多样的讨论活动，其目的是督促教师积极参与课程学习、及时进行反思。教师们在不同学习阶段围绕不同的“高教学价值问题”展开在线讨论，通过交换观点、相互评价来拓展思路，细化教学问题。教师们讨论的内容包括分享对某个会话主题的看法或学习感悟，共同探讨与学习内容相关的概念及含义，对课程内容或学习平台提出改进建议。教师在线会话的形式有自发的评论和回复、有组织的坊内和坊间讨论等。教师在线会话是指教师有组织或自发地、在兴趣或学习任务的驱动下，与其他教师或教师管理者共同探讨、解决教学问题的一种合作活动，具有显著的交互性。这种交互活动既能够促进教师对知识概念的深入理解，又能够帮助教师建立友谊、维护良好的学习关系[20]。通过对教师交互数据进行主题挖掘，有助于追踪教师的关注点，从而调整和干预研修计划[21]。

5.2.2　教师在线学习社区中的话题演化分析

话题演化分析包括内容演化和强度演化两个部分，其目的是挖掘会话主题的内容和强度随着会话时间的发展，在动态性、发展性和差异性上的变化及趋势。内容演化表示内容随着时间所产生的变化。例如，2021 年举办的东京奥运会上，在奥运会正式开始之前，民众的关注点更多地集中在“奥运会开幕式”“参赛国家”“前期筹备”等内容上；随着东京奥运会的正式落幕，民众的关注点则逐渐转向“排名”“各国奖牌总数”“明星运动员”等内容上。强度演化则表示话题强度随着时间的推移，用户对于话题的关注程度也有所变化，有可能会经历由低潮向高潮发展，抑或由高潮向低潮发展。这里以奥运会和总统选举为例，二者均有换届周期，只有在换届期时才会吸引大量民众的关注，在非换届期时受到的关注程度较低[22]。

把握话题演化的首要任务就是要从事件信息中准确提取话题。有学者明确讨论了事件演化问题，认为一个事件可能演化发展成几个相关但独立的话题，2003 年，普林斯顿大学的 Blei 等提出了 LDA（latent Dirichlet allocation，隐含狄利克雷分布）模型，将文本由高纬词汇空间降到有限个 K 维空间以提取文本话题，此模型在话题识别和追踪工作中得到了广泛的应用[23]。主题模型以统计学理论为基础，是一种针对文本中的隐含语义结构进行聚类的统计模型。因其自身模型具有高度适应性、易于变形等特点，从兴起至今，在自然语言处理领域一直是话题发展研究中最常用和热门的方法。主题模型作为篇章级别的文本语义理解工具，其理念是能够从一组文本数据中，抽取出若干组关键词来表达文章的中心思想。目前国内外研究者常用的主题建模方法包括：VSM（vector space model，空间向量模型）、

PLSA（probabilistic latent semantic analysis，概率潜在语义分析）及 LDA 模型[24]。其中，LDA 算法常被作为其他主题模型改进的基本方法，因此被视为最经典的主题模型，目前已广泛应用于文章检索、产品推荐、词向量训练等相关研究中。

在自然语言处理中，LDA 是指关于每个给定文档中存在的主题的概率模型。基于每个主题的已知字数，可以分析给定文档中发现的字数，并预测文档共同涉及的主题。当有一个关于特定文档的参数 $\boldsymbol{\theta}$（主题向量）时，每当从开始添加每个单词时，都会从 $\boldsymbol{\theta}$ 中选择一个主题，然后再从该主题中选择一个新的主题。通过这种方式，执行文档生成过程建模。LDA 模型图如图 5-1 所示。

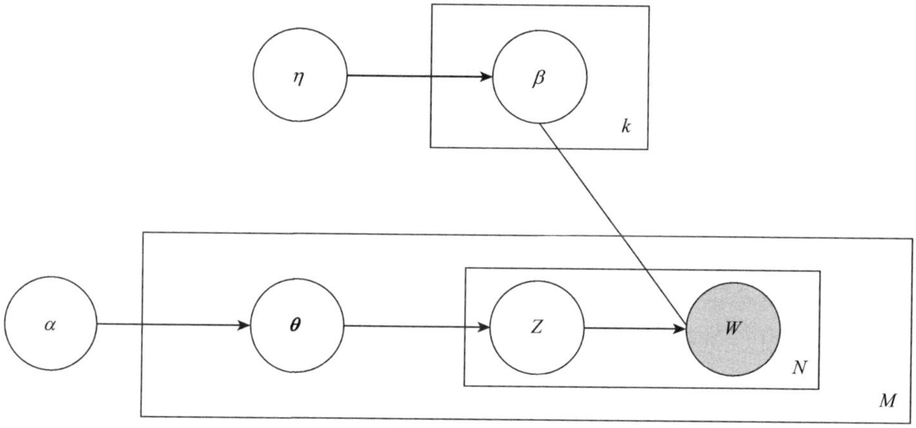

图 5-1　LDA 模型图

当有一个关于特定文档的参数 $\boldsymbol{\theta}$（主题向量）时，每当从开始添加每个单词时，都会从 $\boldsymbol{\theta}$ 中选择一个主题，然后再从该主题中选择一个新的主题。通过这种方式，执行文档生成过程建模。其中 M 代表文档的数量，N 代表文档中的字数，W 表示文档中的词，Z 代表该词所属的主题编号，k 代表文档中的主题数(超参数)，α 代表文档主题 $\boldsymbol{\theta}$ 分布值（超参数），η 代表主题逐字 β 分布值（超参数），$\boldsymbol{\theta}$ 代表按文档划分的主题分布，β 则代表主题词分布[25]。

在主题模型中，经典 LDA 模型是一种基于三层贝叶斯的文档主题生成模型，每一篇文章都是由无数个词汇组成的，每一个词语都是以一定概率选择了某个主题，同时这种概率关系是相互的，即文章的主题也会以一定概率选择了这些词汇，因此 LDA 模型被认为是目前处理长文本最有效的方法。国内学者谭春辉和熊梦媛收集了 1998~2018 年有关数据挖掘领域的文章，利用 LDA 模型进行主题建模，通过分析得到了目前国内外数据挖掘领域的研究热点，并发现了国外研究的主题热度分布均匀，而国内研究分布差异化明显的特点[26]。邱均平和沈超为揭示出国内在大数据领域研究中有哪些热点主题，收集了 CNKI 中 2008~2020 年关于大数据的文章，利用 LDA 模型抽取研究主题，并识别出热点主题[27]。针对具有代表性的主题进行二次 LDA 主题聚类，并对主题进行可视化。结果表明 LDA 模型能够较为准确地提取文献的研究主题，研究结果作为参考将有利于研究人员掌握该领域发展动态、未来研究方向以及发展新兴主题。

主题模型作为一颗冉冉升起的新星，在教育领域中也大放异彩。国外学者以 MOOC 为平台，采集了论坛中学生在线交互数据文本并利用主题模型对其内容进行分析。在研究中，研究者们探索了主题模型的使用，特别是在 LDA 模型基础之上，提出的种子主题模型。这项研究证明了分析学生的在线交互文本有助于预测学生的课业完成率，并有助于启动教师干预。然而，LDA 模型自身也存在不足，研究者在研究过程中发现 LDA 模型并不能适用于所有的主题分类。黄佳佳等发现 LDA 模型会因文档中文本数据平均长度较短，在分析过程中文本聚类效果时会很难达到最佳程度[28]。当数据文本为短文本、数据矩阵处于稀疏状态时，使用 LDA 模型提取主题信息的效果甚微，不能有效地提取主题信息。因此，传统 LDA 模型更加适合应用于分析长篇章级别的文本，并不能解决所有的主题分类问题。

随着学习研究的深入，Mikolov 等引入了 Skip-gram 模型，这是一种从大量非结构化文本数据中学习高质量向量表示的有效方法[29]。与以前用于学习词向量的大多数神经网络结构不同，Skip-gram 模型的训练不涉及密集矩阵乘法。Skip-gram 模型不是根据上下文预测当前单词，而是根据同一句子中的另一个单词最大限度地对单词进行分类。更准确地说，我们使用每个当前单词作为具有连续映射层的对数线性分类器的输入，并在当前单词前后预测一定范围内的单词。Skip-gram 模型体系结构如图 5-2 所示。

与 Skip-gram 模型相反，CBOW（continuous bag-of-words model）语言模型是由输入层、映射层和输出层组成的前馈神经网络语言模型[30]。CBOW 语言模型不同于标准的词袋模型，它引入了一种连续分布的词表示方法，形成了一种新的连续词袋模型。CBOW 语言模型通过将语料库中的单词映射到映射层。然后，通过共享映射层将语料库单词映射到映射层的唯一位置，然后利用上下文信息对当前单词进行预测。CBOW 模型体系结构如图 5-3 所示。同时，利用 CBOW 模型训练生成的 Word2Vec 词向量工具，能够将单词从高维空间转变为在向量空间中的数值表示形式，是一种降维操作，且充分考虑了词语的上下文顺序。

在教师在线学习社区中，教师们之间的交互主要在论坛讨论中产生，教师讨论的内容也会因为学习的不断深入而变化[31]。分析教师话题演化规律、探究教师关注点变化，有利于对教师话题进行精准预测，进一步调整研修计划，为在线学习干预机制提供新的技术支持方法。

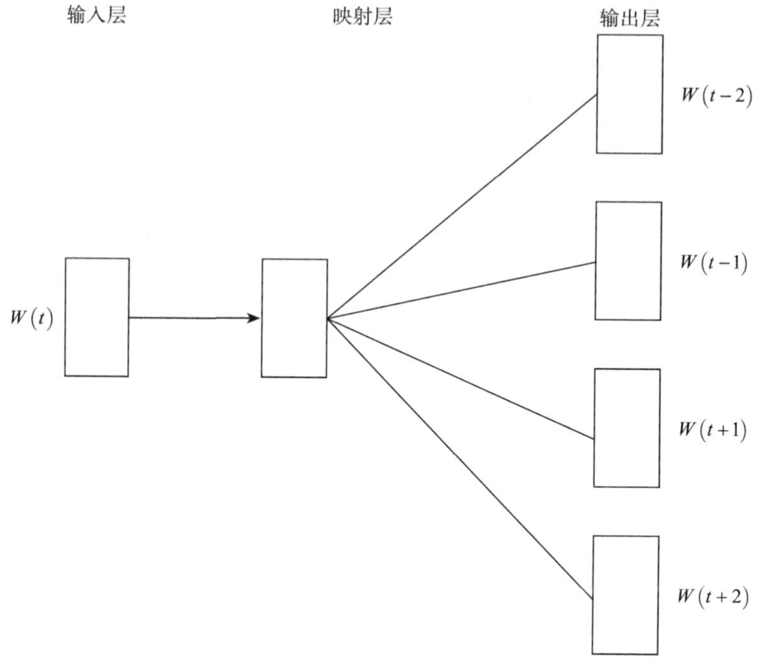

图 5-2　Skip-gram 模型体系结构

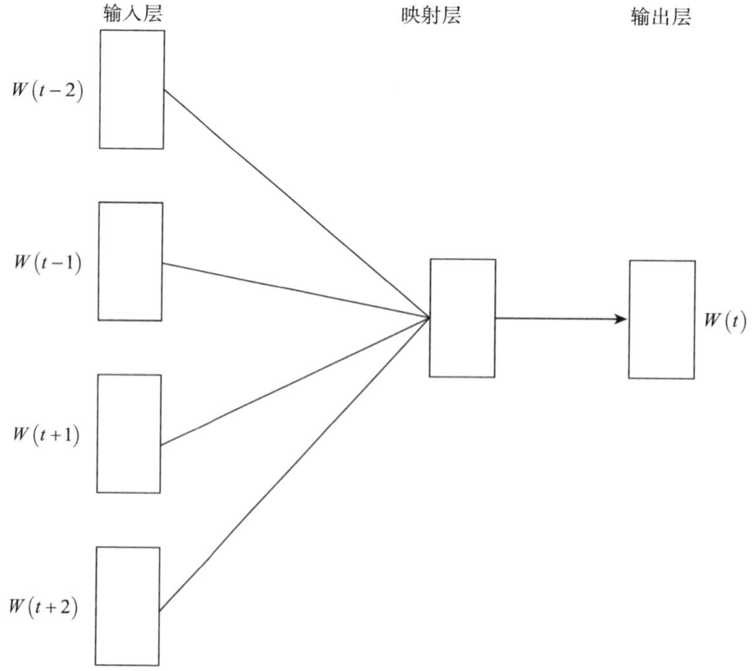

图 5-3　CBOW 模型体系结构

5.2.3　教师在线学习社区中的会话演化过程分析

1. 研究问题

在在线学习社区中，教师会针对某个问题或话题进行深入讨论，在讨论过程中，会产生大量的文本数据，这些文本数据蕴含着丰富的主题信息，为研究教师在线学习的会话焦点及演化趋势提供了条件。本章研究根据教师研修平台中的话题帖子进行主题建模，抽取学习者的关注焦点，并在此基础上探寻学习者关注焦点的时序演化趋势。研究将从以下三个问题展开。

（1）在在线讨论过程中，教师之间围绕学习交流的主要话题有哪些？

（2）在在线讨论过程中，教师讨论的主要话题与他们的学习进度是否有关系？

（3）在在线讨论过程中，容易引起教师兴趣、共鸣的话题有哪些？

2. 研究方法

以研究问题为出发点，将研究过程划分为三个阶段，每一阶段的研究方法如下。

第一阶段——数据收集及数据处理。使用后羿采集器，通过爬虫的方法，将在线学习社区中的教师讨论帖爬取下来，完成数据的获取。然后对数据进行整理，将文本数据中的无用信息进行清洗，完成文本预处理的工作。

第二阶段——构建主题模型。首先利用 TF-IDF 的加权方法实现提取文本特征词，然后基于得到的文本特征词，通过 Word2Vec 模型与 *k*-means 聚类相结合进行主题模型的构建。

第三阶段——数据分析。结合本次教师研修的任务，对主题进行聚类，并根据研修活动的不同阶段，生成教师会话主题演化趋势图。整体研究框架如图 5-4 所示。

3. 数据来源及数据处理

该研究的数据来源于国内某教师培训平台中以“信息技术与中小学数学课堂”为主题的教师工作坊，参与工作坊的教师多为中小学一线教师，人数为 294 名。从课程开始至结束，即 2016 年 10 月至 2017 年 5 月期间教师在学习社区发表话题帖共计 2 342 条。在线学习期间，教师主要通过在线观看“信息技术与中小学数学课堂”中的优秀案例，并围绕教学视频中的案例进行在线讨论，通过发布讨论帖与他人分享学习感悟，进而促进自我反思。研究首先利用后羿采集器，采集网页评论区教师发表的讨论帖数据。其次，为了保证后续实验的顺利进行，

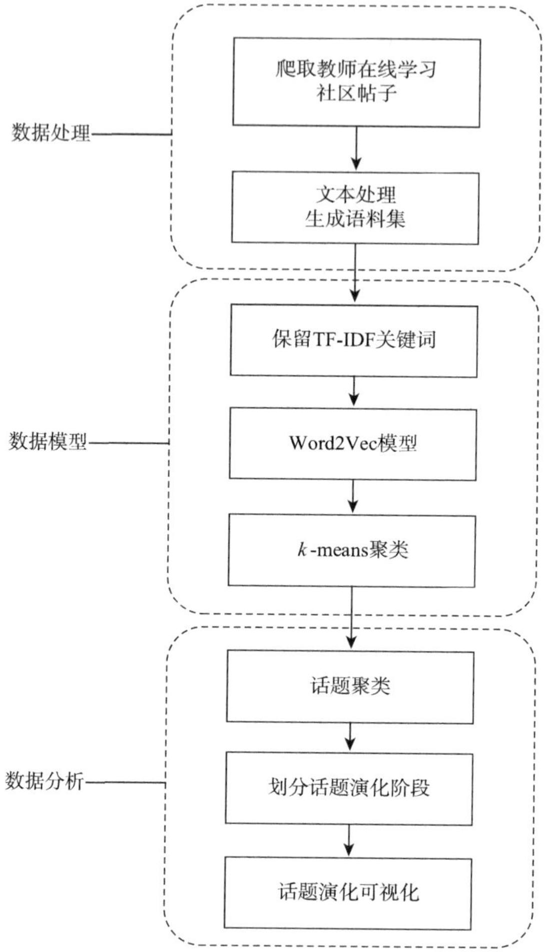

图 5-4 在线学习社区会话主题建模研究框架

需要对文本数据进行预处理工作。在文本预处理这一步操作中，完成对数据的筛选、删除重复无效的帖子以及剔除帖子中出现的噪声信息等工作，最终保留有效数据 2 320 条。然后在哈工大中文停用词表的基础上建立专门的停用词表，使用 Python 编程工具中的“Jieba”中文分词组件对收集到的讨论帖进行处理，并去除存在明显语义错误的分词结果。最后将分词处理后的数据进行整合，以便于提取文本特征词汇。

4. 构建主题模型

1）TF-IDF 关键词

分词之后，通常需要对文本中的单词进行分析。在自然语言处理中，词汇的词频统计和词汇的特征提取 TF-IDF 是最常用的方法。词频统计方法认为，文本中的主题词经常在文本中反复出现，因此文本中的词频可以作为文本分析的参考。然而，文本中可能会有许多无意义的虚词，这些无意义的虚词会干扰文本的主题词，因此往往不能通过简单地计算文本中的词频来获得所需的主题词。因此，研究采用 TF-IDF（词频-逆文本频率）加权法，目的是提高模型对主题的呈现能力。

基于词频统计的 TF-IDF 算法是一种基于向量空间模型的特征项权重表示方法。它通过计算不同文档中特征项的词频和整个文档集中的文档频率来表示单词在分类中的重要性[32]。TF-IDF 方法引入了词频逆文本频率的概念，即只有当某个词在某个文本中出现的频率较高，而该词在整个文本库中出现的频率较低时，该词才有较高的概率属于主题词[33]。具体来说，假设一个特征关键字在某一类型的文本中出现多次（即 TF 非常高），而在其他类型的文本中出现次数非常少（即 IDF 非常高），则该类文本的特征关键字具有更好的区分能力，应给予更高的权重，反之，如果一个特征出现在大多数类型的文本中都比较频繁，那么对于文本识别的特征关键字就比较低，应该给予较低的权重[34]。

基于词频统计的 TF-IDF 算法在查准率、查全率等指标方面均表现良好，而且与传统 TF-IDF 算法相比，能够有效缩短提取关键词所需要消耗的时间。本章研究将数据以词频为基础进行 TF-IDF 权值计算，不断调整参数求得语料库中权重较高的词汇，权重较高的这些词汇就是关键词。将计算结果划分成三个新的关键词集，分别保留了总数的 3/5、3/4、2/3，目的是确定关键词总数在多少时，话题间的分离度最高、话题内部质量最好。关键词保留情况如表 5-8 所示。

表 5-8　TF-IDF 关键词保留情况

关键词保留比例	全部	3/5	3/4	2/3
关键词数量	2 580	1 548	1 935	1 720

将三组关键词集放入 Word2Vec 模型中进行训练并将每一组结果从高到低排列，通过观察数据发现，在仅保留关键词总数的 2/3 时，会话主题的呈现效果最佳。为了加强主题聚类结果的直观性，剔除了原先语料库中的非关键词，并制作成了仅存在关键词的新的语料库。

2）Word2Vec 向量化

随着深度学习的发展，Mikolov 等提出的 Word2Vec 向量化理论广泛实践，它的诞生为自然语言处理领域创造了新的技术突破口。Word2Vec 基于深度学习思想，利用浅层神经网络语言模型，将文本通过模型训练的方式进行处理，并将训练好的词汇映射到 N 维向量空间中进行向量运算来提高模型的性能。通过 Word2Vec 产生单词嵌入有两种不同的方式：连续单词包（CBOW）和跳过单词包（Skip-gram）。这两种方法依赖于对输入和输出变量的不同管理，但基本上使用相同的网络结构。

Word2Vec 通过 One-hot 编码（独热编码）方式，对 M 个词语的 N 个状态进行机器编码，并将编码后的词语以向量的形式表征出来。

本章研究通过调用 Python 中的 Gensim 库，使用 Word2Vec 中的 Skip-gram 模型利用目标词的上下文来预测目标词，将语料训练成为 150 维度的词向量，实现词语向量化。

假设给定的词序列 $D=\{w_1, w_2, \cdots, w_M\}$ 和词汇的上下文 c，目标词 w_i 的上下文是从大小为 k 的窗口中选取的词汇 w_{i+c}，并根据上下文预测 w_i。Skip-gram 的任务是将整个词序列最大化，如以下公式所示：

$$L(D)=\frac{1}{M}\sum_{i=1}^{M}\sum_{-k\leqslant c\leqslant k,\ c\neq 0}\log_2 p\left(w_{i+c}|w_i\right)$$

其中，$p\left(w_{i+c}|w_i\right)=\mathrm{softmax}\left(w_{i+c}\cdot w_i\right)$，$w_i$、$w_{i+c}$ 是目标词 w_i 及上下文词汇 w_{i+c} 的词向量。

3）*k*-means 聚类话题

聚类算法优于传统的描述性分析技术，它通过基于所有特征的质心距离分离观测值，确定最优的聚类数量，然后实现聚类分析，确保每组均是由最相似的特征组成。在 *k*-均值聚类中，组数（*k*）是围绕中点建立的，称为“质心”，因此每个观测值都最接近自己组的质心。*k*-means 聚类使用组的平均值作为质心度量。这个过程首先使用与之相关的变量值将每个观测值映射到一个平面。映射后，将生成中点或质心。然后计算每个观测值和每个质心之间的距离，并将每个观测值分配给最近的质心，其集合成为一个组。组指定后，将重新计算每个组的新质心。计算每个观测值与新质心之间的距离，并再次将观测值重新指定给新质心。该过程将继续进行，直到无法将每个观测值指定给新质心[35]。

为了确定最佳聚类数目，本章研究利用手肘法（误差平方和，sum of the squared errors，SSE）用于确定（*k*）簇的数量。利用 Python 计算，肘形图以图形方式描述了每个集群使用不同的组数（*k*）会有多大的差异。*k* 值的不断增加会导致 SSE 的变化，当 *k* 值低于真实聚类数时，*k* 值的增大会增加每个簇的聚合程度，因此 SSE 会呈现出大幅下降的趋势，而当 *k* 值接近真实聚类数时，增加 *k* 值所得到的聚合程度会迅速变小，因此 SSE 的下降幅度骤减，然后随着 *k* 值的继续增加而趋于平缓，也就是说 SSE 和 *k* 的关系图近似一个手肘的形状，而“肘部”即为最佳 *k* 值区间。理想的组数是通过肘形图中趋于平缓的那个拐点来确定的，在这个点上，如果添加更多的组，则组内方差的减少在统计学上没有显著差异。

在本章研究中，利用手肘法确定 20 组（k=20）是理想的组数，聚类效果最好。确定了理想组数后，我们就能够确定语料库中包含的主题数量为 20 个。从这 20 组主题中抽取权重最高的 10 个词，并将这些词汇按照权重高低由低到高进行排序，顺序排列后将这 10 个词汇进行组合，形成一个完整的语句，提炼出每个主题的含义。

为了对教师关注主题进行整体的观测和认识，本章研究根据聚类结果将 20 组聚类结果整合为六大类。部分聚类结果如表 5-9 所示。最后采用人工的方式，将语料集中的帖子进行相应的主题标注，以便于分析会话主题的演化趋势。

表 5-9　部分聚类结果

序号	Topic1	Topic2	Topic3	Topic4	Topic5	Topic6
主题	信息技术与学生	信息技术与数学	评价信息技术	信息化教学与传统教学	信息技术与教师	信息技术与教学
1	中小学	多媒体教学	体验	传统	教师	创设
2	思维	几何	东西	传承	引导	探求
3	学习者	公式	多媒体	手段	教学	功效
4	很难	多边形	华而不实	取代	处于	教学内容
5	小学	展现	分散	创造	尝试	增强
6	学习效果	功能	效率	提出	学生	情况
7	数学	模糊	恰当	把握	信息技术	充分利用
8	手脑	展开	主体作用	体现	利用	分解
9	多角度	接触	感兴趣	图文并茂	心理	情绪
10	一目了然	具体化	抽象化	引入	分析	加快

5. 话题演化

将教师的学习过程按照课程开课时间，进行时序演化分析。通过时序演化分析能够及时快速地追踪到教师学习活动的开展情况，为教师提供具有针对性的学习反馈，为实现个性化指导给予数据支持服务。本章研究将该社区中学习者每月发帖总数进行统计并绘制成折线图，教师讨论帖数统计图如图 5-5 所示。

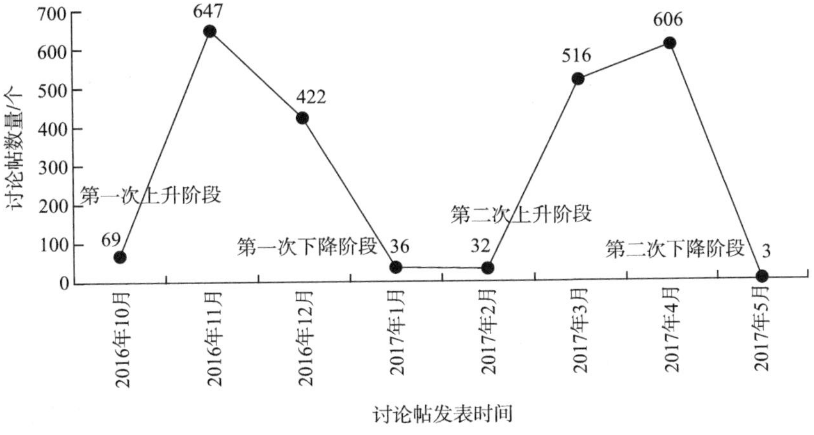

图 5-5　教师讨论帖数统计图

由图 5-5 可知，教师发帖数量在 2016 年 10 月至 11 月处于上升阶段，发帖数量多且集中，并在 11 月出现峰值。在 2016 年 12 月至 2017 年 1 月出现了第一次下降，这两个阶段构成了第一个“山峰”。2017 年 1 月至 2 月由于假期原因，教师发帖数量明显减少且稀疏，形成了图中的“低谷”。2017 年 2 月至 4 月教师发帖数量开始攀升，并在 4 月出现第二个峰值，随后呈下降趋势，这两个阶段构成了第二个“山峰”，直至 2017 年 5 月研修结束。

网络定义图中的节点代表教师，如图 5-6 所示。图 5-6 中的“T1”对应的是该工作坊中的编号为 1 的教师。节点的大小代表教师发帖数量，教师发帖数量越多，节点越大。图中的箭头则代表话题导向，箭头出发点为源，到达点为目标。箭头上的编号分别对应不同的主题，编号 1 为“信息技术与学生”、编号 2 为“信息技术与数学”、编号 3 为“信息技术与教学”、编号 4 为“信息技术与教师”、编号 5 为“信息化教学与传统教学”、编号 6 为“评价信息技术”。基于词向量使用余弦相似度计算了帖子的文本相似度，在此基础上根据话题的相似度来判断话题导向性的强弱，并赋予不同的权重。话题权重越大线段越粗，导向性越强，权重越小线段越细，导向性越弱。

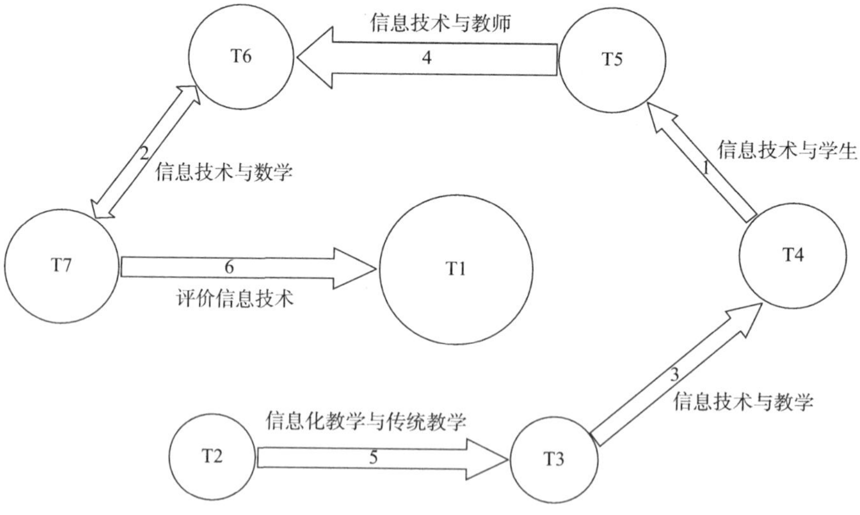

图 5-6 网络定义图

6. 研究结果与分析

1）TF-IDF 关键词分析

分析得到的 TF-IDF 关键词结果，其中权重较高的词汇如“中学数学”“中学生”“中小学”等，说明了教师在学习讨论活动中的关注点是围绕中小学生数学课堂为中心而展开的。此外，“PowerPoint”“三维动画”“flash”等词汇揭示了参与学习的教师在数学课堂教学中常用的信息化教学工具有幻灯片和三维动画、微视频等。“一目了然”“一举多得”“两面性”“双刃剑”“不良后果”等词汇则反映了不同学习者对于信息化教学持有的不同态度。

2）聚类结果分析

结合工作坊学习主题，从表 5-9 数据可以看出：Topic1 中包含的如“中小学”“学习者”“思维”“数学”“多角度”等词汇可以表述为“信息技术能够帮助中小学学生强化逻辑思维能力，使学生能够多角度看待数学问题”。突显出学习者对信息技术能够从哪些方面影响学生学习的关注，即主题为“信息技术与学生”。

Topic2 中包含的“多媒体教学”“几何”“公式”“具体化”等词汇可表述为“多媒体教学可以将抽象模糊的数学公式、几何图形更加具体化地呈现出来”。表达了学习者对于信息技术如何辅助数学课堂，提高数学课堂效率的关注，即主题为“信息技术与数学”。

Topic3 中包含的“恰当”“华而不实”“分散”“多媒体”等词汇可表述为“恰当地使用多媒体课件辅助教学才能提高学习者学习兴趣，提高教学效率，华而不实的多媒体课件会分散学习者注意力，影响学习者学习效率”。体现了学习者对于如何使用信息技术的评价，即主题为“评价信息技术”。

Topic4 中包含的“传统”“传承”“手段”“取代”等词汇表述的内容为“多媒体教学拥有更具创造性的教学手段，将会取代传统教学方式”。展现了学习者在深层次了解信息化教学之后对“信息化教学与传统教学”话题的讨论。

Topic5 中包含的“教师”“信息技术”“学生”“分析”“心理”等词可以概括为“教师应在教学中善于分析并利用学生的心理特点来制作多媒体课件”。体现了学习者对于“信息技术与教师”主题的讨论与关注。

Topic6 中包含的“充分利用”“创设”“分解”“教学内容”等词汇说明了“充分利用多媒体技术创设教学情境能更好地分解教学内容”，体现了“信息技术与教学”这一主题。综上所述，学习者在线讨论的主题主要有“信息技术与学生”“信息技术与教学”“评价信息技术”“信息化教学与传统教学”“信息技术与教师”“信息技术与数学”六个主题。通过对整个学习期间的各类帖子数量进行统计得出：信息技术与教学 602 条，评价信息技术 518 条，信息技术与学生 514 条，信息技术与数学 268 条，信息技术与教师 236 条，信息化教学与传统教学 204 条。

3）话题演化结果分析

研究将教师发布讨论帖的数据变化划分为四个阶段，分别是第一次上升阶段、第一次下降阶段、第二次上升阶段及第二次下降阶段。

在第一次上升阶段中，参与讨论的人数为 125 人。该阶段学习者讨论最热烈，六个主题的讨论都非常密集，其中以“评价信息技术”为主题的学习者讨论交互最多，其次是关于“信息技术与学生”主题的讨论。

在第一次下降阶段中，参与讨论的人数为 108 人。随着研修计划和活动任务的展开，学习者主要关注的是“信息技术与教学”和“信息技术与学生”两个主题，“评价信息技术”与“信息化教学与传统教学”这两个主题的讨论数量减少，相比较第一次上升阶段中的讨论，学习者在这一时期更加关注信息技术和教与学的关系。

在第二次上升阶段中，参与人数为 116 人。话题分布集中在“评价信息技术”、“信息技术与教学”及“信息技术与学生”上，其中关于“信息技术与教学”的讨论最多。说明在这一时期，学习者已经得到了充分的学习，对信息技术与课堂教学融合有了新的认识。

在第二次下降阶段中，参与人数为 144 人。话题讨论集中在“信息技术与教学”与“评价信息技术”两个主题上，说明教师经过学习之后，重新审视了研修任务主题。该阶段虽然总参与人数最多，但没有突出的“大节点”学习者，说明该阶段学习者之间的交互频率并没有与教师参与人数成正比增长。

在六个主题中，核心主题包括：“评价信息技术”“信息技术与教学”“信息技术与学生”。在两次上升阶段中，“评价信息技术”、“信息技术与学生”与“信息技术与教学”出现最多。“信息化教学与传统教学”主题分布均匀且数量较少。关于“信息技术与教师”的讨论最少。

总体来看，该工作坊话题凝聚力非常强，主要集中在“信息技术与教学”“信息技术与学生”“评价信息技术”三个主题。说明学习者在研修初期，对于信息技术与教学融合还没有一个深层次的认识，因此首先阐述了自己对于信息技术的看法以及对于信息化教学方式与传统教学方式的区别的看法，对于信息技术与教学相融合还没有明确的了解。随着学习的不断深入，学习者逐渐认识到了信息技术与教学、学生的关系，并开始从教与学的层面去看待信息技术。最终经过不断学习，学习者对信息技术与教学形成了全新的认识。

5.2.4　对策与建议

本章研究利用 Word2Vec 结合 *k*-means 聚类对学习者会话主题建模，旨在解决现有的主题模型在短文本主题挖掘中存在的不足。对教师在线学习社区中的讨论内容进行了主题聚类和主题演化分析。首先利用 TF-IDF 加权技术针对教师讨论主题中的关键词进行了分析，其次将教师讨论的话题进行了主题聚类，最后通过网络图的形式展现了教师在学习的各个阶段中的学习兴趣点。下面将围绕研究问题及研究结果，针对学习者话题讨论的主题及其变化趋势、学习者话题变化的预测方面给出应用建议。

1. 教师讨论的话题与教师学习进度密切相关

研究结果表明教师在学习初期，对于学习的主题并没有深层次的认识和理解，因此讨论的话题也仅仅是在评价信息技术的利与弊，讨论信息化教学对学生的影响，没有从研修活动中获得深刻感悟，对于研修问题没有进行深入思考。在学习中期研修活动全面展开时，教师有计划地按照研修任务进行学习，通过观摩优秀课程案例、在进一步了解了信息化教学与课堂结合的优秀教学成果之后，对信息技术与数学课堂教学有了全新的认识，因此教师将话题转向“信息技术与教学”，开始讨论信息技术对教学的影响。在学习接近尾声时，教师以新的认知重新审视了信息技术，因此在研修末期出现了“信息技术与教学”和“评价信息技术”两个主题最为突出的情况。由此可见，学习者讨论的话题与学习进度是密不可分的，且学习者会话主题的改变伴随学习任务的不断拓展，呈现出由浅入深的变化趋势。

2. 教师重点关注与教和学有关的话题

分析结果表明，除了展开信息技术讨论之外，教师的关注点更多放在了教学方面。当学习者的会话中大量出现“评价信息技术”“信息技术与教学”“信息技术与学生”时，网络图变得更加复杂，这表明学习者之间的交互更加密集。由此可见，“评价信息技术”及“信息技术与教学”两个主题是学习者最关注的话题，最容易引起学习者的共鸣。

3. 工作坊管理者应主动设问促进教师交流

分析网络图可以看出，教师只有在学习任务的驱动下才会积极参与话题讨论，在线讨论作为教师学习的重要驱动力并没有发挥长效的影响作用，教师交互的积极性随着学习任务的不断完成而下降。从提高教师学习积极性、主动性的目的出发，在应用教师在线讨论提高教师学习参与度这一方法时，可以通过数据分析展示教师的研修状态，并恰当采用启发式语言或“制造认知冲突”的方法，促进教师个人反思，激发教师分享学习体验的主动性与交互的积极性。

4. 对教师在线学习社区建设的启示

第一，在线专业学习社区中的辅导教师、管理者应密切关注学习者的讨论内容，利用数据支持服务实现学习者会话兴趣点预测。建议在研修全面展开之前，针对学习者发布的帖子进行分析，及时修正研修方案，注重围绕学习者的关注点设计研修任务。第二，在线专业学习社区中的辅导教师、管理者应注意监控教师的研修状态，建议在研修过程中通过数据分析手段了解教师当前对教学问题的认知水平，并针对研修进度和学习内容做出调整。

5.3 教师网络研修学习倦怠预警模型构建及应用研究

5.3.1 教师网络研修学习倦怠的概念界定及技术基础

2018 年，教育部印发的《教育信息化 2.0 行动计划》中明确提出要持续推动信息技术与教育教学深度融合，构建网络化、数字化、智能化、个性化、终身化的教育体系。2019 年中共中央、国务院发布的《中国教育现代化 2035》明确指出，要培养建设高素质专业化创新型教师队伍、夯实教师专业发展体系，推动教师终身学习和专业自主发展、强化职前教师培养和职后教师发展的有机衔接；要加快形成现代化的教育管理与监测体系，推进管理精准化和决策科学化。将人工智能技术作为工具融入教育教学中，协助教师发展自身专业能力及水平已经成为教师专业发展的一大重要课题。

2020 年 1 月 30 日，世界卫生组织宣布新冠疫情为国际公共卫生突发事件。中方根据疫情发展情况立即决定，采取封闭隔离措施，迅速控制了疫情。2020 年 4 月，新冠疫情从“遏制阶段”进入“缓解阶段”。“外防输入、内防反弹”和经济社会活动有序“重启”成为国家疫情防控的重点，我国已进入疫情防控常态化。在疫情防控常态化下，居民社区实行封闭管理，教师被限制出行，面临家庭、教学、经济、人际关系等各种压力，还要承受信息爆炸、思维模式多元或交流研讨等预期事件取消的影响，如果不及时调整，教师可能会通过过度使用互联网来缓解压力。研究表明，个体使用网络的一个重要动机是缓解孤独感，过度的网络使用会将个体与健康的社会活动隔离开来，进而导致更多的孤独感。不仅是教师，学生在面对突发公共卫生事件时，也更容易受到孤独、学习倦怠等负面情绪的影响，从而降低其适应力。

疫情期间，“停课不停教、停课不停学”的教学理念深入人心。虽然大部分学校仍处于封闭、孤立的状态，但互联网却为教学提供新平台，线上教学开展得如火如荼。教师因其职业特殊性，需要不断掌握复杂的教学技能、教学知识，加之线下教师研修、混合研修因疫情受到限制，线下教师研修均转变为网络研修。

虽然基于网络的教师远程培训并不是一种新鲜形式，但是在在线培训浪潮高涨的同时，伴随而来的种种问题也不容忽视。其中，在教师网络研修中存在得最为明显的一个问题就是教师在研修过程中普遍具有学习障碍，缺乏交流探讨，无法实现深度学习。从已有文献来看，虽然导致学习障碍的因素有很多，但是最重要的因素莫过于学习者本身的情绪影响。学习动机不足、感受到孤独、缺少存在感等负面情绪均会导致教师对研修产生消极态度和抵触心理，这些消极态度会使教师缺乏学习主动性，进而产生学习障碍。学习动机不足、缺乏主动性、对学习持消极态度均为学习倦怠的典型表现。网络研修跟其他形式的在线学习一样存在缺乏实时管控和调节的缺点，在这种状态下极有可能催生教师的学习倦怠心理。加之在线研修强调教师学习的自主性，一旦教师在研修过程中产生了学习倦怠心理，相比线下研修更容易产生抵触心情，更早进入拒绝阶段，并且这种变化是难以发现的。疫情时期，教师在一定程度上会受到更多的外部环境压力，从而更有可能产生学习倦怠心理。因此，密切关注教师在网络研修过程中的学习倦怠问题，了解这一时期教师的心理健康变化及发现造成学习倦怠心理的因素，并在必要时进行适当干预，对于保障教师网络研修的学习质量尤为重要。

随着人工智能技术、网络学习社区的深入推进，教育大数据的不断累积为学习者学习状态分析注入了新活力。在教师网络研修中，教师在自发兴趣或主题讨论任务的驱动下围绕研修管理者发起的某一主题进行讨论，讨论通常以文字符号的形式呈现出来。有研究者发现：通过信息技术手段分析在线学习中的文本数据可以有效挖掘学习者的隐含学习特征。近年来，在学习倦怠的相关研究中，研究者关注的对象主要为参与学习的学生，很少有研究者探讨教师作为学习者参与研修时的学习倦怠问题。所以，研究教师网络研修中的学习倦怠，对于改进教师在网络研修中的学习绩效，提高教师网络研修的质量和效益具有重要的现实意义。

基于此，本章研究希望利用词向量技术构建教师网络研修学习倦怠预警模型，在模型中对数据进行分析，实现及时发现教师学习倦怠心理的影响因素，并快速寻找教师学习倦怠心理发展的规律，为研修管理者提供数据支持服务，从而提高教师网络研修的质量。

1. 教师网络研修学习倦怠概念界定

倦怠最早是由 Freudenberger 提出的，用来描述包括医务人员在内的社会工作者由于工作时间过长和工作强度过大而导致的一种疲惫状态[36]。后来，Kurzman 提出了学习倦怠的概念，用来描述学生对学习和学校活动的消极态度以及他们枯竭的精神状态[37]。在其他研究者中，包括 Meier 和 Schmeck、Neumann 等、Maslach 和 Leiter、Slivar、Lian 等，目前主流的观点认为学习倦怠是学生过度学习而导致的情绪衰竭、学业疏离和成就感低下等消极心理[38]。

学习倦怠反映了学生的消极心理，影响他们的心理健康、学习成绩和人际关系。长期的压力和负担导致学生很容易出现学习倦怠。一项针对 542 名小学生的研究发现，33.6%的六年级学生和 27.5%的四年级和五年级学生高度倦怠[39]。此外，Alawi 等针对 662 名大学生进行调查，发现大学生倦怠患病率为 7.4%，并且发现倦怠症状对抑郁有显著的预测作用[40]。Santos 等针对医学新生的一项研究也发现了高水平的倦怠会使医学新生耗尽精力，逐渐失去对学习的热情，从而产生心理问题[41]。该研究指出倦怠心理是影响医学新生身体健康的一个重要因素。有时学习倦怠可能导致身体疾病，包括高血压、动脉硬化；消极的心理和行为问题，如抑郁、逃学和辍学，甚至会增加学生药物滥用和自杀的可能性[42]。

正如紧张的学术氛围会引发个人调动必要的心理资源来解决这一问题一样，长时间暴露在这些压力下会导致学术倦怠。倦怠的特征是长期暴露在过度压力下导致的身体、精神和情绪疲惫的状态。持续不断的压力最终会压倒学生的应对资源，从而导致倦怠的出现。随着职业倦怠的发展，受折磨的学生会出现抑郁、玩世不恭、疲惫、动力不足、自尊心差和其他功能失调的表现。

倦怠由三个不同的维度组成：人格解体、个人成就感降低和情绪衰竭。人格解体是由对他人漠不关心的态度造成的，其典型特征是情绪超然，而情绪衰竭的特征是一个人的情感资源枯竭和整体缺乏能量。最后，个人成就的降低被描述为无法胜任工作、动力不足和缺乏自尊。

一些研究者探索了可能改善学生学习倦怠的干预措施。例如，使用社会认知方法，通过基于自我效能的干预成功降低了倦怠水平[43]。Skodova 和 Lajciakova 使用心理社会训练干预卫生保健专业学生的倦怠，并得出结论，心理社会训练可以被认为是防止专业助手倦怠的有效工具[44]。Khalaj 和 Savoji 使用认知自我调节策略来降低学生的学业倦怠[45]。因为倦怠的表现和原因各不相同，这也导致这些干预措施的各不相同，但大多数都旨在帮助个体表达负面情绪，消除不促进个体化的行为。最常见的干预措施包括各种运动以及团体或心理咨询。此外，可以通过提高个人的应对能力，包括认知压力管理、放松训练、时间管理或社会培训和使用团队自我管理干预等措施。

除学生之外，教师的职业倦怠也逐渐成为研究者的研究热点。越来越多的研究者发现教师容易受外部环境和心理健康等因素的影响，从而出现职业倦怠的问题。这对教师的终身学习和促进个体专业发展来说无疑是不利的。在教师研修的环境中，每个教师作为教师学习共同体的一部分，不仅仅承担着知识传授者的重担，同时也是终身学习的践行者。教师研修是提升教师个人能力及水平的重要途径，在研修过程中教师不仅仅会受到职业倦怠的困扰，同时也会受到学习倦怠心理的影响。虽然导致两种倦怠产生的原因不同，但是这两种消极情绪对开展教师研修活动和教师发展都是不利的。

学习倦怠包括认识、低兴趣、倦怠、拒绝四个阶段，其呈现出一种递进、连续的状态。学习倦怠作为一种消极情绪，在学习过程中是普遍存在的。但是学习者一旦进入拒绝阶段，不管采取什么干预措施和手段，都是很难去转变其心理状态的。作为网络研修的学习者，教师在研修过程中作为主动学习的个体，如果一直处于兴趣缺失、不与他人交流、没有及时进行自我反思等消极状态，很有可能已经出现了学习倦怠。因此，教师网络研修中的学习倦怠，是教师在在线研修过程中的消极表现，发生在教师研修实践的过程中，它使教师对研修活动缺乏热情与活力，在研修过程中表现出明显的兴致缺失，丧失学习的动机与兴趣，从而对研修活动表现出疏离或退缩行为。

2. Word2Vec 词向量相关研究

随着机器学习技术的发展，Word2Vec 作为文本挖掘领域的新星，在医疗、舆情分析、金融等领域崭露头角。Word2Vec 是谷歌在 2013 年用于生成单词向量的一种开源神经网络算法，其作者 Tomas Mikolov 在其论文中首次提出，但是并没有提出具体的算法细节。Word2Vec 使用两种重要的模型——CBOW 模型和 Skip-gram 模型。原作者给出了两套框架体系，一种是基于分层 Softmax 框架的设计，另一种则是基于负采样框架的设计。神经网络算法的输入层是单词，输出层对应一棵哈夫曼树，从而形成一个输出向量。Word2Vec 是一种常见的单词嵌入，在单词的语义表示方面做得非常好。通常，单词嵌入的性能取决于语料库的大小。语料库的规模越大，单词嵌入的性能越好。Word2Vec 的出现是为了弥补现有 One-hot 编码的缺点。One-hot 编码和 Word2Vec 的共同点是每个单词都表示为一个向量。One-hot 编码是一种稀疏表示，其中只有表示单词的索引位置的值为 1，其他位置都是 0。One-hot 编码的向量具有相同的距离，不能表示向量之间的相似性，因此设计了一种分布式表示方法，即 Word2Vec。单词的向量可以用不同的维度来表示，随着单词向量维数的增加，单词之间的关系可以更详细地表达出来。Word2Vec 需要大量的训练文本作为输入并建立词汇表，然后用模型学习单词向量表示，使共享相同上下文的单词在向量空间中彼此接近。这些词向量可以用作各种自然语言处理任务中的特征，也可用于向量化单词并在数值上测量单词之间的相似性，如 Mikolov 所述，预训练向量可被视为通用特征提取器。许多自然语言处理的任务得益于 Word2Vec，如情感分析、机器翻译和释义检测。Mohammed 和 Omar 提出了问答系统中问题分类的模型，并利用卷积神经网络（convolutional neural networks，CNN）进行情感分析，该网络在预先训练好的 Word2Vec 的基础上进行训练，结果非常好[46]。类似地，Saja 等使用 CNN 对经过阿拉伯语预训练的 Word2Vec 进行阿拉伯语情感分析，结果显著，优于已经存在的方法[47]。

3. 情感分类及情感计算相关研究

情感和情绪是指人对于客观事物的主观反映和心理、行为反应。人的情感被粗略地划分为正向情感、中性情感及负向情感。随着 Web2.0 的发展，人们可以更轻松地在网络上表达自己的观点和意见。他们可以在电子商务网站上发布评论，并在论坛、博客或其他讨论组中对几乎所有内容发表意见。他们留下的意见信息对在线行业和客户都很重要。对于行业或组织来说，理解用户的情绪变得尤为重要。

情感分类也称为情感识别或情感分析，是检测文本中隐含情感的过程，用于确定作者或用户对某个主题的观点是积极的还是消极的方法[48]。情感分析被定义为使用自然处理技术从文本中获取有意义的信息和语义，并确定作者的态度的过程，可能是积极的、消极的或中立的[49]。情感分析的目的是确定极性，并将自以为是的文本分类为积极或消极，因此情感分析涉及的数据集类别范围不限于积极或消极；它可以是同意的或不同意的，好的或坏的。它也可以用 5 分制进行量化：强烈不同意、不同意、中立、同意或强烈同意[50]。例如，Ye 等对欧洲和美国旅游目的地的评论进行了情感分析，评分为 1~5 分[51]。他们将 1 星或 2 星评论与负极性相关联，将超过 2 星评论与正极性相关联[52]。通过收集意见信息，公司可以决定营销和产品改进的策略。客户在购买产品或服务时可以做出更好的决定。因此，在近年来，情感分析已经成为包括人工智能在内的许多研究社区的热门话题。

情感分类可以分为三个层次：句子层次、文档层次和方面层次。在句子层面或短语层面的情感分析中，将文档或段落分解为句子，并确定每个句子的极性。在文档级别，从整个文档或记录中检测情绪。文档级别情感分析的必要性在于从包含冗余局部模式和大量噪声的长文本中提取全局情感。文档级别情感分类最具挑战性的方面是考虑单词和短语之间的联系以及语义信息的完整上下文，以反映文档组成。这需要更深入地理解复杂的情感和依赖词的内部结构。

虽然情感分类不是一个新的研究领域，但人类交流的特质是人工智能难以掌握的任务，因此情感分类一直是一个需要解决的热门研究问题。最近的研究更是将主题模型引入情感分析中，用于同时分析文档中的主题和情感。这些联合建模主题和情绪的研究利用了主题和情绪之间的关系，并被证明优于传统的情感分析工具[53]。大多数研究并没有超越诸如认识主观性与客观性、极性分类和多重情感分类等基本问题[54]。主观性与客观性的研究试图从一段文本中提取潜在的和/或内在的意义。极性分类旨在确定作者对某一主题的感觉是好是坏，还是漠不关心，而对多种情绪进行分类与识别不同情绪一样是一种分类练习[55]。

情感分类的方法有很多，但大致可以分为四类：基于词汇的方法、机器学习方法、词汇/机器学习混合方法和深度学习方法。各类别的相关工作详情如下。

基于词汇的方法使用词汇计算给定单词或短语的极性和强度。极性意味着对一个主题所表达的态度是积极的还是消极的，强度意味着一种情绪属于其范畴的程度。使用这些方法，准确性在很大程度上取决于词汇表的大小和质量。Xu 等手动注释了中国情感词，并开发了一个包含所有情感的 7 类框架[56]。这七个类别包括快乐、喜欢、悲伤、厌恶、愤怒、恐惧和惊讶。这些研究者继续构建一个专门用于情感分类的词典，该框架称为 DUTIR（大连理工大学信息检索）。

随着人工智能技术的发展，机器学习是情绪分类的另一个常见基础。这些方法通常提取表达特定情感的特征，然后使用分类模型，如支持向量机、朴素贝叶斯或最大熵来检测和分配分类。例如，Bermingham 和 Smeaton 构建了一个基于多项式朴素贝叶斯模型和支持向量机的监督情绪分类器[57]。使用这些方法，性能在很大程度上取决于标注语料库的质量。

机器学习/词汇混合通常将情感词指标与其他分类特征（如句法或词性）相结合，然后在预测最终分类之前使用机器学习找到最佳特征组合。Zhang 等在这方面开发了一个三级混合框架，包括一个情感词典、一个情感相似性模块和一个朴素贝叶斯模型[58]。

除了经典的人工智能，深度学习方法已经引领了自然语言处理的一场革命，包括情感分类。标准的方法是使用神经网络和大量的文本语料库对情感词汇进行矢量化和学习。一旦训练完成，该模型就可以检测和分类文本中的情感。按照这些思路，Zhang 等使用了 Word2Vec 和支持向量机对服装产品评论中的情感进行分类[59]。He 等的解决方案称为 EMCNN，即情感语义增强多列卷积神经网络，它依赖于情感语义和多列 CNN 来捕获文本中的语义并将其映射到“情感空间”[60]。Phan 等应用了一个自动编码器，它可以挖掘整个对话的上下文，然后在短语级别检测情感[61]。Hazarika 等从对话中提取了多种特征，并预测了通过互动对话记忆网络（也在短语层面）反映的情绪[62]。

5.3.2　教师网络研修学习倦怠预警模型构建

1. 研究设计

本章研究模型如图 5-7 所示。模型分为数据获取与处理、数据分析、数据可视化三个阶段。在第一个阶段，首先利用“后羿采集器”对研修平台的教师讨论帖进行自动爬取，并清洗数据，完成文本预处理的工作。在第二个阶段，将教师讨论帖与已有的情感词典进行比对，计算出每一条讨论帖的情感分值，并根据情感分值的正负判断讨论帖的情感极性。将计算过的讨论帖按照情感极性划分为积极情感和消极情感两类数据集。利用 Word2Vec 分别将划分好的两类数据进行词向量量化处理，并对向量进行训练，训练过的向量利用随机近邻嵌入方法将数据聚类从高维映射到二维平面中，分别抽取出教师积极情感词汇和消极情感词汇的特征词，在消极情感特征词中获取导致教师产生学习倦怠心理的因素或成因。在第三个阶段，对教师网络研修时间进行阶段划分，将数据按照不同时间节点进行数据演化分析对教师的消极情感进行时序演化分析，在时间演化的过程中，发现并归纳教师在网络研修中的情感变化及学习倦怠的发展规律，方便研修管理者提出干预措施，及时防止教师出现学习倦怠心理。

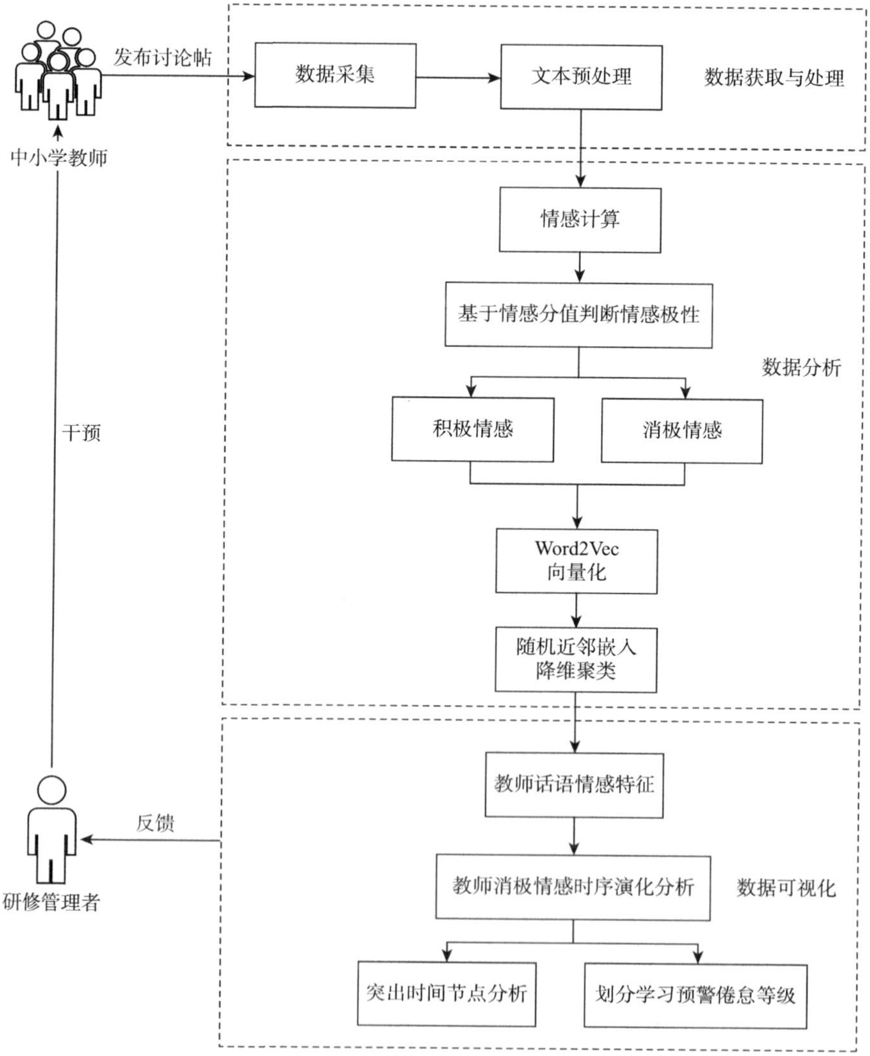

图 5-7 研究模型图

2. 研究方法

1）构建教师网络研修情感词典

进行情感计算的第一步是要根据数据特点，构建完善并具有针对性的情感词典。参考多种情感词典及教师网络研修相关文献，从已有研究中发现教师在网络研修平台中发布的讨论帖内容具有口语化的特点，语言表达虽然逻辑性强但并不是写作式话语。目前国内权威的情感词典有中国知网情感词典 Hownet 和中文文本情感词典 BosonNLP，两个情感词典都包含了积极情感、消极情感、程度副词、否定词四类词典。虽然都是情感词典，但是二者的特点却有区别，Hownet 词典虽然拥有非常完善的词汇库，但是缺乏对日常用语和口头语的支持，而 BosonNLP 词典虽在词汇库数量上略逊于 Hownet 词典，但添加了很多日常用语和口头表达语。根据教师讨论帖的特点，在构建教师网络研修情感词典时考虑将两种情感词典结合，为了能够使 Hownet 词典能够准确识别日常用语、口头表达语及网络热词，在 Hownet 词典的积极情感词典中加入了如“点个赞”“给力”“蛮不错”等词汇；在消极情感词典中加入了“有点难”“就那样”等词汇；在程度副词词典中加入“very”“so”“more”等英文词汇。

2）基于情感词典的情感计算

在阅读了大量文献和观察研修平台教师讨论帖后，发现了教师发表个人意见和反思体会时的语义规律。教师会经常使用“程度副词+形容词”的话语形式来表达自己的情绪，甚至有部分教师为了强调自己的情绪，还会使用双重否定来增强话语语气，增强对研修内容和参与研修活动的情绪表达。

因此，本章研究在考虑程度副词和否定词的情况下构建了情感计算方法，程度副词等级加权方法见表 5-10。设定每条评论数据的起始情感分值为 0，将数据集与情感词典进行比对。判断数据集词汇出现在哪个情感词典中，若出现在积极情感词典中，则计为“+1”；若出现在消极情感词典中，则计为“−1”；若句子中存在感叹号，则根据情感的正负情况计为“+2”或“−2”；扫描情感词汇前是否存在否定词，若存在否定词则执行“*（−1）”的加权指令；判断情感词汇前是否存在程度副词，若为程度副词，则根据程度等级执行加权操作。

表 5-10　程度副词等级加权方法

程度副词等级	最	非常	更加	稍微
加权方法	*4	*3	*2	*0.5

3）Word2Vec 向量化及 T 分布随机近邻嵌入

Word2Vec 是词语向量化的常用工具，本章研究依据数据集特点不断调整

Word2Vec 模型参数。调整参数之后，使用 Skip-gram 模型分别将积极情感集、消极情感集转化为 150 维度的词向量。针对生成的高维度词向量，本章研究采用 T 分布和随机近邻嵌入方法在 Word2Vec 生成的词向量中抽取教师的隐含语义信息并实现数据可视化。通过不断调整随机近邻嵌入的参数使降维聚类的效果达到最佳，随后使用随机近邻嵌入方法分别对维度为 150 的积极情感集和消极情感集的词向量进行降维聚类，分别从积极情感集和消极情感集中保留 80 个数据结果，最后实现情感特征信息可视化。

4）教师消极情感时序演化分析

通过情感计算，当教师在研修过程中发布的讨论帖分值较低时，则可以认为教师处于学习低兴趣状态，并将这些教师划分到有可能产生学习倦怠的风险用户行列。教师在复杂的网络环境中，不仅要维持积极的学习状态，同时还要面对一些网络突发状况，此时一旦出现学习倦怠心理，这种消极情绪的发展对教师的学习无疑是一大阻碍。进行时序演化分析的目的是将教师消极情感变化按照研修时间节点展现出来，以图表的形式可视化变化趋势，从中抓住教师学习倦怠发展规律，使研修管理者能及时掌握教师消极情绪的发展变化，并针对情绪变化及时调整研修内容和研修活动，根除学习倦怠心理的萌芽或缓解倦怠情绪的进一步加深。

5.3.3 模型应用分析

1. 数据来源及数据处理

1）数据来源

研究数据选取疫情防控期间，以某大学附属中学为主导的大型在线教师工作坊，此次研修活动的主题为“如何进行教学研究”。通过网络爬虫的方法获取了自 2020 年 4 月 15 日至 2021 年 2 月 15 日（第 11 期研修~第 20 期研修）为期一年的教师学习数据，包括发帖内容、发帖时间及研修期数。

2）数据处理

在数据去重和降噪工作完成后，考虑到一些篇幅较短的评论帖存在灌水、打广告以及盗用他人观点的可能性，并且篇幅较短的帖子也不能有效表达教师的情感。基于以上考虑，在已经处理好的数据集中，剔除了字数小于 20 字的评论帖，最终保留的有效数据共 2 406 条。然后利用“Jieba”中文分词工具在保证数据的原始语义不受损的情况下将数据集进行词语切分。以“人工智能技术能够有效提升教师专业能力”这句话为例，使用“Jieba”分词工具后，整句话将被切分为“人工智能、技术、能够、有效、提升、教师、专业能力”。

2. 情感特征词汇分析

在情感计算后，按照情感分值进行划分，得到了情感分值大于 0，即积极情感讨论帖共 2 157 条；情感分值小于 0，即消极情感讨论帖共 95 条；情感分值等于 0，即无情感讨论帖共 154 条。为了确保数据准确，又进行了二次人工检验，检查计算结果是否有误，最终确定有效积极情感讨论帖数量为 2 036 条，有效消极情感讨论帖数量为 121 条，该情感计算方法的正负情感分类准确度为 80.8%。

教师在网络中表现出的情感特征能够通过情感词汇展示出来。本章研究基于 TF-IDF 方法抽取了积极情感集数据和消极情感集数据中的 TF-IDF 关键词，并将关键词通过 Word2Vec 转化为 150 维度的词向量，针对这些高维度词向量，研究采用随机近邻嵌入方法对其进行降维聚类。

通过随机近邻嵌入降维聚类发现，教师积极情感词汇聚类主要分为三个簇类。簇类一中包含“讲解”“课题”“形式”“反思”“案例”“实践”等词汇，表明该簇类的指向对象是教师在研修过程中的讨论内容，主要围绕讲解内容、课程组织形式及教学案例这三种主题开展；簇类二中包含“启发”“新颖”“一线”“超前”“实用”等词汇，表明该簇类的指向对象是教师在研修过程中的收获；簇类三中包含“学习”“受益匪浅”“感谢”“理解”等词汇，表明该簇类的指向对象是教师在研修过程中的积极情感，主要表达教师参与研修的喜悦之情、认为研修很有成效及自身收获颇丰这几种积极情绪。

教师消极情感词汇聚类主要分为五个簇类。簇类一中包含“不太”“很大”“水平”等词汇，表达了部分教师认为研修活动安排没有考虑教师水平，把所有教师的能力水平归为一类是不合理的；簇类二中包含“专业”“吃力”“枯燥”等词汇，表达了部分教师对课例讲解的不满，认为在课例讲解时涉及的专业术语较多，不能够及时消化知识点；簇类三中包含“农村”“紧张”“不适合”等词汇，表达了部分教师认为研修时间安排不合理，因为研修活动中参与的教师有农村教师，课程安排时间过于紧凑，不适合农村教师参加；簇类四中包含“困难”“能力”“不足”等词汇，表达了部分教师对自身能力不足而跟不上研修节奏的惋惜，认为自己很想提高自身水平，但碍于自身学术水平较低，学习很吃力；簇类五中包含“很难”“缺少”“特色”等词汇，表达了部分教师认为视频案例过于烦琐，虽然具有不同特色，但是作为案例来讲是不够具有代表性的。

通过观察计算教师讨论帖的平均情感分值发现，当教师把学习倦怠归结于外因时，教师讨论帖的情感分值最低，平均情感分值为−4.32，当教师把学习倦怠归结于内因时，教师讨论帖的平均情感分值为−2.77。

3. 教师网络研修学习倦怠时序演化分析

1）消极情感时序演化

为了探究教师在研修过程中学习倦怠发展的规律，依据研修中教师讨论帖中消极情感数据集的情感分值，生成了教师消极情感时序演化图。教师消极情感时序演化图如图5-8 所示。

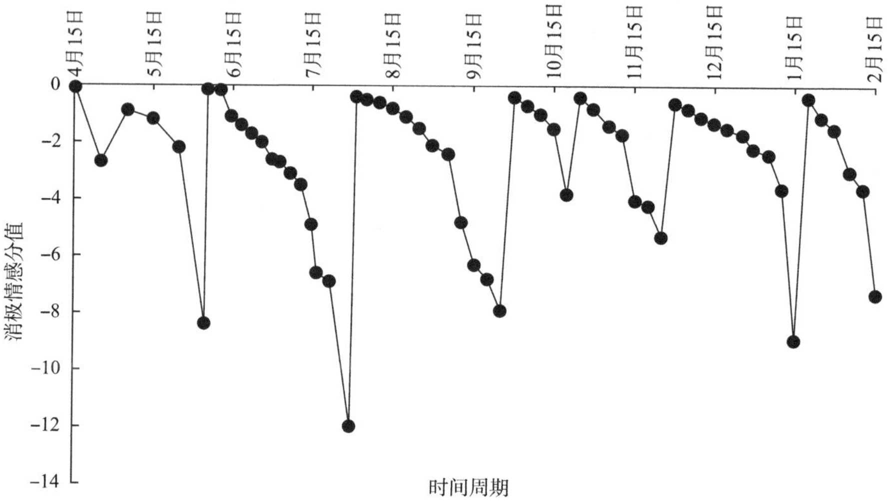

图 5-8　教师消极情感时序演化图

图 5-8 所提供的信息指明教师在研修中的学习倦怠发展是有规律的。从整个情感时序演化得出，教师的消极情绪在研修的每个阶段都是由低变高的。在研修中学习倦怠的产生和发展是具有明显周期性的，在多个不同时期均出现“断崖式”下降。尤其是在第 13 期至第 14 期的研修活动中，教师的消极情绪占主位，从研修开始就呈现出很长一段时间的下降趋势，随即坡度骤降，消极情感分值达最低值−12。此种现象说明当教师因种种原因而开始表现出消极情绪的初期，研修管理者并没有及时对研修内容或活动形式进行干预。虽然消极情绪在初期处于平稳状态，但是正是由于管理者的疏忽，没有在第一时间做出相应措施，故错过最佳调整时间，教师消极情绪没有得到及时的控制，进而导致消极情绪在每一个阶段都会重复出现，并且随着时间的推进愈演愈烈。

2）突出时间节点教师消极情感演化分析

第 13 期至第 14 期（2020 年 6 月至 2020 年 7 月）阶段的消极情感数量最多、变化最显著，因此本章研究选取该时期作为突出时间节点。抽取该时期的全部帖子作为研究数据，共计 726 条。依据发帖的时间顺序排列帖子，检测为积极情感帖子时，情感走向在 x 轴移动 1 个距离，检测为消极情感帖子时，情感走向在 y

轴移动 1 个距离，以此为依据绘制了教师情感走向图，如图 5-9 所示。

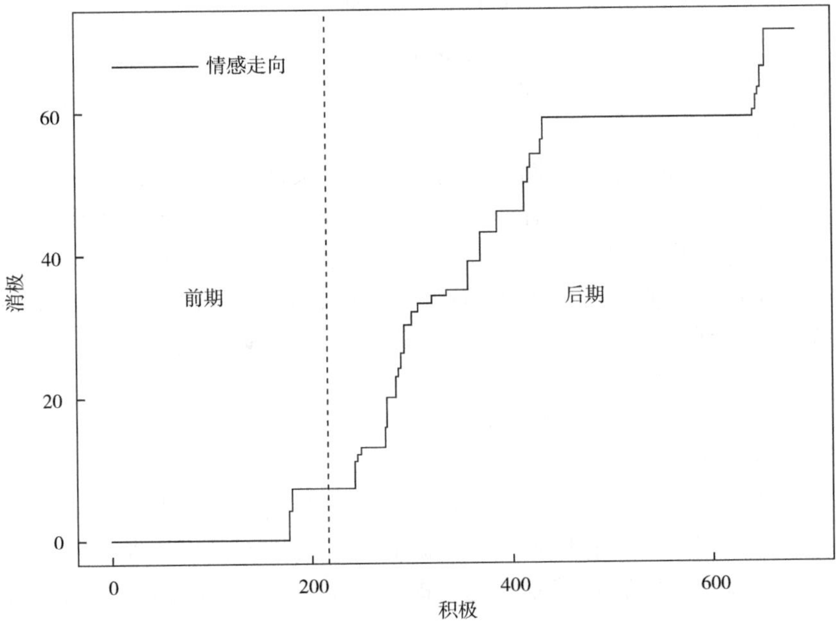

图 5-9　突出时间节点教师情感走向图

从情感走向可以得知，这一时期的教师情感随着研修的推进由积极情感逐渐转变为消极情感，且消极情感具有一定稳定性，说明在研修后期教师总体均出现了学习倦怠。在前期教师讨论过程中，积极情感是持续稳定的，但是到了中期，教师的情绪开始发生变化，部分教师表现出一定的消极情绪。消极情绪持续出现，呈上升趋势，直至研修中后期。教师情感在研修中后期出现转变，由消极情感转向积极情感，并逐渐趋于稳定，但是这种稳定并没有持续到研修结束，而是在快接近研修结束的末期，再次呈下降趋势，由积极情感转变为消极情感。

将这一时期的教师讨论帖划分为前期和后期，利用 TF-IDF 方法针对这两个时期分别抽取讨论帖中的关键词，以挖掘两个时间段影响教师情感变化的因素。按照 TF-IDF 计算出的权值，将关键词依照权值大小进行排序。本章研究抽取了两组数据中权重最大的 10 个词语，如表 5-11 所示。

表 5-11　突出时间节点 TF-IDF 关键词

时期	前期	后期
关键词	一线、豁然开朗、研究、掌握、有用、SPSS、培训、考试、增加、知识	不太、专业术语、专业名词、英语、吃力、受益匪浅、时间、有限、不足、安排

注：SPSS 为一款数据统计与分析软件

在该阶段前期教师讨论帖中的关键词，如“研究”“SPSS”“培训”等多与研修内容有关，“豁然开朗”“有用”“增加”等多与课程评价有关。在该阶段后期教师讨论帖中的关键词，如“专业术语”“专业名词”“英语”“吃力”等多与研修内容难度有关，“时间”“有限”“不足”“安排”等多与教师自身的学习投入时间有关。

从上述分析可知，不同时期教师对于研修的关注点是不同的。在研修前期，教师的关注点更集中于研修内容本身。随着时间推移，有可能受到研修任务数量增加或是研修任务难度增大，还有部分教师指出学习时间不够充足等因素的影响，研修后期教师的关注点更多集中于阐述学习投入不足的原因。由此可得，在这一时期研修内容和任务难度大、学习时间不够充足等是影响教师情绪转变，出现学习倦怠心理的主要原因。

根据以上分析，我们可以得出以下结论。

（1）参与研修的教师将影响自身学习倦怠的原因分为两类。一部分教师认为外部因素影响其自身专业水平发展，将情绪变化归因于研修内容不易理解、讲解过于复杂、课例视频不具有代表性以及研修时间安排不得当等外部因素。另一部分教师认为自身因素是影响其专业能力提升的主要阻碍，将情绪变化归因于个人能力水平不足、自身时间安排不得当、容易开小差、本身是学困生等内部因素。

（2）与内部因素相比，外部因素更容易使教师形成学习倦怠心理，且外部因素更难调节。

（3）教师消极情感是通过会话传递的。消极情绪并不是突然出现的，而是存在于最开始教师讨论中的部分消极词汇。这种细微的情感变化是难以捕捉的，即便只有少量的消极情绪，有可能也在一定程度上影响了其他教师。如果没有及时发现这种情绪变化并提出措施进行调整，一旦消极情绪开始群体性蔓延，是不会随着时间发展而逐渐消失的，反而只会愈演愈烈。

（4）教师学习倦怠心理随着研修进度的发展而发展。无论是何种原因导致教师个体产生学习倦怠心理，随着研修任务增加、研修内容难度增大，教师的学习倦怠心理都会进一步发展。

综上所述，借助人工智能技术分析教师研修心理状态变化，及时发现教师学习倦怠心理是十分重要的。在自动化情感分析技术的加持下，研修管理者可以随时通过教师发布的文本数据，及时掌握教师的研修状态并对学习倦怠心理加以干预。教师的消极情感具有明显的传递性，管理者应正确对待具有消极情绪的教师所反映的问题，及时切断消极情绪传递。同时，研修管理者要密切关注帖子中所反映的学习问题，针对存在的问题适当调整学习任务安排，酌情调整学习资源的呈现形式，同时给予消极教师更多的学习鼓励。

5.4　面向深度学习的教师网络研修绩效分析研究

5.4.1　概念界定

1. 深度学习

深度学习是从人工神经网络发展而来的，现在它是机器学习的一个流行领域。人工神经网络的研究始于 20 世纪 40 年代。McCulloch 和 Pitts 通过分析和总结神经元的特征，提出了 McCulloch-Pitts（MP）模型[63]。Hebb 提出了一种细胞组装理论来解释大脑神经元在学习过程中的适应性，这一理论对神经网络的发展产生了重要影响[64]。然后 Rosenblatt 发明了感知器算法，该算法是一种二元分类器，属于监督学习[65]。有学者提出了自适应线性单元，它是一种基于 MP 模型的单层人工神经网络。不幸的是，另有学者指出感知器算法在理论上存在很大局限性，对神经网络的前景做出了负面评价，导致神经网络的发展跌至谷底。然而，Hopfield 在 20 世纪 80 年代初期提出了 Hopfield 网络，这使得人工神经网络复活了[66]。然后 Ackley 等利用模拟退火算法提出了玻尔兹曼机[67]。20 世纪 90 年代，各种浅层机器学习方法被陆续提出，如支持向量机[68]、Boosting[69]。由于这些方法在理论和应用上的优势，人工神经网络再次跌入谷底。2006 年 Hinton 和 Salakhutdinov 在 *Science* 杂志上提出深度学习的概念，人工神经网络再次受到研究界的广泛关注[70]。

“深度学习”一词最早于 1986 年被引入机器学习，后来在 2000 年被用于人工神经网络。深度学习方法由多层组成，以学习具有多个抽象层次的数据为特征。深度学习方法允许计算机通过从更简单的概念中构建复杂的概念来学习它们。为了学习复杂的功能，深度架构与多层次的抽象（即非线性操作）一起使用，如具有许多隐藏层的人工神经网络。准确地说，深度学习是机器学习的一个子领域，它使用许多层次的非线性信息处理和抽象，用于有监督或无监督的特征学习和表示、分类和模式识别。

2. 协作学习

协作学习有多种概念。在计算机支持的协作学习（computer supported collaborative learning，CSCL）中，Stahl 表明知识构建和共同理解的发展过程有关[71]。在陈述中阐明和分享想法以及阅读和讨论他人共享的想法。每个人通过与他人的互动来分享他们的个人理解，从而为协作知识构建做出贡献。在协作对话中，参与者需要相互响应以创建有凝聚力的对话。通过建立或挑战他人先前的贡献，参与者澄清和协商想法，以建立作为一个群体的协作知识并将该知识内化为个人。在在线和远程教育中，协作学习大多是通过社会建构主义的视角来概念化的。强调有意义的互动。对于协作学习的分析，需要考虑小组活动的关键方面，包括在协作学习的不同理论模型中阐明的那些方面及其相关过程，参与的一般指标，以及社会互动模式。关于 CSCL 的文献通常认识到协作学习分析的几个关键维度，包括捕获上下文的影响、表示时间、计算时间何时重要、捕获社区知识构建以及支持和捕获协作的设计。常用的分析方法来源于社会科学、统计学、数据挖掘、序列分析、文本挖掘、信息可视化和 SNA（social network analysis，社会网络分析）。

3. 认知网络分析

ENA（epistemic network analysis，认知网络分析）是一种可以对学习者的认知进行动态分析的方法。ENA 是一种量化、可视化和解释网络数据的新方法，是数字学习环境中基于证据的评估方法。它有三个核心概念：代码、分析单位和小节。代码代表一组概念元素，ENA 的目的是理解这些元素的交互作用；分析单位代表 ENA 的对象，如性别分组或年龄分组；节代表代码出现的范围。带着以教师的在线话语为例，当节设置为四时，ENA 将计算每四条评论中认知元素的共现。ENA 已经成功应用于分析职前教师的协作学习和科学推理[72]，以及工科学生的设计思维[73]。ENA 还能够直接通过汇总统计对网络进行比较，因此，在假设数据中的关联模式有意义的情况下，它可以用来探索大量的定性和定量研究问题。ENA 最初是作为认知网络建模的：知识、技能、价值观、思维习惯和其他表征复杂思维的要素之间的关联模式。然而，ENA 是一种通用的方法，可用于对任何系统中的关联模式进行建模，该系统的特征是相对较小的固定元素集之间的复杂动态关系网络。也就是说，它是一种优化的方法，用于分析对于多变量参数技术（如潜在类模型）来说太大的网络，但不像许多传统的网络分析技术那样大到只需要通过汇总统计进行分析。

ENA 是一种网络分析技术，用于分析日志文件数据和其他个人和协作学习记录，它是认知框架学习科学理论的一种操作化，它不是将复杂领域的专业知识视为一组孤立的过程、技能和知识，而是将其视为知识、技能、价值观和决策过程之间的联系网络。ENA 利用了行动、交流、认知和其他相关群体交互特征的类别，这些特征可以用内容分析中使用的适当编码方案进行表征。具体而言，通过使用分配给协作话语的不同元素的代码来构建认知网络，其中网络的节点是代码本身。节点之间的连接是基于相关分析单元（如讨论消息或若干消息）内代码的出现而建立的。在认知网络中，节点之间的连接权重（即域的关键元素之间的关联结构）是一个关注的中心点。例如，ENA 通过使用计算和统计技术来比较网络的显著属性，包括由不同团队或不同时间点的团队、不同空间位置的团队生成的网络，从而利用这些特征或从事不同活动的团队。然而，至关重要的是，这些显著特性不仅仅根据网络的一般结构（如密度变化）进行建模。ENA 还提取与网络实际内容相关的属性以及在协作活动期间激活的个人和协作过程的痕迹。现有文献表明，ENA 可用于关于协作学习的广泛分析。例如，识别专家和新手团队、成功和不成功的团队和个人交互的关键模式，以及协作学习中工程设计思维的评估。虽然 ENA 提供了强大的机制来分析协作话语和协作学习相关特征之间的联系，但它没有强大的方法可用于分析参与者在协作活动中扮演的角色、协作学习中形成的社会结构、协作学习过程中创建的子社区，以及协作参与者之间形成联系的原则。这些正是可以通过使用 SNA 获得的洞察力类型。

5.4.2　相关研究

教师网络研修已经成为支持教师专业学习和补充教师可利用的其他类型专业发展的潜在机制[74]。网络组织可以采取多种形式，但一般来说，它们通过以下方式支持教师及其教学实践：①提供获得教学材料的机会；②提供使用教学资源和策略的培训和支持；③使教师能够与其他教师网络连接，以支持教学改进。众多教师网络研修实践旨在通过提供资源和培训来促进教师对教师的学习，从而支持 CCRS 式教学中的教师。有研究者调查了 2016~2017 学年参加三个教师网络研修项目之一的六所学校教师的经历，探讨了参与者对自己和学校参与网络研修的潜在好处的看法。这项研究的目标是提供一个深入的画面，描述教师如何参与网络研修，他们可以从中获得什么，以及他们从项目中的学习如何在他们的学校传播。需要这种类型的证据来了解哪些方法具有特殊的前景，并确定成功的障碍，从而为学校和网络组织未来的实施工作提供信息。

研究基于六个学校案例，每所学校都有三个教师网络研修项目中的一个。我们使用多案例研究的方法来探索一系列案例的经验和比较，而不是专注于个别案例。本节介绍了研究框架、案例研究受访者以及收集和分析案例研究数据的方法。这项研究集中在网络项目上，有几种常见的方法来支持教师学习，包括使用“核心教师”来支持网络（表 5-12）。

表 5-12　支持教师学习的方法

· 开发和传播教学材料
· 通过直接培训和在线资源积累教学实践知识
· 为教师提供与其他教师和教师领导“联网”和联系的机会
· 让参与教师网络研修项目的“核心教师”通过教师之间相互学习发挥领导作用

一个总体逻辑模型如图 5-10 所示。假设通过参与网络研修计划，核心教师将加速采用和应用有效的和符合标准的教学实践。这些核心教师将与同伴建立网络，分享他们所学的知识，帮助传播专业学习机会，并获得教学领导经验。

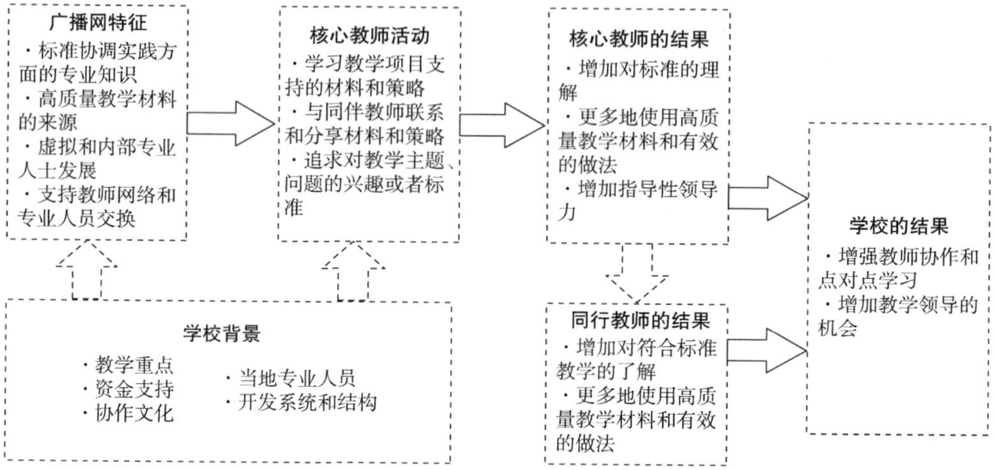

图 5-10　教师实践网络计划的通用逻辑模型

这一逻辑模型是在教师对教师的学习和对支持教学改进的重要性的研究的基础上形成的。一般来说，教师作为自己专业学习的积极贡献者而受益，而不是培训的被动接受者。教师可以通过与其他教师在学院互动中的合作和知识共享，在实践中培养更多的信心和专业知识。成功的教师合作可能会鼓励教师分享、反思和承担必要的风险来改变他们的实践。此外，合作和学院环境可能有助于维持教师的专业学习，超越一次性的专业发展会议。逻辑模型中的教师对教师学习活动利用了教师的领导角色，这可以作为一种机制，为同行教师和教师领导本身提供专业发展。以前的研究发现，教师可以通过指导和同伴辅导从相互学习中受益。网络计划逻辑模型认识到背景对于教师专业发展努力的重要性。学校校长的支持、相互竞争的教学重点或更专业的学生需求是支持或破坏专业发展计划成功的因素。灵活的专业学习机会可以帮助教师根据个人情况调整教学材料、实践和内容。通过整合教师协作、教师领导角色和允许教师在学习中选择和适应当地学校环境的灵活性，网络计划被假设为对核心教师有直接好处，然后扩展到他们的学校。

5.4.3　案例介绍

由于人们在不同的社会环境下会产生不同的观点和认知，研究在培训前期对于中小学教师网络研修的相关文献进行研究，结合中小学教师网络培训的基本过程，通过对中小学教师实施网络研修来收集真实的数据，整理分析了中小学教师在网络培训中的认知关注点。

1. 环境和对象

在贯彻落实党的十九大精神的过程中，河南省为探寻教师专业发展的道路不断做出努力，解决在探索过程中遇到的问题，提高教师团队的素质和素养，从而培养学生成为一个全面发展的人。2020 年 10 月，某中学“国培计划（2020）”乡村中小学教师专业能力建设项目——新入职教师培训项目开始。该项目将课堂（面对面）学习及在线学习结合起来，学习者可以根据自己的时间灵活完成各项任务。该中学教师研修平台支持同步/异步协作学习、上传/下载资源文件及发布/回复平台上的帖子。

在网络平台上，学习者可以在讨论区建立实时视频、文本聊天、语言讨论、发表作品和发表想法。通过这种多媒体交流模式，学习者可以在平台上交换信息，解释他们的观点，解释他们的想法，描述他们知道的事实。虽然所选择的平台不是用于协作知识构建的特定平台，但它提供了各种实用工具来支持在线协作和学习构建。

本章研究选取河南省各城市 36 所中学的 100 名物理教师作为研究对象。100 名教师被分为两个平行班，实验组和参考组。实验组有 50 人，分为 7 组，每组 6~8 人，根据上述提出的网络学习空间中的合作教研模式进行网络研究；参考组中有 50 人，他们也分为七组，每组 6~8 人，按照传统的网络培训方式学习，没有设立引导教师。教师不知道实验组和参考组的态度。本实验主要考察实验组和参考组的研究过程的差异以及教师的认知发展。它不影响参考组教师的网络研修过程，只观察其情况并收集相关数据，然后对实验组收集的数据进行比较和分析。两个小组的联合教学和研究同时进行。实验结束后，采用社交网络标记法、问卷调查法和在线访谈法对教师的合作过程进行调查和分析，了解学习过程中的感受、问题和建议，为教师提供依据，在网络研究和协作学习中制定优化策略。

2. 数据收集

协作学习过程涉及学习者之间以及学习者与培训者之间在讨论区的交流。因此，本章研究选择培训平台上的讨论数据作为最重要的数据源。首先，在一轮培训后，解释如何使用平台上的工具，解决手册中一些常见的操作问题，然后列入帮助工具栏，以便学生进入讨论区，及时接收其他学习者的信息并做出回应，并处理这些信息。此外，学生使用在线学习室来改进同步或异步学习。这种改进不仅包括观看已经放在平台上的视频，还包括使用文本或音频和视频与其他学习者进行合作和互动。同时，对协作交互过程进行记录和编码，以供后续研究和分析。

协作学习过程研究关注的是在培养学生思维的过程中，文本数据的挖掘和提取。基于在线协作学习活动的设计和特征，根据不断发展的测量方法逐步对其进行分析，以便为优化专业发展活动和提高学习绩效奠定基础。结合现有文献和现状，研究总结了在职教师在线合作的一般讨论过程，如图 5-11 所示，包括三个部分：准备阶段、组内讨论和实践 + 研讨，这形成了一个相互依存、循序渐进的讨论过程。在小组讨论过程中，学生必须理解共享任务并做好准备（包括收集必要的数据和材料）。在完成初步课程后，将根据同行评论和小组内的合作讨论对课程进行改进，最后将公开讲解并创建个人理解。在实践讨论阶段，学生根据完善的课程进行教学实践，录制视频并上传到研究平台。视频播放后，其他学生可以在平台上表达自己的建议和意见，协商和优化策略重构，优化个人认知构建。

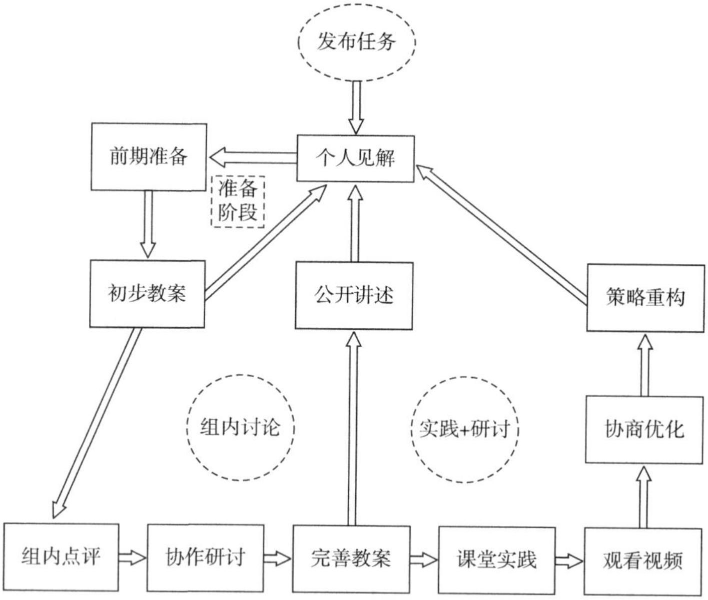

图 5-11 教师专业发展研讨流程图

讨论结束后，网络学习空间中的协作学习活动共收集了 459 条有效意见，剔除与学习者专业发展无关的讨论内容后提取的有效数据为 442 条，每条数据包括发言人 ID、发言时间、发帖内容以及发帖内容中所提及的之前的发言内容。这些协作性话语被整理导入 Excel 文档中，用于进一步的内容分析和网络分析。

3. 数据分析与结论

1）数据整理

在导入社会关系时，一般情况下样本基数都很大，如果将所有的角色、子社区都用来做下一步的 ENA 分析，不仅会造成研究者的工作任务加剧，分析结果亦会失去研究所需要的代表性意义。因此，在分析过程中，可以选择社会网络中有代表性的子社区，对选择的子社区进行梳理，为下一步的认知网络数据提取做好前提准备。使用内容分析法提取协作痕迹，文本内容提取完成后，使用 SNA 与 ENA 对话语数据进行社会网络与认知网络的结构进行分析，分别得到相应转换的可视化图形，解读出高低绩效组协作知识构建的认知特征。在编码过程中，基于节将话语数据转换为计算机可以识别的邻接矩阵，并累加成一系列的累积邻接矩阵，为后续绘制出网络图做好基础准备。学习者在网络学习空间中的活动主要由一句话组成，因此，内容分析的基本单元是一句话。为了更全面地了解学习者之间的协作关系，收集教师在协作学习过程中所发表和接收的帖子的交互数据，将其转化为邻接矩阵，进一步进行 SENS（social epistemic network signature，社会认知网络特征）分析。ENA 部分话语数据编码样例如表5-13 所示。

表 5-13　ENA 部分话语数据编码样例

序号	姓名	时间	话语文本	S	K	I	V	E
1	M	11/12/2020 10:11	教育心理学的知识很重要，在教学中不仅仅是生硬地教授知识，更重要的是注重学生的心理与认知，知道如何更好地教授知识，从而让学生进行有效的学习	0	1	0	0	1
2	A	11/12/2020 10:12	还有一些教师如何提升自身技能的方法。例如，检索资源的能力、随机应变的能力等	1	0	1	1	0
3	M	11/12/2020 10:12	还有教育机制，也就是随机应变能力	0	0	0	0	1
4	C	11/12/2020 10:12	传递新的教育理念和方法，打破传统教育中存在的旧的思想和模式	1	1	0	0	0
5	M	11/12/2020 10:13	这就上升到了理念	0	0	0	0	0

2）数据分析

研究选择两个代表性子群，针对代表性子群中的学习者，分别可视化他们的社会网络。图 5-12 左图是低绩效社区中学习者的社会网络图，图 5-12 右图是高绩效社区中学习者的社会网络图。从图 5-12 可以看出，在进行小组协作讨论时，高绩效学习者之间线条更错综复杂，因此联系更紧密，每个人都至少与三名学习者产生了双向互动。

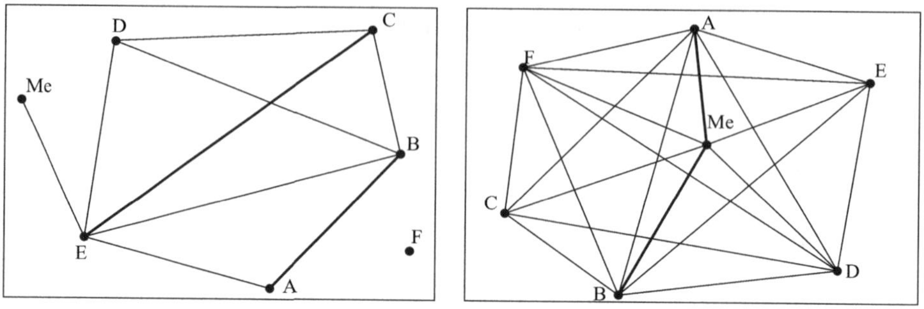

图 5-12　低绩效组（左）和高绩效组（右）学习者的社会网络

此项研究通过执行内容分析给 ENA 准备数据，使用了一种自动化的方法来进行内容分析，并应用了潜在的狄利克雷分配（LDA）。LDA 是一种主题模型，它可以将每篇文档的主题集中按照概率分布的形式给出。简单讲，通过分析文档中同时出现的单词，LDA 可以识别共同使用的单词组，这些单词组可能表示不同主题的意思。

在进行分析之前，通过删除停用词（即常用词，如“我”“教师”“的”）、数字、标点符号等对数据进行预处理。LDA 还要求预先指定许多主题。有很多种方法可以确定最佳的主题数，选择合适的方法取决于研究目标和数据集的大小。研究分析了学习者生成的帖子，即这些帖子的平均长度约为 30 个字，这就形成了一个可管理的语料库，能够评估大量的 LDA 模型，以揭示最佳的主题数量。选取经过 SNA 识别出的凝聚度较高的子群，通过 ENA 对学习者的认知进行探索和可视化。

3）数据可视化

最终得到以下代表群组的认知网络图 5-13，两个点之间的连线粗细表示认知点的共现频率。

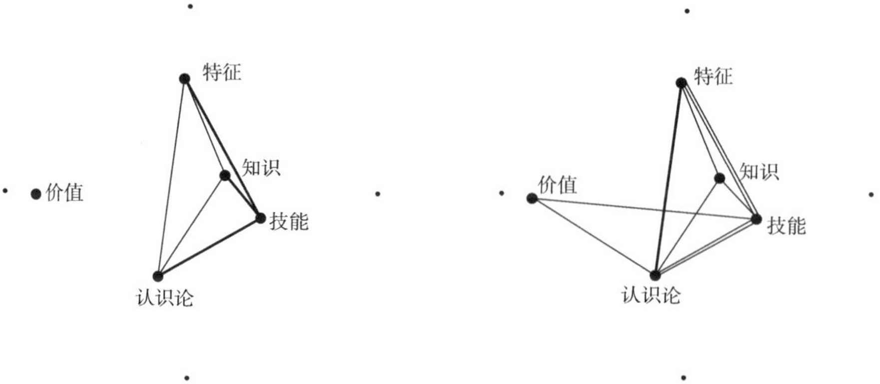

图 5-13　低绩效组（左）和高绩效组（右）学习者的认知网络（一）

如图 5-13 所示，低绩效组中的学习者在技能、知识、身份、认识论之间产生了联系，但是并没有学习者关注价值观。可见低绩效组的教师随着经验的积累，在探究新知识、新方法的同时，从未形成不断探索的学习素养。进一步展示了两个小组认知参数分析，如表5-14 所示。

表 5-14　认知网络图参数分析（一）

数据类别	SVD1		SVD2	
均值	−1.27	0.02	0.19	−0.16
标准差	0.72	0.77	0.48	0.78
N	6	6	6	6

分析两组认知网络差异原因的过程中发现，低绩效组学习者在讨论过程中有较多偏离讨论主题的话语出现，导致其认知网络的密度并不紧密。在第一次试验的基础上，研究改进了主题引导策略，两组学习成员聚焦于自己的讨论主题后得出图 5-14。此时两组学习者的认知网络趋近于相同，或者说，低绩效组学习者的认知网络朝高绩效组学习者逐渐接近。

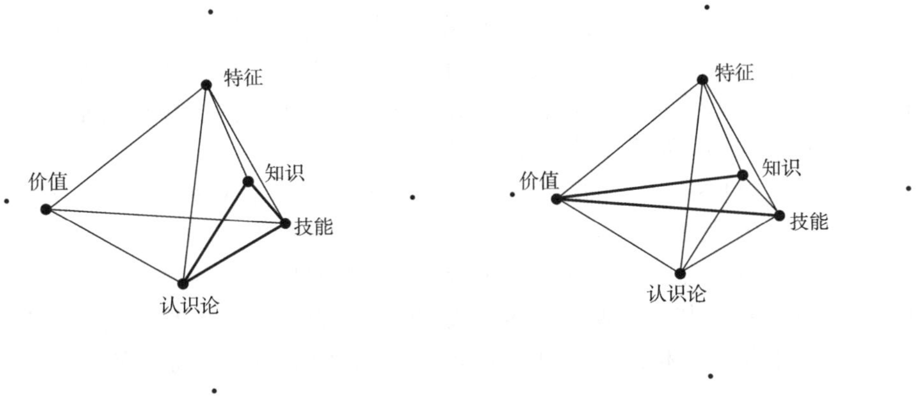

图 5-14　低绩效组（左）和高绩效组（右）学习者的认知网络（二）

综合分析相应群组转换的可视化社会网络图与认知网络图，对中小学教师协作过程认知发展过程进行分析与解释，认知网络图参数分析如表 5-15 所示。

表 5-15　认知网络图参数分析（二）

数据类别	SVD1		SVD2	
均值	−1.28	0.02	0.20	−0.17
标准差	0.73	0.77	0.49	0.79
N	6	6	6	6

基于相同任务下通过不同绩效组别社会认知网络变化图分析高低绩效组认知发展的水平，深入分析和探索高低绩效组的社会认知建构差异，找出影响学习者学业水平的关键因素。进一步根据典型的高绩效组别社会认知序列构建相应策略，为协作学习效果的预测和干预提供了依据。

4）分析结论

由于人类协作过程和思维的复杂性，探索学习者的认知过程从而提高专业发展绩效带来了挑战。需在一种结合性的技术方法下，将学习者个体认知的多样性和复杂性可视化，SENS 让我们以一种新的方式和角度来看待教师专业发展，协作过程的分析和优化，得以在新方法的支持下进行剖析与优化，使得优化决策更具有科学性和合理性。研究运用并结合量化分析与质性分析的 SENS 方法，对教师专业发展中的协作学习过程以网络图的方式可视化。通过实证研究，得出如下结论。

第一，高绩效和低绩效群体的网络图突出了学习者认知的差异性。虽然两个群体中的学习者都与技能、知识、身份、价值观和认识论之间有联系，但表现好的群体中的学习者也比表现差的群体中的学习者在更多的主题上有更多的联系。

第二，参与度高的人组成小组的表现都好于参与度低的人组成的参考组。这表明，学习者们可以利用更多的交互获得成功，在课程中更活跃的学习者比那些在课程讨论中贡献较少的学习者表现更好。此外，更关注技能和经验而不是其他的学习者可能从与他人的互动中受益更多。

第三，SNA 和 ENA 方法的结合使用探测到 ENA 或 SNA 单独应用无法获得的潜在发现。这一发现表明，一些学习者大多选择与有相似兴趣和观点的同龄人互动，这些集群中的学习者的认知网络表现出对一些高度关联的内容和过程的强烈关注。研究还发现，共享兴趣对于建立较大的社交群体也有不利影响。因为与那些讨论水平低的学习者相比，学习者更倾向于与其他更活跃的同伴交流。

5.4.4 总结及展望

1. 研究结论

由于人类协作过程和思维的复杂性，研究学习者的认知过程和提高专业发展绩效成为一个挑战。在一种综合技术方法下，有必要将学习者个体认知的多样性和复杂性形象化。SENS 使我们能够以新的方式和视角看待教师的专业发展和协作过程的分析与优化，以便在新方法的支持下进行分析和优化，使优化决策更加科学合理。研究采用定量分析和定性分析相结合的 SENS 方法，以网络图的形式直观地展示了教师专业发展中的合作学习过程。通过实证研究得出以下结论。

第一，高绩效组和低绩效组的网络图显示了学习者之间的差异。尽管两组学生都与技能、知识、身份、价值观和认识论相关，但表现良好组的学习组也比表现不佳组的学习组在主题上有更多的联系。

第二，由参与程度高的人组成的小组的业绩优于由参与程度低的人组成的参照小组的业绩。这表明，学习者可以通过更多的互动来获得成功，在课程中更积极的学习者比那些对课程讨论贡献较少的学习者更好。此外，比其他人更注重技能和经验的学习者可以从与他人的互动中获益。

第三，SNA 和 ENA 方法的结合识别了 ENA 或 SNA 独自应用无法获得的潜在发现。这一发现表明，一些学习者倾向于与相似的兴趣和观点互动。这些集群中学习者的认知网络表现出对一些高度相关的内容和过程的强烈关注。研究还发现，兴趣分享对大型社会群体的形成也有负面影响。与讨论水平较低的学生相比，学生更倾向于与其他活跃的同龄人交流。

2. 相关讨论

如上所述，研究的结果证实了 SENS 方法对在线协作学习的巨大贡献，它能够提高学习者的绩效。究其原因，一方面，如上所述，它结合了协作学习的社会维度和认知维度，将定性研究和定量研究结合起来，发现单独使用 SNA 或 ENA 无法获得的一些研究结果；另一方面，则在于其通过一些方式内在地影响了学习者的认知偏向，从而引导学习者朝着高绩效学习群组的讨论方向发展。本章客观地分析和评价了 SENS 被用于协作学习过程探究的效果，并有如下几点讨论。

（1）只有依靠传统的教师专业发展模式，依靠他人的经验和理念，才能真正促进学习者的专业发展。这不仅使学习者难以专注于参与开发项目，包括日常学习和各种反思活动。在这种模式下，这些学习者不能形成一个复杂的社会网络，而且学习者之间的互动数量少也意味着他们之间进行有意义学习的可能性很低。那么网络关系的形成必须依赖专业发展项目主办方人员，也就是对专业发展项目实行统筹并具有号召性的活动引领者，这种情况显然不利于学习者学习实用和有用的知识和技能。孤立学习活动的价值并不明显。只有在学习内容和学习内容之间建立紧密的联系，教师专业发展项目才能与学习者达成一个系数。这是一项双向促进活动：学习者之间有意义的互动为平台项目提供了真实有效的数据，这些数据转换后可以告诉研究者哪些因素是教师专业发展最值得我们关注的，在设计真正的专业发展项目时，应该关注哪些过程，哪些有用的信息可以包含在项目内容中，等等。相反，如果教师的专业发展项目设计丰富、层次分明、全面，学习者就能更好地理解和使用，它提供了一个数据库来解释学习群体或个人的一些学习行为，了解学习者的具体表现，最终形成良好的循环关系。

（2）为了促进教师的专业发展，他们不仅必须依靠专业活动的设计来促进学习者之间一定数量的互动，还必须依靠专业教师，以完成专业发展项目所需的专业建议和教学设计。换句话说，教师的专业发展仍然与教师的参与密不可分。领导教师是成功或失败的关键，也是网络研究质量的关键，网络研究是教师专业发展的最重要指南。在学生发展活动的过程中，每个学习小组将设立一名领导教师。与我们传统的认知方法不同，这些领先的教师从参加专业发展项目的学习者中选择有经验的学习者，并提前进行培训。他们不仅可以与群体中的学习者融为一体，还可以改善小型社交网络的复杂性。此外，首席教师在学习小组和学习小组之间建立了一个渠道，作为联系桥梁，极大地促进了社会网络的有效互动，并成为优化专业发展项目的重要组成部分。我们需要使主要教师的职位专业化。从权力控制和平衡的角度来看，领导型教师代表着学习者。现代课程开发项目由主办学校管理。教育项目是一种保守的做法，由政府主导，这将不可避免地导致概念和实践之间的冲突。两者的兼容性只能是一个长期不断研究的实践过程。在这样做的过程中，课程开发的原始模式得到了优化，并审查了更有效的开发项目。同时，这样一个代表学习者的小组是必要的，以避免全面管理教师的专业发展项目，以便进行沟通和协商，考虑双方意见，促进学习者技能与教师专业发展项目的协调发展。

（3）在专业发展领域的合作过程中，我们首先使用方法来可视化学习者的认知差异。SENS 帮助研究人员更好地了解学习者的表现，了解他们在合作过程中的关注点，学习者可以了解高绩效组和低绩效组之间的差异以及他们自己的表现，这有助于提高学习者自我完善的意识，更好地处理学习群体中自我与他人、自我与群体的互动。认知咨询本质上是一种干预方法。这是一项针对学习者的支持服务，基于改善学习成果过程中的认知发展分析。在教师专业发展中，群体间的认知差异最初不是由学习者感知的，而是由主导教师感知的。在领先的教师中有许多教学骨干，也被称为教师专家，从一个小的角度来看，他们不仅能够感受到其他团队成员的认知差异，而且能够在整个活动中融合所有想法。在很大程度上，他们不仅能够识别自己群体中学习者的认知差异，以便统一他们的知识，而且能够将所有学习者的知识引导到特定的方向。这种能力对团队发展至关重要。

同时，无论学生讨论什么样的协作学习方法，学习者都需要更有意义和更有效的咨询、专业问题和真实有效的问题情境。更积极地参与合作的学习者往往是社交网络发展的中心。为了让更多的学习者能够进行深入的讨论和学习，需要引导他们在技巧和认识论方面发布更多的内容，并更积极地回应其他人的贡献。换言之，SENS 组合可以识别与协作学习参与者角色相关的信息、认知领域和社会领域的集合，其特点是与相关人员就各自内容进行互动。

（4）局限性与展望。研究的目的是利用 SENS 网络空间中教师专业发展的互动过程，但研究受限于样本数据的收集、评价模型的建立和当前技术手段发展的限制。

首先，在学习者协作学习训练过程中，可能会出现两人或两人以上熟悉的情况，或与同伴和指导教师进行交流。在混合学习过程中，学习者无法收集协作性词汇，我们将在以后的研究中加以注意。将对在线协作数据进行分析，以收集尽可能完整的学生对话数据。

其次，学生思维是一个动态的过程，无论分析的数据量有多大，最好在充分尊重学生本质的前提下，增加一个学生自我评价模型。为了进一步提高学生样本的质量，分析学生对网络合作学习的态度，以便更好地理解网络专业发展中的教师合作教学，未来的认知网络需要进一步研究和确认。

最后，在进行动态评估之前，需要准确的编码和明确的定量标准，这对研究人员的信息素养提出了更高的要求，目前的应用还大多停留在实验项目中。在未来通过不断地开发和完善，可以在实际课堂中得到更广泛的应用。同时对师生关系或者生生关系进行研究，评价学生专业思维发展水平。

本章参考文献

[1] ISTE. ISTE Standards for Educators：Computational Thinking Competencies[Z]. 2018-01-15.

[2] 张文兰，闫怡，刘盼盼. 教育者计算思维教学能力及其发展路径——美国 ISTE《教育者标准：计算思维能力》解读与启示[J]. 中国远程教育，2020，41（7）：60-68.

[3] 于颖，谢仕兴. 让计算思维为智能时代的教育赋能——ISTE《计算思维能力标准（教育者）》解读及启示[J]. 远程教育杂志，2020，38（3）：38-46.

[4] 张利平，刘平瑶，夏小俊，等. CSTA 计算机科学教师标准评价的启示[J]. 电子技术，2021，50（2）：92-93.

[5] 王永军. 中小学教师信息技术创新应用能力框架构建研究——基于 ISTE 2017 版《教育者标准》[J]. 远程教育杂志，2019，37（6）：50-60.

[6] Yadav A，Mayfield C，Zhou N，et al. Computational thinking in elementary and secondary teacher education[J]. ACM Transactions on Computing Education，2014，14（1）：1-16.

[7] Yadav A，Stephenson C，Hong H. Computational thinking for teacher education[J]. Communications of the ACM，2017，60（4）：55-62.

[8] Adler R F，Kim H. Enhancing future K-8 teachers' computational thinking skills through modeling and simulations[J]. Education and Information Technologies，2018，23：1501-1514.

[9] Yadav A，Gretter S，Good J，et al. Computational Thinking in Teacher Education[M]. Berlin：

Springer International Publishing，2017.

[10] Xing Y，Zhang Y. International comparative study on computational thinking education in K-12[J]. The Educational Review，2020，4（8）：166-175.

[11] Mouza C，Yang H，Pan Y C，et al. Resetting educational technology coursework for pre-service teachers：a computational thinking approach to the development of technological pedagogical content knowledge（TPACK）[J]. Australasian Journal of Educational Technology，2017，33（3）：61-73.

[12] Ung L L，Saibin T C，Labadin J. Assessing malaysian teachers' perception on computational thinking concepts using SEM[C]. Third International Conference on Computing，Mathematics and Statistics（iCMS2017），2019.

[13] Kong S C，Lai M，Sun D. Teacher development in computational thinking：design and learning outcomes of programming concepts，practices and pedagogy[J]. Computers & Education，2020，151：103872.

[14] 张思，刘清堂，熊久明. 认知学徒制视域下教师工作坊研修模式研究[J]. 中国电化教育，2015，（2）：84-89.

[15] 荆德刚. 开放大学改革：使命、发展与挑战[J]. 开放教育研究，2020，26（4）：4-11.

[16] 胡小勇，徐欢云. “互联网+教研”形态研究：内涵、特征与趋势[J]. 电化教育研究，2020，41（2）：10-16，31.

[17] 余本功，张卫春，王龙飞. 基于改进的 OLDA 模型话题检测及演化分析[J]. 情报杂志，2017，36（2）：102-107.

[18] 彭晛，王伟，何珍珍，等. 高校 SPOC 讨论区的学习者话题演化分析研究[J]. 现代远距离教育，2020，（3）：42-50.

[19] 赵健，张美芹. 基于内容分析的教师网络研修平台构建与展望[J]. 中国电化教育，2017，（2）：103-109.

[20] 张瑾，张夷楠，叶海智，等. 教师在线学习社区中会话主题发现及演化分析[J]. 远程教育杂志，2021，39（2）：85-94.

[21] 何皓怡，刘清堂，吴林静，等. 教师工作坊中学员话题挖掘方法及应用[J]. 中国电化教育，2018，（10）：79-86.

[22] 刘心. 基于概率模型的细粒度话题演化分析技术研究与实现[D]. 国防科技大学硕士学位论文，2018.

[23] 林萍，黄卫东. 基于 LDA 模型的网络突发事件话题演化路径研究[J]. 情报科学，2014，32（10）：20-23.

[24] 单斌，李芳. 基于LDA话题演化研究方法综述[J]. 中文信息学报，2010，24（6）：43-49，68.

[25] Park S T，Liu C. A study on topic models using LDA and Word2Vec in travel route recommendation：focus on convergence travel and tours reviews[J]. Personal and Ubiquitous

Computing，2022，26（2）：429-445.
[26] 谭春辉，熊梦媛. 基于 LDA 模型的国内外数据挖掘研究热点主题演化对比分析[J]. 情报科学，2021，39（4）：174-185.
[27] 邱均平，沈超. 基于 LDA 模型的国内大数据研究热点主题分析[J]. 现代情报，2021，41（9）：22-31.
[28] 黄佳佳，李鹏伟，彭敏，等. 基于深度学习的主题模型研究[J]. 计算机学报，2020，43（5）：827-855.
[29] Mikolov T, Sutskever I, Chen K, et al. Distributed representations of words and phrases and their compositionality[J]. Advances in Neural Information Processing Systems，2013，26：3111-3119.
[30] Liu B. Text sentiment analysis based on CBOW model and deep learning in big data environment[J]. Journal of Ambient Intelligence and Humanized Computing，2020，11（2）：451-458.
[31] 陶佳. 基于社交学习的教师网络学习共同体之构建——兼论面向智能时代的教师网络学习共同体[J]. 远程教育杂志，2018，36（2）：87-95.
[32] Li P. An improved TF-IDF method for calculating text feature weight[J]. International Core Journal of Engineering，2021，7（9）：56-72.
[33] Qin J H，Zhou Z，Yun T，et al. A big data text coverless information hiding based on topic distribution and TF-IDF[J]. International Journal of Digital Crime and Forensics（IJDCF），2021，13（4）：78-92.
[34] Zhou Z H，Chen Y H. SVM barrage classification algorithm based on TF-IDF weighting and its improvement[J]. World Scientific Research Journal，2021，7（7）：86-93.
[35] Andrea Y C，Nicole B，Eric L，et al. Using k-means cluster analysis and decision trees to highlight significant factors leading to homelessness[J]. Mathematics，2021，9（17）：61-90.
[36] Freudenberger H J. Staff burnout[J]. Journal of Social Issues，1974，30：159-165.
[37] Kurzman P A. Book review：burnout：from tedium to personal growth[J]. Social Casework，1981，62（10）：622-623.
[38] Tang L，Zhang F，Yin R，et al. Effect of interventions on learning burnout：a systematic review and meta-analysis[J]. Frontiers in Psychology，2021，12：1-13.
[39] Tavolacci M P，Veber B. Burnout and stress in medical students in France：prevalence and associated factors[J]. Public Health，2015，25：161-162.
[40] Al-Alawi M，Al-Sinawi H，Al-Qubtan A，et al. Prevalence and determinants of burnout syndrome and depression among medical students at Sultan Qaboos University：a cross sectional analytical study from Oman[J]. Archive of Environmental & Occupational Health，2017，74（3）：130-139.
[41] Santos B R A D，Eduardo P C，Antonio D O M，et al. Burnout among medical students during the first years of undergraduate school：prevalence and associated factors[J]. PLoS ONE，2018，13：

e0191746.

[42] Jackson E R, Shanafelt T D, Hasan O, et al. Burnout and alcohol abuse/dependence among U. S. medical students[J]. Academic Medicine, 2016, 91: 1251-1256.

[43] Bresó E, Schaufeli W B, Salanova M. Can a self-efficacy-based intervention decrease burnout, increase engagement, and enhance performance? A quasi-experimental study[J]. Higher Education, 2010, 61: 725-733.

[44] Skodova Z, Lajciakova P. The effect of personality traits and psychosocial training on burnout syndrome among healthcare students[J]. Nurse Education Today, 2013, 33: 1311-1315.

[45] Khalaj E, Savoji A P. The effectiveness of cognitive self regulatory education on academic burnout and cognitive dissonance and academic achievement of elementary students[J]. World Family Medicine, 2018, 16: 225-231.

[46] Mohammed M, Omar N. Question classification based on Bloom's taxonomy cognitive domain using modified TF-IDF and Word2Vec[J]. PLoS ONE, 2020, 15 (3): e0230442.

[47] Saja A D, Sara D, Mohammad A S. Enhancing arabic aspect-based sentiment analysis using deep learning models[J]. Computer Speech & Language, 2021, 69: 1-17.

[48] Keliang J. Chinese sentiment classification based on Word2Vec and vector arithmetic in human-robot conversation[J]. Computers and Electrical Engineering, 2021, 95: 1-11.

[49] Onyenwe I, Nwagbo S, Mbeledogu N, et al. The impact of political party/candidate on the election results from a sentiment analysis perspective using# Anambra Decides 2017 tweets[J]. Social Network Analysis and Mining, 2020, 10 (1): 1-17.

[50] Prabowo R, Thelwall M. Sentiment analysis: a combined approach[J]. Journal of Informetrics, 2009, 3 (2): 143-157.

[51] Ye Q, Zhang Z, Law R. Sentiment classification of online reviews to travel destinations by supervised machine learning approaches[J]. Expert Systems with Applications, 2009, 36 (3): 6527-6535.

[52] Pansy N, Rupali V. A review on sentiment analysis and emotion detection from text[J]. Social Network Analysis and Mining, 2021, 11 (1): 11-16.

[53] Li F, Huang M, Zhu X. Sentiment analysis with global topics and local dependency[C]. Proceedings of the AAAI Conference on Artificial Intelligence, 2010.

[54] Jiang F, Liu Y, Luan H, et al. Microblog sentiment analysis with emoticon space model[J]. Journal of Computer Science and Technology, 2015, 30 (5): 1120-1129.

[55] Chen F, Yuan Z, Huang Y. Multi-source data fusion for aspect-level sentiment classification[J]. Knowledge-Based Systems, 2019, 187: 1-8.

[56] Xu L, Lin H, Pan Y, et al. Constructing the affective lexicon ontology[J]. Journal of the China Society for Scientific and Technical Information, 2008, (2): 180-185.

[57] Bermingham A，Smeaton A. Classifying sentiment in micro-blogs：is brevity an advantage[J]. Proceeding of the 19th International Conference on Information and Knowledge Management，2010，（12）：1833-1836.

[58] Zhang Y，Sun K，Du C，et al. A cascaded construction of sentiment classifier for micro-blogs[J]. Chinese Inform Process，2017，（5）：183-189.

[59] Zhang D，Si L，Rego V J. Sentiment detection with auxiliary data[J]. Information Retrieval，2012，15（3/4）：373-390.

[60] He T，Huang W，Qiao Y，et al. Text-attentional convolutional neural network for scene text detection[J]. IEEE Transactions on Image Processing，2016，25（6）：25-29.

[61] Phan D-A，Matsumoto Y，Shindo H. Autoencoder for semisupervised multiple emotion detection of conversation transcripts[J]. IEEE Transactions on Affective Computing，2018，（10）：1.

[62] Hazarika D，Poria S，Zimmermann R，et al. Conversational transfer learning for emotion recognition[J]. Information Fusion，2020，65：1-12.

[63] McCulloch W S，Pitts W. A logical calculus of the ideas immanent innervous activity[J]. The Bulletin of Mathematical Biophysics，1943，5：115-133.

[64] Hebb D O. The organization of behavior[J]. Journal of Applied Behavior Analysis，1949，5：575-577.

[65] Rosenblatt F. The perceptron：a probabilistic model for information storage and organization in the brain[J]. Psychological Review，1958，65（6）：368-408.

[66] Hopfield J J. Neural networks and physical systems with emergent computational abilities[J]. Proceedings of the National Academy of Sciences of the United States of America，1982，79：2554-2558.

[67] Ackley D H，Hinton G E，Sejnowski T J. A learning algorithm for boltzmann machines[J]. Cognitive Science，1985，9：147-169.

[68] Vapnik V，Cortes C. Support-vector networks[J]. Machine Learning，1995，20：273-297.

[69] Freund Y，Schapire R E. A decision-theoretic generalization of on-line learning and an application to boosting[J]. Journal of Computer and System Sciences，1997，55（1）：119-139.

[70] Hinton G E，Salakhutdinov R R. Reducing the dimensionality of data with neural networks[J]. Science，2006，313：503-506.

[71] Stahl G. Building collaborative knowing[C]//Strijbos J W，Kirschner P A，Martens R L. What We Know About CSCL. Netherlands：Springer，2004：53-85.

[72] Csanadi A，Eagan B，Kollar I，et al. When coding-and-counting is not enough：using epistemic network analysis（ENA） to analyze verbal data in CSCL research[J]. International Journal of Computer-Supported Collaborative Learning，2018，13：419-438.

[73] Andrist S，Ruis A R，Shaffer D W. A network analytic approach to gaze coordination during a

collaborative task[J]. Computers in Human Behavior，2018，89：339-348.

[74] Otcu-Grillman B，Miller J K. Professional Support Networks in TESOL：Sociolinguistic Approaches to Professional Development in ESOL Teacher Education[C]. Interdisciplinary Approaches Toward Enhancing Teacher Education. IGI Global，2021：33-49.